우울증 101

C. Emily Durbin 지음
지승희, 주영아, 김영혜 옮김

Σ 시그마프레스

우울증 101

발행일 | 2017년 6월 1일 1쇄 발행

저 자 | C. Emily Durbin
역 자 | 지승희, 주영아, 김영혜
발행인 | 강학경
발행처 | ㈜**시그마프레스**
디자인 | 조은영
편 집 | 김은실

등록번호 | 제10-2642호
주소 | 서울시 영등포구 양평로 22길 21 선유도코오롱디지털타워 A401~403호
전자우편 | sigma@spress.co.kr
홈페이지 | http://www.sigmapress.co.kr
전화 | (02)323-4845, (02)2062-5184~8
팩스 | (02)323-4197

ISBN | 978-89-6866-917-0

DEPRESSION 101

by C. Emily Durbin, ISBN : 978-0-8261-7106-1

이 도서의 국립중앙도서관 출판예정도서목록(CIP)은 서지정보유통지원시스템 홈페이지(http://seoji.nl.go.kr)와 국가자료공동목록시스템(http://www.nl.go.kr/kolisnet)에서 이용하실 수 있습니다.(CIP제어번호: CIP2017012228)

 **역자 서문**

우울증은 일반적으로 알고 있다고 생각하며 흔하게 사용되지만 그
만큼 오해도 많은 용어이다. 우울증 101은 우울증을 이해하고자
하는 독자들을 위해 우울장애의 분류체계부터 양상과 경과, 그리고 우울
장애의 병인 모델과 치료법까지 상세하게 설명해주고 있다. 저자의 설명
을 차근차근 따라가다 보면 우울장애와 우울장애로 어려움을 겪는 사람
들을 좀 더 깊이 이해하고 효과적으로 개입하는 방법에 대한 새로운 정
보를 얻을 수 있을 것이다. 출판을 맡아준 ㈜시그마프레스에 감사를 드
린다.

2017. 6. 역자

저자 서문

우울증 101은 단극성 및 양극성 우울장애들에 대해 양상과 경과, 기능에 미치는 영향, 병인 및 치료를 포함한 모든 측면에 대해 개관하고 있다. 우울증 101에서는 이 질환의 위험요인과 우울증 및 조증의 생물학적 기반에 대한 최근의 연구와 이 질환들의 현상 및 관련 요인에 관한 관찰 결과들을 통합하고 있다.

차례

Chapter 4

우울증은 기능에 어떤 영향을 미치는가?

Chapter 5

우울증은 왜 존재하는가?

Chapter 6

어떤 모델들이 우울증의 원인에 대한 이해를 도울까?

우울장애에서 성격은 어떤 역할을 하는가?

스트레스와 환경은 어떻게 우울에 영향을 주는가?

어떤 유전자와 생리학적 체계가 우울증에 영향을 주는가?

우울장애는 어떻게 치료하는가?

우울장애 지식을 통해 어떻게 우울장애를 더 깊이 이해하고 치료법을 개선할 수 있을까?

1

우울증이란
무엇인가?

우울증은 일시적인 것에서부터 성격적인 것까지 광범위한 경험을 포함하는 복잡한 개념이다. 이 복잡한 구성요인을 명명하고, 파악하여, 이해하려는 도전들이 위대한 예술과 종교적/영적 탐색, 개인의 자기 개방, 과학적인 연구에 영감을 주었다. 우울증으로 인한 고통과 심각한 결과들(관계의 해체, 질병, 자살경향성 등)은 가장 효과적으로 우울증을 이해하고, 치료하고, 예방하는 방법을 찾아야 한다는 긴박한 사명감을 불러일으킨다. 이 책의 목적은 과학적인 지식(scientific disciplines)을 통해 우울증의 다양한 경험을 이해하는 방식을 명료화하고, 과학적인 지식이 어떻게 우울증을 이해하고 발견하게 하며 치료방법을 개선시켜 왔는지를 설명하는 것이다.

일상에서 '우울한(depressed)' 또는 '우울증(depression)'이라고 할 때는, 특정한 스트레스원이나 실망에 대해 흔히 일어나는, 일시적이고 부정적인 반응들이거나 좀 더 확산된, 단기간의(예 : 며칠) 불쾌감과 불행감이 있다가 바로 좀 더 긍정적인 (또는 최소한 덜 우울한) 기분 상태로 회복되는 것을 말한다. 이런 경험들은 피할 수 없는 도전과 실패, 요동치는 목표들이 특징인 복잡한 세상에 사는 우리들에게는 아주 흔한 일이다. 대부분은 이런 경험들을 이해하고, 불쾌하기는 하지만 견딜 만하다고 생각한다. 하지만 우울증은 길고, 촉발시킬 만한 환경적 요인과의 연관성이 분명치 않거나, 기분을 회복시키는 방법이 효과가 없고, 자기 자신이나 일, 타인과 관계하는 능력에 영향을 미치는 훨씬 더 복잡한 문제 양상(manifestations)을 의미하는 것이기도 하다. 소설가 윌리엄 스타이런

(William Styron, 1990)은 심한 우울장애로 고통을 겪으면서, 보이는 어둠: 우울증에 대한 회고(Darkness Visible: A Memoir of Madness)라는 회고집에서 다음과 같이 기술하였다.

'설명할 수 없는(indescribable)'이라는 말이 있다는 것은 우연이 아니다. 만약 그 고통이 쉽게 설명될 수 있는 것이라면 이 오래된 고통을 겪고 있는 수많은 사람들이 친구와 연인들(의사까지)에게 자신의 고통스러운 면들을 분명하게 설명했을 것이고, 그러면 그들이 받지 못했던 이해를 받을 수 있었을 것이기 때문이다. 이해하지 못하는 것은 동정심이 부족해서가 아니고 기본적으로 건강한 사람들은 일상의 경험과는 너무나 다른 이 이상한 고통을 상상할 수 없기 때문이다.(pp. 16~17)

이 책에서는 아주 흔한 일도 아니고 누구나 쉽게 이해할 수 있는 것도 아니지만, 많은 사람에게 깊이 영향을 미치는 우울증의 의미를 이해하는 데 초점을 맞출 것이다. 우울증은 때로는 포괄적 용어인 '임상적 우울증(clinical depression)'으로, 또는 전문 서적에는 좀 더 공식적으로 (그리고 정확히) 우울 및 관련 증상들을 포함하는 정신의학 진단명의 하나로 언급된다. 미국에서 그리고 국제적으로 사용되고 있는 진단 매뉴얼 — 정신질환의 진단 및 통계편람(Diagnostic and Statistical Manual of Mental Disorders : DSM-5)과 국제질병분류법(International Classification of Disease : ICD-10) — 에서는 우울장애군(family of depressive disorders)에 대해 몇 가지 공식적인 진단명을 인정하고 있는데, 이 책에서는 그중

세 가지, 주요우울장애(Major Depressive Disorder : MDD), 기분부전장애(Dysthymic Disorder : DD), 양극성 장애(Bipolar Disorder : BD)에 초점을 맞출 것이다. 이 진단명의 정의는 우울증이라는 용어의 일상적인 의미와 타당하게 구별하기 위해 이론과 실증적인 연구에 근거해 구성되었다.

우울장애의 진단명은 좀 일시적인 반응에 사용되는 일상적인 의미의 우울증과는 달리, 정신병리 연구 영역의 좀 더 문제가 되는 증상들에 사용된다. 진단명은 증후군(syndrome) 개념과 일치한다는 것이 중요한 차이점이다. 증후군이란 한 시점에 일관성 있는 패턴으로 함께 나타나는 징후와 증상들(a set of signs and symptoms)을 말한다. 우울증 같은 정신장애에서 증상(symptom)이란 무망감처럼 경험하는 사람은 설명할 수 있지만 다른 사람들은 쉽게 관찰하지 못하는 문제들을 말한다. 반대로 징후(sign)는 그 사람에게서 나타나고 다른 사람들이 알아볼 수 있는, 객관적으로 확인할 수 있는 지표로서 눈물을 흘린다거나 말이 준다거나 하는 것이다. 우울장애를 증후군으로 설명한다면, 이는 그 사람의 평소 기능이나 경험과는 다른, 다양한 징후와 증상들을 동시에 경험하는 기간이 있다는 의미이다. 이 징후와 증상들은 대략 같은 시기에 나타나서(또는 발병하고), 꽤 긴 시간 동안 지속되며, 증상들이 동시에 또는 동일한 비율로 심해질 수 있다. 슬픔과 일시적인 불면 같은 스트레스에 대한 일시적인 반응과는 달리, 증후군에는 한 가지 이상의 심리 체계와 관련되어 동시에 나타나는 다양한 징후와 증상들이 포함된다. 예를 들면, 몇 달 동안 우울하고, 사회적으로 철수되고, 동기가 없고, 평소보다 훨씬 덜 자고, 자기비판적인 사고에 몰두할 수 있다. 증후군 개념에는 서로 다른 지표들(예 : 우울한 기분, 사회적 철수, 동기 없음 등)이 기저의 동일한 과정으로 인해 함께 나타나고 심해졌다가 사라진다고 하는 가정이 내재하고 있다. 이것은 어떤 사람이 친구를 잃은 슬픔과 집 밖의 시끄러운 야간 공사로 인한 수면 곤란을 동시에 경험하는 경우와는 다르다. 이 경우는 두 가지 징후/증상이 동일한 과정 때문에 나타난 것이 아니므로 시간이 지나도 서로 관련이 되지는 않을 것이다.

기술적 정신병리학(descriptive psychopathology)은 다양한 정신의학 증후군들의 시간 범위(즉, 지속기간)를 상술할 뿐만 아니라 가장 분명하고 독특하며, 힘들게 하는/손상을 일으키는 증상 및 징후들을 식별(identify)하는 데 초점을 맞춘다. 징후 및 증상들에 대한 자세한 기술은 그 증후군을 좀 더 정확하게 평가하게 해주고, 그로 인해 고통을 겪는 사람들의 치료 대상이 될 수 있는 양상들을 알려준다. 또한 다른 연구에서 사용할 수 있도록 증후군을 정확하게 측정할 수 있게 해준다. 하지만 정확한 징후 및 증상 특성이라도 처음에 증후군이 나타나거나 시간이 경과하면서 완화되게 하는 과정들을 분명하게 지적해줄 수도 있고 그렇지 않을 수도 있다. 병인론적 연구(etiological research)는 기술적 정신병리학을 넘어서 증후군을 발달시키는 요인들을 확인하고 이해하는 데 초점을 맞춘다. 이 책에서는 먼저 우울장애 범주들의 내용(징후와 증상)을 기술하고 다음에 그 원인을 이해하는 데 초점을 맞출 것이다.

우울장애의 분류 : *DSM-IV-TR*과 *DSM-5*

연구와 임상에서 우울 증후군을 기술하는 분류체계인 정신질환의 진단 및 통계편람(미국정신의학회에서 2013년 5번째 개정판 출간)과 국제질병분류법([세계보건기구, 2008], 11판 출판 예정)은 기분 변화가 주 증상인 증후군을 몇 가지 정의하고 있다. 우울증 101에서는 이 질환들 중 가장 중요하고 연구가 많이 되어 있는 주요우울장애, 기분부전장애, 양극성 장애에 초점을 맞출 것이다.

*DSM*과 *ICD* 체계 모두 범주 모델을 채택하여 우울장애(depressive disorders)를 포함한 정신병리를 분류하고 있다. 이 체계에서는, 개인이 특정 정신질환들을 가지고 있거나 가지고 있지 않다고 가정한다. 각 질환마다 그 질환의 존재를 식별하는 증상을 포함(a set of inclusion, 있어야 하는 증상들)과 배제(exclusion, 있어서는 안 되는 징후/증상들) 기준으로 정의한다. 그 기준이란 증상, 징후, 빈도, 지속기간과 그 진단명을 붙이기 위해 넘어서야 하는 기준치(threshold)를 말한다. 이 체계의 장점은 범주들이 특정 사례를 치료하느냐 마느냐와 같이 본질적으로 이분법적인 임상적 결정을 내리는 데 적합하다는 것과 단순해서 의사소통하기가 좋다는 것이다(정보는 증상이나 특징 목록이 아니고, 한 가지 진단명으로 전달된다). 그러나 다음과 같은 단점도 있다. (a) 현재 이 진단체계에서 설정된 기준치들이 가령 세상이 주요우울장애가 있는 사람과 없는 사람으로 구성되었다고 할 수 있을 만큼 질적으로 다른 집단을 분명하게 구분해준다는 증거가 없다는 것이다. (b) 양극성 장애 같은 특정 우울장애

의 진단 기준에 맞는 사람들이라도 여전히 그들이 경험하는 특정 패턴과 증상의 심각도가 상당히 다를 것이어서, 진단 기준을 부합시키는 사람들 간의 공통점이 기대보다 더 적을 수 있다는 것이다. (c) 특정 우울장애의 진단 기준에 맞지 않는 사람들이 그럼에도 불구하고 증상 때문에 고통을 겪거나 치료를 받으러 올 수 있다는 것이다. 전혀 우울하지 않다에서부터 아주 우울하다까지 심각성의 연속선에 위치하는 다른 모델과 비교할 때 범주적 분류체계가 상대적으로 우월한가 하는 점은 오랫동안 과학적 논쟁의 주제가 되어 왔다. 다음 장들에서 이러한 논쟁의 일부로서 우울증의 측정과 우울증의 본질(nature) 및 병인(etiology)에 대한 이해의 근거와 주장들을 몇 가지 검토할 것이다. 지금은 우울장애에 대한 현대의학의 많은 부분을 차지하는 사람과 변인들에 대해 정의하고 있는 현재의 분류 모델들의 내용을 이해하는 데 집중하기로 하겠다.

DSM과 ICD에서 밝히고 있는 우울장애는 모두 증상들이 나타난 한 번 이상의 기간들로 구성되어 있고, 가장 큰 핵심은 강도와 지속기간이 다양한 기분 상태의 변화이다. 현재의 진단체계는 진단명에 부합하는 최소한의 지속기간과 증상의 수 및 강도를 설정하고, 기분 증상들이 뇌에 미치는 영향이 우울장애와 유사하고 다른 과정으로는 설명되지 않는 사람들에 대한 진단으로 제한한다(배제 기준). 이 기준은 기준치를 설정하고, 이를 넘으면 우울하다고 간주한다. 하지만 그런 사람들 모두가 증상 표현, 기능, 또는 장애의 원인이 동일하다는 것은 아니다. 따라서 분류체계에서 동일한 진단을 받은 사람들이 우울장애에 수반되는 모든 (또는 많은) 특징이나 또는 우울증을 야기하는 요인이 유사할 것이라고 가정하지는 않는다. 그러므로 우울장애의 특정 사례를 이해하는 데는 여전히 그 개인에 대한 상세한 그림이 필요하다. 특히 우울장애를 진단할 때는, 우울장애가 그 사람의 이전 기능과 달라진 변화를 대표하는 증상들로 정의되기 때문에, 그 사람의 전형적인 기분 상태와 기능을 고려해야 한다. 이전과 현재의 기능을 세심하게 평가하면, 그 사람을 더 정확하게 진단하고 전형적인 기능 수준으로 회복시키기 위한 개입의 효과성을 더 정확하게 측정할 수 있게 된다.

주요우울장애

주요우울장애는 최소한 한 번은 별개의 고통스러운/손상이 있는 우울증기간—공식적으로 주요 우울 삽화(major depressive episode : MDE)라고 한다—이 있어야 한다. 주요 우울 삽화 때는 이전의 심리적 상태 및 기능과 다른 분명한 변화인 우울 증상이 적어도 다섯 가지가 2주 동안 함께 나타난다. 각 증상은 2주 동안 거의 매일 나타나야 하는데, 여기서 '거의 매일'이란 DSM에서 규정한 것은 아니지만, 대개 7일 중 5일로 간주한다. 이 다섯 가지 증상 중 적어도 하나는 기분 장해(disturbance of mood)로서, (a) 우울한 기분[아동 청소년의 경우, 우울한 기분 대신 과민한 기분(irritable mood)이 나타날 수 있다] 또는 (b) 무쾌감증(anhedonia)이다. 우울한 기분 증상은 내적으로 경험된 슬픔, 우울 또는 공허감이거나 다른 사람들이 관찰할 수 있는 지표들이다(예 : 눈물이 가득함). 이러한 기분 장해는 거의 매일, 하루 중 대부분에 걸쳐 나타나야 한다.

두 번째 기분 장해인 무쾌감증은 우울한 기분 대신에 또는 함께 경험된다. 무쾌감증이란 일상 활동에서 오는 즐거움의 거의 완전한 상실 또는 심각한 감소, 또는 그런 활동에 대한 흥미의 감소를 의미한다. 즐거움이나 흥미의 상실은 다른 사람들이 보기에 보통 때는 즐거워하던 일들에 관여하지 않거나 긍정적으로 반응하지 않는 등의 모습, 또는 주관적으로 경험되는 것이다. 이 기준에 부합하려면, 거의 매일, 하루의 대부분, 이전에 즐기던 모든 또는 거의 모든 활동에 대해 즐거움이나 흥미를 상실해야 한다. 영향을 받을 수 있는 활동에는 취미와 여가 활동, 일 과제, 사회적인 모임 등이 있다. 무쾌감증은 지속적인 관심과 노력을 기울여야 하는 아주 복잡하고 조직화된 행동, 또는 좋아하는 음식을 먹거나 산책을 하는 등의 쉽게 즐거워질 수 있는 단순한 활동의 동기에 영향을 줄 수 있다. 무쾌감증으로 고통을 겪는 사람들은 외모 관리를 덜 하거나, 위생 상태를 무시하거나, 집안 청소를 안 하는 등 자기관리를 잘 안 하는 모습을 보일 수 있다. 무쾌감증은 기본적인 행동이나 전에는 큰 기쁨이나 자부심을 주었던 행동들에 영향을 미치는데, 이는 우울증이 있는 사람들에게 나타나는 가장 파괴적인 특징 중 하나이다. 반복적인 우울증으로 고통을 겪었던 데이비드 포스터 월리스(David Foster Wallace, 1996)는 인피니트 제스트(Infinite Jest)라는 소설에서 다음과 같이 기술하였다.

모든 것이 완전히 추상화되고, 정서적인 내용을 갖는 데 사용되는 것들을 다 파내어버린 것과 같은. 우울하지 않은 사람들은 당연하게 충만하다고 여기며, 가볍게 던지는 용어들 ─행복, 생명의 기쁨, 선호, 사랑─ 이 뼈가 드러나도록 벗겨져서 추상적인 관념이 되어버린다. 그것들은 말하자면, 함축된 의미

(connotation)가 아니라 명시적 의미(denotation)이다. 모든 것이 사물의 윤곽이 되어버린다. 사물은 도식이 되어버린다. 세상은 세계지도가 되어버린다. 쾌감을 잃은 사람은 항해할 수는 있지만 위치(location)가 없다. 즉, 무쾌감증인 사람은, 보스턴 AA의 용어로 말하면, 확인할 수 없는 사람이다(Unable to Identify).(p. 693)

주요 우울 삽화는 우울한 기분 그리고/또는 무쾌감증과 기본적인 24시간 주기의 생물학적 리듬, 에너지, 그리고 부정적 인지에 관한 추가 증상들로 정의된다. 주요 우울 삽화에는 덜 심각한 것(의미 있는 식욕의 감소나 증가를 거의 매일 경험)에서부터 좀 더 심각한 것(한 달에 5% 이상의 체중 변화 같은 심한 체중 감소나 증가)까지의 체중 변화가 포함된다. 체중 변화는 의도적인 다이어트 때문이 아니다. 체중 감소를 경험하는 대부분이 식사와 음식에 대한 흥미 상실을 보고하며, 특정 음식이 먹고 싶어서, 배가 고파서, 또는 먹는 것이 즐거워서보다 습관적으로 또는 다른 사람들이 먹으라고 해서 먹을 뿐이다. 수면의 변화도 뚜렷한데, 거의 매일 그렇다면 변화가 있는 것으로 간주된다. 불면(수면 감소) 또는 과다수면(수면의 의미 있는 증가)의 형태를 띤다. 이는 우울하지 않을 때의 일상 수면과는 달라야 한다. 어림잡아 말하면, 불면은 하룻밤에 적어도 1시간 덜(과다수면은 1시간 더) 자는 것을 말한다. 불면은 처음에 잠들기 어렵거나, 계속 잠들어 있지 못하거나, 또는 의도하거나 바라는 것보다 더 일찍 일어나는 형태를 띤다. 과다수면은 야간에 많은 시간을 자거나 주간에 낮잠을 더 많이 자기 때문일 수 있다. 수면 장해로 인해 우울에 수반되는 불안 등의 다른 문제들이 악화되거나, 우울증의 다른 증상들에 대처하기가 어려워지거나, 또는 중요한 타인들과 갈등을 빚을 수 있기 때문에(예 : 과다수면은 부모에게 양육의 어려움을 겪게 하거나, 잠을 못 이루어 배우자의 수면을 방해할 수 있다), 주요 우울 삽화를 경험하는 사람들에게 가장 고통스러운 증상이 될 수 있다. 주요 우울 삽화의 세 번째 추가 증상은 거의 매일 경험되는 피로 또는 에너지 상실이다. 이 증상이 불면을 경험하는 사람들에게 흔하게 나타나는 것은 놀라운 일이 아니다. 하지만 이 증상이 수면 문제가 없을 때도 나타날 수 있다는 점이 중요하다. 우울증을 경험하는 사람 중에는 야간에 충분한 시간의 수면을 취했음에도 불구하고, 완전히 지치고 에너지가 고갈되었다고 느낄 수 있다. 이 증상은 신체의 피로감이나 나른함, 또는 심리적으로 많은 활동에 참여할 만한 기운이 없는 것으로 경험된다(그래서 종종 무쾌감증과 관련이 된다). 마지막 증상은 함께 있는 사람들이 알아차릴 정도로, 거의 매일 경험하는 정신운동성 초조 또는 지체이다. 정신운동성 초조(psychomotor agitation)는 안절부절못함과 신체적인 초조함(physical edginess)을 말한다. 이런 사람은 서성거리거나, 꼼지락거리고, 느긋이 쉬지를 못한다. 정신운동성 지체(psychomotor retardation)는 대개 언어를 포함한 움직임이 느려지는 것이 특징이다. 단순한 운동 과제를 수행하는 데 보통 사람보다 훨씬 더 오래 걸릴 수 있다. 이 증상을 경험했던 사람들은 '진흙을 뚫고 나가는 것' 또는 '흘러내리는 모래 속에 있는 것' 같다고 묘사한다.

주요 우울 삽화의 마지막 세 가지 증상은 인지적인 것이다. 첫째는 전반적인 사고의 중단, 지연, 또는 방해(stymiering)이다. 이는 과제에 대한 주의 또는 집중의 어려움, 계획이나 대안 평가와 같은 상위 인지의 어려움이나 일상의 우유부단함(무슨 옷을 입어야 할까, 점심으로 무엇을 먹을까 등)으로 나타난다. 이러한 것들이 주요 우울 삽화로 간주되려면 거의 매일 경험되어야 한다. 다른 사람들이 알아볼 정도로 분명하게 드러나는 사람도 있지만, 주관적으로는 이런 문제들을 자각하지만 다른 사람들은 눈치 채지 못하는 경우도 있다. 나머지 두 가지 증상은 인지의 내용에 관한 것이다. 첫째, 우울증이 있는 사람들은 자기 개념의 악화와 지나치거나 부적절한 무가치감 또는 죄책감 반추를 경험한다. 이러한 생각들은 거의 매일 나타나고, 우울증에 대한 죄책감이나 자기 비난에 국한되지 않으며, 보통 수준의 낮은 자기존중감보다 더 심해야 한다. 무가치감은 전반적인 자기 비난, 극복할 수 없는 부적절감, 또는 다른 사람들이나 세상에 아무 기여도 하지 못한다는 판단의 형태를 띤다. 전형적인 자기 비난 경향이 있는 사람은 주요 우울 삽화 기간 동안 만연한 부정적인 자기 판단이 훨씬 더 심해지는 경향이 있다. 후회되는 행동을 정확히 알지만 그 죄의 심각성이나 영향을 과도하게 평가하거나, 피해를 입은 사람의 용서를 받았음에도 불구하고 여전히 죄책감이 남아 있다면, 그 죄책감은 지나친 것이다. 부적절한 죄책감은 그 사람의 잘못이 아니거나 책임질 수 없는 행동(또는 생각)에 대해 자기를 비난하는 것을 말한다. 가족에게 영양가 있는 음식을 먹이지 못했다는 이유로 자녀가 암에 걸렸다고 믿는 우울한 어머니 같은 경우이다. 어떤 주요 우울 삽화에서는 죄책감이나 무가치감의 수준이 망상적 양상을 보일 수도 있다(예 : 자신이 하지 않은 행동에 대해 책임감을 갖고 죄책감을 느끼는 경우). 둘째, 주요 우울 삽화들은 종종 자신의 죽음에 관한 반복적인 생각(가끔 자신의 죽음에 대한 사랑하는 사람 등 타인의 반응을 상상하는 형태를 띤다)에서부터 자살에 관한 반복적 사고나 심상(의도는 없지만 자살행동에 대한 충동을 경험할 수 있다), 또는 자살이나 자살시도에 대한 구체적인 계획을 세우는 것 등 다양한 심각도의 자살경향성이 나타나는 것이 특징이다.

이러한 증상들은 전체 증상의 수와 지속기간에 대한 진단 기준치(diagnostic threshold)에 부합될 뿐만 아니라, 증상 출현에 영향을 줄 수 있는 뚜렷한 의학적 질환이나 향정신성 물질의 섭취 없이 나타난 것이어야 한다. DSM-IV에서는 사랑하는 사람을 잃은 후에 나타나는 증후군(애도)의 특정 증상들이 있는 경우도 배제되었었다. 이 기준이 DSM-5에서는 삭제되었는데, 이 결정의 근거에 대해서는 제8장에서 논의할 것이다. 마지막으로 중요한 점은, 증상들이 그 사람에게 커다란 고통을 주거나, 사회적 관계나 직업 기능, 자기 관리와 같이 중요한 기능의 손상(기능하는 데 어려움이 있음)이 있거나 또는 그렇다고 표현되어야 한다는 것이다. 우울장애와 관련된 기능손상의 종류는 제4장에서 더 자세하게 기술할 것이다. 여기서는 증상 기준에 부합하는 손상 정도는 심각성이 다양하다는 것만 말해두기로 한다. 어떤 사람은 우울장애 기준에 부합하는 증상을 충분히 가지고 있지만, 기능에는 영향을 받지 않는 것으로 나타나기도 한다. 삶에서 요구되는 것들을 대부분 또는 몇 가지를 하지 못하는 것이 전반적으로 크게 나타나는 사람도 있다(예 : 일이나 기본적인 자기관리를 하지 못하거나, 증상으로 인해 관계에 심각한 어려움을 겪을 수 있다). 증상 개선을 위해 치료를 받거나 증상을 없애고 싶다고 보고한다면, 커다란 고통을 겪고 있는 것으로 추정한다.

　사실은 많은 사람들이 평생 동안 한 번 이상의 주요 우울 삽화를 경험하기는 하지만(주요우울장애의 하위 유형 또는 세부형이라고 하는 재발성 주요우울장애에서처럼), 주요우울장애의 정의는 적어도 한 번의 주요 우울 삽화가 있어야 한다는 것이다. *DSM-IV*에서는 우울증의 경과(course)를 언급하는 하위 유형인 만성적(chronic) 주요 우울 삽화도 인정했었다. 이러한 하위 유형들에 대해서는 제2장에서 좀 더 상세히 논의할 것이다.

기분부전장애

기분부전장애(Dysthymic Disorder)는 만성적인 기분장애이다. 주요 기준은 우울한 기분이 2년 동안, 자주, 하루의 대부분 나타나는 것이다(아동청소년의 경우, 지속기간 1년). 우울한 기분은 주관적으로 보고되거나 다른 사람이 분명히 알아볼 수 있다. '자주(more days than not)'란 *DSM*에는 분명히 명시되지 않았지만, 대개 7일 중 4일을 의미한다. 우울한 기분 이외에, 다음 증상 중 적어도 두 가지가 나타나야 한다. 식욕 문제(과식 또는 식욕이 없음), 수면 문제(불면 또는 과다수면), 낮은 에너지 또는 피로, 낮은 자존감, 인지 문제(의사결정이나 집중의 어려움), 무망감이다. 이 증상 중 다섯 가지는 주요 우울 삽화와 같거나 덜 심한 증상들이고 마지막 기준은 기분부전장애의 독특한 특성이다. 이 장애는 주요 우울 삽화보다 증상이 적고, 1주일 내에 나타나는 빈도도 낮지만, 지속기간은 훨씬 더 길어야 한다(2주 대 2년). 기분부전장애의 증상들은 2년 동안 만성적으로 나타나며, 증상이 없는 기간이 2개월을 넘지 않아야 한다. 주요 우울 삽화와 기분부전장애를 구분하기 위해서, 기분부전장애의 기준에 부합하는 첫 2년 동안 주요 우울 삽화를 경험한 적이 있는 사람에게는 기분부전장애 진단을 내리지 않는다(대신에 만성적 주요 우울 삽화 진단을 받을 것이다). 양극성 장애의 지표가 되는 삽화를 경험한 사람들은 기분부전장애 진단을 받지 않는다. 주요우울장애의 증상들은 물질사용이나 의학적 질환으로 인한 것이어서는 안 된다. 마지막으로, 증상들로 인해 커다란 고통 또는 손상이 있어야 한다. *DSM-5*에서는 기분부전장애와 만성적 주요 우울 삽화를 통합하여 지속성 우울장애(persistent depressive disorder)라는 새로운 장애를 만들었다. 이 범주 통합의 논리는 제2장에서 다룰 것이다.

양극성 장애

양극성 장애는 조증 삽화(manic episode : ME)의 존재로 정의된다. 양극성 장애가 있는 사람들은 적어도 한 번의 조증 삽화가 있어야 하고, 한 번 이상의 주요 우울 삽화를 경험하거나 경험하지 않을 수 있다. 양극성 장애의 첫 번째, 결정적인 기준은 지속적으로 고양되거나, 확장되거나, 과민한 기분이 나타나는 시기(그 사람의 평소 기분 상태와는 전혀 다른)가 적어도 1주간 지속된다는 것이다. 비정상적으로 긍정적인 기분(흥분된, 고양된, 또는 확장된)은 조증의 고전적인 증상으로 간주된다. 과민 양상(irritable presentation)은 덜 전형적이긴 하지만, 지난 10여 년 동안 연구자들의 관심이 증가했던 증상이다. 입원이 필요할 만큼 증상이 심각하다면, 비정상적인 기분이 어느 정도 지속된 것일 수 있다. 기분의 비정상성 이외에, 기분 상태가 비정상적으로 긍정적이라면, 적어도 세 가지 증상을 더 경험해야 하고, 과민한 기분뿐이라면, 적어도 네 가지 증상이 더 있어야 한다. 이 증상 중 몇 가지는 활동과 동기의 변화를 포함한다. 첫째, 수면 욕구가 감소한다. 객관적으로 보기에 밤에 겨우 몇 시간만 자고도(예 : 3시간) 여전히 힘이 있다고 느끼는 것과 같은 경우이다. 둘째, 사회 활동, 일 또는 학교 과제, 성적 행동, 또는 정신운동성 초조 등을 포함한 목표지향적 활동에 참여하는 정도나 열정이 현저하게 달라질 수 있다. 이는 사회적 상호작용을 추구하거나, 평소에는 하지 않던 새로운 행동(예 : 새로운 취미활동을 많이 하는 것)을 하거나, 끊임없는 에너지 증가(초조)로 많은 과제를 수행(청소, 정리 등)하는 등, 일상 활동을 하는 시간이 증가하는 것으로 나타난다. 많은 경우, 이런 새로운 활동들은 그 사람의 이전 목표들과 관련이 없거나(예 : 전에는 자동차에 대한 관심이나 전문지식이 전혀 없던 사람이 차고에서 꼭두새벽까지 고물차를 조립하기 시작한다), 이상하거나 망상적인 관심이다(예 : 곤충과 소통하기 위해 새로운 언어로 논문을 쓴다). 셋째, 위험한 성적 행동, 흥청망청한 소비 등 아주 강화적이지만 결과는 부정적일 수 있는 문제 행동에 관여하는 것이다. 그 밖의 네 가지 증상들은 주로 조증의 인지적 특성에 대한 것이다. 첫째, 자기가치감 고양 또는 과대성(grandiosity)으로 자신의 객관적인 성격에 대한 지나치게 긍정적인 관점에서부터 좀 더 망상적인 증상(예 : 자신이 국가의 외교 정책에 영향을 미치거나 연예인의 관심과 사랑을 받을 수 있는 능력이 있다고 믿는다)까지 다양하다. 둘째, 한 가지 주제나 아이디어에서 다른 것으로 생각이 달려 나가는 느낌이 있다. 많은 경우, 이는 말에 영향을 미치기 때문에 다른 사람들이 분명하게 알아볼 수 있다. 셋째, 평소보다 말이 더 많아지고, 계속 말해야 한다는 압력을 느끼는 것처럼 말한다. 종종 급성 조증 환자와의 대화에는 끼어들기가 어렵다. 넷째, 매우 산만할 수 있다. 주의 지속력이 약해져서, 환경이나 생각에서 관련이 없는, 중요하지 않은 자극에 쉽게 말려들어 초점을 잃을 수 있다. 이러한 인지적 증상들은 너무나 심각해서, 다른 사람들이 그 사람의 생각과 말, 태도가 이상하고, 혼란스럽고, 이해하기 어렵다고 생각할 만큼 심하게 와해된 증상을 보일 수 있다. 종합하면, 이러한 증상들은 의학적 질환이나 물질 사용의 결과가 아니어야 하고, 결과적으로 분명한 손상을 야기하여 한 가지 이상의 삶의 영역에서 기능의 문제가 나타나고, 자신이나 타인을 해치지 않도록 입원이 필요하거나, 정신병적 양상(예 : 망상 또는 환각)이 나타난다. 조증 삽화 동안의 정신병적 양상은 극단적일 수 있다. 피플지(1996년 9월 23일자)에 의하면, 마고 키더라는 한 여배우가 자서전을 쓰는 동안 심각한 조증 삽화를 경험했는데, 하루에 10~12시간씩 자서전 작업을 하다가 컴퓨터 고장으로 초고를 잃어버리자 조증이 편집증으로 악화되었다고 한다.

키더는 첫 남편인 소설가 토마스 맥궤인이 "나를 죽이려고 한다."는 결론에 다다랐다. 1977년, 몇 년간 싸운 후에… 멕궤인과 이혼했다. 방향감각을 잃어버려 두려워하면서 4월 20일 토요일 오후에 L.A. 공항으로 돌아왔다. 키더는 자신의 책이 세상을 바꿀 만큼 강력한 것이기 때문에 맥궤인과 CIA가 죽이려고 한다는 생각에 사로잡혀 있었다. 키더는 어디에서나 요원들과 암살범들을 보았고, 공항에서는 지나가는 사람들에게 "당신이 나를 보고 있다는 것을 알아!"라고 외치기도 했다. …키더는 폭탄이 들어 있다고 생각하고 지갑을 던져버렸다. 4월 21일 아침 일찍, 택시를 타려고 했지만 돈이 없어 공항 밖에서 ATM 카드를 사용하려다가 현금인출기가 폭파될까 봐 '도망갔다'고 기억했다.

양극성 장애를 가진 사람 중에는 혼재성 삽화(mixed episode)라는 양상을 보이는 경우도 있다. 혼재성 삽화는 적어도 1주일간, 거의 매일 조증 삽화와 주요 우울 삽화의 진단 기준을 모두 부합시키는 기간을 말한다. 제II형 양극성 장애에는(제2장에서 좀 더 자세히 정의한다) 한 번 이상의 주요 우울 삽화와, 경조증 삽화라고 하는 기준치 이하의 조증 삽화가 있다. 따라서 위에서 지적하였듯이, 주요 우울 삽화의 존재가 양극성 장애, 주요우울장애, 기분부전장애를 구별해주는 것이 아니다. 오히려 조증의 증거가 양극성 장애의 존재를 시사해주기 때문에, (주요 우울 삽화의 존재 여부와 상관없이) 조증의 존재가 이 장애들을 구분해주는 것이다.

이 책의 개요

이후 장들에서 우울장애의 중요한 주제들을 다룰 것이다. 양극성 장애와 단극성 기분장애(주요우울장애와 기분부전장애) 간의 이론적 구분(제2장), 우울 양상의 스펙트럼(제2장), 누가 가장 우울증을 경험할 것 같은 가 그리고 이것은 이 장애들의 잠재적 원인에 대해 무엇을 말해주는가(제3장), 우울증이 다양한 기능 형태에 미치는 영향의 정도와 본질(제4장), 우울증의 이론적 모델(제5장), 우울증의 원인(제6장), 그리고 후반부에서는 우울증의 원인 경로들에 관한 이론과 근거(제7, 8, 9장), 우울증의 치료(제10장), 우울장애의 이해와 효과적인 치료에 영향을 주는 새로운 연구방법들을 기술하는 데(제11장) 초점을 맞출 것이다.

2

우울증은
어떻게 나타나는가?

우 울증은 제1장에서 지적한 바와 같이 단일
한 구성개념이 아니다. 우울증은 다양한
경험이며, 현 분류체계에서 인정한 다양한 정
신장애들을 규정하는 중요한 특징이다. DSM(정
신질환의 진단 및 통계편람)과 ICD(국제질병분류
법)에서는 이 장애군을 한데 묶어서 기분 또는 우울장애로 부르고 있다.
이 장에서는 (a) 이 장애들 모두 또는 몇 가지에서 공통적으로 나타나는
특징과 이들을 구별하는 특징을 확인하고, (b) 이 장애들의 심각도(the
continuum of severity)를 설명하는 데 초점을 맞출 것이다. 우울장애의
전체적인 양상(presentation)을 이해하면 동일 장애를 가진 사람들 간의
시간경과에 따른 기능과 결과의 다양성을 설명하는 특징을 확인하는 데
유용하다. 이를 통해 이 질환들의 병인도 이해할 수 있을 것이다. 우울증
의 다양한 심각성을 설명하는 핵심 변인들을 확인할 수 있다면, 이를 통
해 이 질환들의 다양한 병인 경로들을 식별할 수 있을 것이다.

양극성 장애 대 단극성 우울장애

우울장애에 대한 정신병 분류체계와 의학 문헌에서 가장 중요하게 구별
하는 양극성 장애(조증이 있는 것이 특징)와 단극성 우울장애(주요우울
장애와 기분부전장애 포함, 조증 증상을 수반하지 않음)이다. 사실 이들
을 다른 장애라고 규정한 것은 정신병 분류와 기술적 정신병리학의 역
사상 가장 중요한 결정 중 하나이다. 정신의학(scientific psychiatry)에서

중요한 인물들이 — '정신병 분류의 아버지'라고 불리는 에밀 크레펠린 (Emil Kraepelin)에서 시작되었다 — 단극성과 양극성 우울장애를 다른 장애라고 이해하는 데 기여하였다. 크레펠린은 환자들의 정신병 증상들을 상세하고 예리하게 기술한 것으로 유명하다. 그의 접근법은 1800년대 후반의 사람들에게는 무척 현대적으로 보였을 것 같다. 환자들의 증상을 한 시점에서 스냅 사진 찍듯 짧막하게 묘사하는 것이 아니고 시간 경과에 따라 자세하고 신중하게 관찰하는 것이었기 때문이다. 이 접근법은 우울장애의 결과, 심각성 및 병인에 근거해서 사례들을 구별하기 위해 경과(course)의 중요성을 강조하는 우울장애 스펙트럼에 관한 현재의 제안들에도 반영되고 있다(예 : Klein, 2008). 크레펠린은 여러 번 입원하는 환자들의 증상, 즉 다양한 삽화들에서 나타나는 증상의 유사점과 차이점을 자세하게 기술하였다. 그는 조울병(manic depression)이라는 용어를 만들고, 어떤 환자들이 증상의 완화(즉, 증상의 감소), 재발, 악화 패턴이 특징인 반복적인 기분 증상 경과를 보이는지를 신중하게 관찰하였다. 이러한 경과를 보이는 환자들은 기분 증상 삽화를 반복적으로 경험하지 않는 환자들과 구별이 되었다. 따라서 크레펠린의 관찰은 양극성 양상의 중요한 특징인 경과[즉, 시간에 따른 증상과 기능의 패턴, 지속성(persistence), 안정성 및 변화]를 이해하는 데 대단히 중요한 역할을 하였다. 하지만 그는 조증 삽화를 포함하는 경과가 그렇지 않은 경과와는 다른 장애 과정을 반영한다고는 하지 않았다.

단극성과 양극성 우울장애를 처음으로 분명하게 구별한 것은 20세기 중반 저먼 칼 레오나드(German Karl Leonhard)이고, 이후 1960년대 후반

앙그스트(Angst), 페리스(Perris), 위노쿠르(Winokur)에 의해 확장되었다. 이들은 일련의 연구에서 조증이 있는 사람과 없는 사람은 임상적 특징, 정신병리의 가족력, 경과에 있어 체계적으로 다르다는 것을 입증하였다. 종합하면, 이러한 증거들은 양극성과 단극성 우울증이 다른 장애임을 시사하는 것이다. 이후 연구들이 폭발적으로 이루어져서 우울증의 조증이 있는 형태와 없는 형태 간의 구분이 더 타당화되고 있다. 그 결과 정신병 분류체계에서 단극성과 양극성 장애들을 구별하게 되었다. 이러한 관점은 *DSM-III*에 처음으로 예시되어 지금까지 남아 있다.

단극성 우울장애와 비교할 때, 조증 삽화들은 독특한 병인 경로가 있고, 기능과 결과의 의미가 다르다는 것이 상당한 경험적 지지를 받아왔다. 첫째, 이 장애들에는 가족력이 있다는 것이 특징이다. 양극성 장애의 비율은 (인구 비율과 비교할 때) 양극성 장애 환자의 가족들에서 상승하고, 단극성 우울장애 환자 가족의 양극성 장애 비율보다 더 높다(예 : Winokur, Coryell, Endicott, & Akiskal, 1993). 이는 단극성 우울장애의 경로들과는 다른 양극성 장애 발현의 유전적 경로가 있을 수 있음을 시사한다. 둘째, 양극성 장애는 단극성 우울장애보다 좀 더 심각한 경과를 보이는 경향이 있다(예 : Angst & Preisig, 1995). 이는 양극성과 단극성 우울장애 범주를 분리하는 데는 특정 사례의 장기적인 예후를 예측하고, 예후가 좋지 않음을 고려하여 개입할 수 있는 장점이 있다는 것을 말해준다.

경과에 따라 단극성과 양극성 우울장애 구별하기

제1장에서 지적한 바와 같이 양극성 장애 환자는 주요 우울 삽화를 경험할 수도 있고 하지 않을 수도 있지만, 적어도 한 번의 조증 삽화는 있어야 한다. 사실 조증 삽화를 경험한 적이 있는 대다수가 병의 경과 중 어느 시점에서 주요 우울 삽화를 경험한다. 그러니까 실질적으로는 현재 주요 우울 삽화가 있는 환자들은 양극성 장애를 가지고 있을 수도 있고 아닐 수도 있는 것이다. 양극성 장애와 단극성 우울장애를 구별하기 위해서는 그 사람이 조증 삽화를 보인 적이 있는지를 알아야 한다. 있다면, 주요우울장애에서 양극성 장애로 진단명이 바뀔 것이다. 이 현상을 대개 전환(switching)이라고 한다. 그러므로 환자의 증상을 장기적으로 관찰하는 것이 중요하다는 크레펠린의 통찰은 양극성 장애와 단극성 우울장애 간의 차이를 이해하는 데 아주 중요하다. 주요 우울 삽화를 보이지만 조증의 이력은 없는 사람이 결과적으로 조증 삽화를 보이게 될지를(그래서 양극성 장애가 될지를) 예측하기는 어렵다. 첫째, 주요 우울 삽화가 있는 사람들 중 결국 전환하는 사람들은 소수에 지나지 않기 때문에, 이렇게 별로 일어나지 않는 결과를 예측하는 것이 복잡한 것이다. 주요 우울 삽화를 보이는 사람 중 1% 정도가 1년 이내에 경조증 또는 조증 삽화로 발전할 것이라는 자료가 있다(Angst & Preisig, 1955; Coryell et al., 1995; Kinkelin, 1954). 우울한 사람들에 대한 대규모 종단 연구, 미국 국립정신보건원(National Institute of Mental Health : NIMH)의 우울증 협동 연구(Collaborative Study of Depression)에 의하면 11년간의 추적 기간 동

안 주요 우울 삽화가 있는 사람 중 8.6%가 제II형 양극성 장애로 전환되었다(즉, 경조증 삽화가 발병하였다). 이 전환의 예측 요인은 첫 번째 주요 우울 삽화의 조기 발병, 재발성 우울증(Roy-Byrne, Post, Uhde, Porcu, & Davis, 1985), 이혼 또는 별거/일과 학업 문제/약물 사용 등의 심리사회적 역기능 표식들(Akiskal et al., 1995)이었다. 이와 비슷하게, 골드버그 등(Goldberg et al., 2001)은 주요우울장애로 입원했던 사람들을 15년간 추적한 결과 대략 1/4은 적어도 한 번의 경조증 삽화를, 그리고 19%는 적어도 한 번의 조증 삽화를 보였다고 보고하였다.

이는 많은 양극성 장애 환자들이 조증의 징후가 나타나기 전에 장기간의 우울 증상이 있을 수 있다는 것, 심한 심리사회적 부적응은 결국 조증 발현으로 이어지는 좀 더 심하게 손상된 집단을 식별할 수 있게 해주거나, 이 부적응이 조증 및 경조증 발병과 인과적 관계가 있을 수 있음을 시사하는 것이다. 전환은 조증 삽화의 기준치에 미치지 않는 낮은 수준의 조증 증상으로도 예측할 수 있다. 제II형 및 기준치 이하의 양극성 장애는 제I형 양극성 장애를 예측할 수 있는 예후적 의미가 있다는 증거가 있다. 이 질환들의 기준에 부합하는 사람들 중 소수가(대략 10%) 결국은 완전한 조증 또는 혼재성 삽화를 보여서 제I형 양극성 장애로 전환한다. 그래서 정확하게 단극성과 양극성 우울장애를 구별하기 위해서는 종단적 평가가 필요하고, 더 심각한 우울증(재발성 주요 우울 삽화들)이나 정신병적 문제들(예 : 물질 사용 문제와의 동반이환, 일과 사회적 기능 등 삶의 주요 영역에서의 역기능)뿐만 아니라 앞서 나타난 기준치 이하의 조증 증상 지표들도 양극성 양상들의 전조가 될 수 있다.

양극성 장애에 대한 오해

양극성 장애에 대한 일반적인 개념은 조증과 우울증 사이를 왔다 갔다 하는 것으로, 무모한 기분 상승과 완전한 침체라는 양 극단을 요동치는 경험이라는 것이다. 이 장애에 대한 매체들의 묘사가 종종 이런 오해를 낳기도 하고, 양극성 장애를 가진 사람이 적어서 잘 모르는 것이기도 하다. 결과적으로, 이 장애에 대해서는 오해가 많은데 일반적인 생각과는 달리, 양극성 장애가 있는 사람들에게도 우울증이나 조증 증상을 경험하지 않는 건강한 기간이 있다. 건강한 기간 동안에 기능 면에서 양극성 장애가 없는 또래들과 차이가 없거나, 또는 여전히 어렵지만 삽화 기간보다는 문제가 덜 심각할 수도 있다. 증상이 없는 기간에 나타나는 기능의 어려움은 이전의 조증 삽화들로 인한 문제가 남아 있기 때문이거나(예 : 이전 행동 때문에 심각해지거나 손상된 관계를 회복하거나 입원 치료 후의 업무 수행을 정상화해야 한다), 기준치 이하의 우울이나 조증 증상 또는 기능에 부정적인 영향을 미치는 장애와 상관이 있는 성격 특성 때문일 수 있다. 그래서 좀 더 미묘하게는 양극성 장애가 있는 사람들은 병으로 인해 때때로 어려움을 겪지만 증상이 활발하지 않을 때는 잘 기능할 수 있으므로, 이들의 삶이 반복적인 고양과 침체에 지배되는 것은 아니라고 볼 수 있다. 게다가 양극성 장애가 있는 사람 대부분이 삶의 어느 한 시점에서 주요 우울 삽화를 경험하더라도, 상당수(약 1/4에서 1/3 정도)는 우울 증상을 경험하지 않는다(Depue & Monroe, 1978; Kessler, Rubinow, Holmes, Abelson, & Zhao, 1997). 이렇게 조증만 있는 양극성 장애는 환자 표집보다 일반인 표집에서 좀 더 흔히 볼 수 있다. 주요 우울 삽화로 고통을 겪는 사람들이 조증만 경험하는 사람들에 비해 치료를 받는 경우가 더 많기 때문일 것이다. 조증과 우울 삽화가 둘 다 있어도 이 삽화들이 균등하게 나타나는 것은 아니다(이 장애들의 경과에 대해서는 제3장에서 좀 더 자세히 논의할 것이다). 따라서 조증과 우울증 사이를 순차적으로 오가는 전형적인 양극성 장애를 보이는 사람은 아주 적다고 할 수 있다. 마지막으로, 우울증과 조증 증상이 동시에 나타날 수도 있다. 이러한 혼재성 삽화는 조증과 우울 삽화가 둘 다 공존하는 것이 특징이며, 양극성 장애가 있는 사람들에게 꽤 많이 나타난다(예 : Kessing, 2008). 게다가 조증 삽화 기간 동안 기준치 이하의 우울 삽화(즉, 3개 이하의 우울 증상)를 보이는 사람들도 많다. 그러므로 우울증과 조증이 양립할 수 없는 양극단은 아닌 것 같다. 이 둘은 동시에 나타날 수 있고, 한 가지를 경험하면 반드시 다른 것도 경험할 것이라는 의미가 아니며, 한 가지 유형의 삽화 후 시간이 지나면 확실하게 다른 삽화가 나타나는 것도 아니다.

대중의 의식에 깊이 박혀 있는 양극성 장애에 대한 두 번째의 일반적인 생각은 그것이 단극성 우울장애보다 생물학적/유전적 요인에 더 많은 영향을 받고 환경적 요인에는 영향을 덜 받기 때문에 단극성 우울장애와 다르다는 것이다. 이러한 진술은 연구문헌에서도 자주 볼 수 있다. 실은 이러한 주장과 일치하는, 양극성 장애가 유전력이 높다는 쌍둥이 연구들에서 나온 증거가 있다(Akiskal, 1983; Cardon et al., 1999; Kendler, Pedersen, Johnson, Neale, & Mathe, 1993). 양극성 장애에서 유전적 요인이 설명하는 변량은 주요우울장애에서 보고되는 것보다 높다. 하지만 이러한 결론의 기저가 되는 쌍둥이 연구의 수가 아주 적은데다 동일 표집 안에서 직접 주요우울장애와 양극성 장애의 유전력을 비교한 연구는 전혀 없다. 따라서 단극성 우울장애와 비교해서 양극성 장애의 유전적 근거가 더 크다는 것을 지지하는 증거들은 간접적인 것이다. 게다가 맥거핀 등(McGuffin et al., 2003)은 대규모 쌍둥이 연구에서 조증과 우울증에 대한 유전적 기여가 상관이 있다는 것을 발견했는데, 이는 유사한 유전자들이 양 극단에 연루되어 있음을 시사하는 것이다. 이들은 양극성 장애와 단극성 우울장애가 유전자를 공유하지만, 양극성 장애가 공유된 유전자의 좀 더 많은 변량을 차지하고 있음을 검증하고자 하였다(바꿔 말하면, 동일한 유전자가 둘 다에 관련되어 있지만, 이 유전자의 대부분이 주요우울장애보다 양극성 장애의 발병에 필요하다는 것이다). 이 모델은 지지되지 않았다. 게다가 분자 유전 연구들(molecular genetic studies)은 어떤 유전적 다형성(genetic polymorphisms)은 정신병적 장애뿐만 아니라 양극성 장애 및 재발성 주요우울장애와도 관련이 있음을 시사하고 있다(예 : Green et al., 2010). 따라서 각 장애군에서 유전자의 상대적인 중요성과 유전적 기여의 본질(바꿔 말하면, 조증과 우울증에 관여된 유전자들이 유사한지 다른지 여부)은 아직 해결되지 않았다. 여기서 도출할 수 있는 가장 안전한 결론은 단극성 장애와 양극성 장애를 각 장애에 독특한 직접적인 유전적 경로의 차이로 해석하지 않는 것, 그리고 좀 더 심각한 우울장애(즉, 재발성 우울증, 조증)는 심하게 손상시키는 정신병과 동일한 유전자 때문일 수도 있다고 보는 것이다.

세 번째의 일반적인 생각은 단극성 우울장애에서 나타나는 주요 우울 삽화는 양극성 장애를 가진 사람들에서 나타나는 것과 병인이 다르다고 하는 것이다. 양극성 장애와 단극성 장애가 다르다는 관점에서 보면 두 장애의 우울 삽화가 다를 수 있다. 단극성 우울장애에서 나타나는 주요 우울 삽화는 삶의 스트레스원에 대한 반응이지만, 양극성 장애의 주요 우울 삽화는 본질적으로 생물학적인 장애의 진행 과정에서 나타나는 것으로, 따라서 환경적 스트레스원과는 관련성이 적다고 가정된다. 하지만 현재는 스트레스원이 양극성 장애의 조증과 우울 삽화 모두에 관련되어 있다는 확실한 증거가 있다(Johnson, 2005; Johnson & Miller, 1997; Post & Leverich, 2006). (단극성과 양극성 우울장애에 미치는 스트레스의 역할은 제8장에서 충분히 다루기로 한다.) 이는 양극성 장애가 주로 유전적·생물학적 기제에 의한 것이고, 단극성 장애는 환경적 맥락으로 설명하는 모델들이 완전히 맞는 것은 아님을 시사한다. 게다가 양극성과 단극성 우울장애의 우울 삽화 및 증상들의 심리사회적, 인지적 및 생물학적 상관에 대한 포괄적인 검토 결과, 전반적으로 비슷한 것으로 나타났다(Cuellar, Johnson, & Winters, 2005). 한 가지 가능한 차이점은, 양극성 장애를 가진 사람들의 주요 우울 삽화는 증상의 수준과 기능에 미치는 영향 면에서 좀 더 심각할 수 있다는 것이다. 가령 미국 동반이환 반복 연구(National Comorbidity Study-Replication : NCS-R)(Kessler, Merikangas, & Wang, 2007)에서는, 지난 12개월 동안 제I형 양극성 장애나 기준치 이하의 양극성 장애를 경험한 사람들에게서 주요 우울 삽화가 나타난 경우, 주요우울장애가 있는 사람들에게서 나타나는 주요 우울 삽화보다 심각도가 더 높은 것으로 평정되었다. 따라서 양극성 스펙트럼은 더 심한 우울 삽화와 관련이 있지만, 발생 변인이 단극성 우울장애와 다른 것 같지는 않다.

단극성과 양극성 우울장애 간의 차이를 현상과 경과를 넘어서 원인으로까지 확장시킨 몇 가지 가정들은 경험적으로 타당화되지 않았다. 종합하면, 병인과 결과로 단극성과 양극성 장애를 구별하는 것에 대해 앞에서 제시된 근거들은 전통적인 진단적 구별이 복잡하다는 것을 시사한다. 두 형태의 우울장애에 대한 임상적 그림이 다르고, 조증 삽화 또는 기준치 이하의 조증 삽화를 경험한 사람들은 주요 우울 삽화만을 경험한 사람들에 비해 시간이 지나면서 예후가 나빠지는 것 같다. 하지만 양극성 장애에 전형적이어서 단극성 우울증과 구별하게 해주는 독특한 병인 경로가 있는 것 같지는 않다. 결과적으로, 단극성 우울장애와 양극성 장애 간에 결정적인 차이가 있다기보다는 우울증과 조증 사이에 정신병적 심각성의 지표가 되는 조증/경조증 증상들이 있는 것이라고 제안하는 정신병리학자들도 있다(예 : Cassano et al., 2004). 예를 들면, 조증 증상에 대한 차원적 측정치는 재발성 주요우울장애와 제I형 양극성 장애 둘 다에서 자살경향성과 정신병 증상(환청과 편집 등)의 상승과 관련이 있었다(Cassono et al., 2004). 따라서 조증 또는 경조증 증상의 정도는 (진단 기준치 이하일지라도) 단극성 우울장애에서 나타나는 경우에도 중요한 현상을 예측하는 것이다.

이상의 결과들은 양극성 장애가 우울과 조증 삽화가 모두 있는 독특한 단일 장애라기보다, 하나는 우울증으로 다른 하나는 조증으로 가는,

두 질병의 합류지점으로 볼 수 있음을 의미한다. 이 관점이 다른 증거로 지지된다면, 그것은 단극성과 양극성 우울장애에 대한 중요한 생각의 변화로서, 이 장애들의 병인 연구 방식에 시사하는 바가 클 것이다. 진단군에 초점을 맞춘 전통적인 연구 설계는 대개 조건 A 집단과 조건 B 집단 또는 조건을 주지 않은 통제집단의 비교 연구이다. 우울장애의 영향과 병인에 대한 연구들은 한 가지 우울장애에 초점을 맞추고 있으며(예 : 제I형 양극성 장애, 주요우울장애), 양극성과 단극성 장애들을 서로 비교하는 연구는 더 적고, 조증과 우울 삽화의 공통적 또는 독특한 예언 변인을 탐색하는 (진단 범주를 넘어서는) 연구는 훨씬 더 적다. 이 장애들의 본질과 병인에 대한 이해를 촉진하는 데는 이런 설계들이 필요할 것이다. 병의 경과를 다양한 병인 경로와 장애 상태를 분석하는 데 중요한 요인으로 보는 크레펠린의 전통을 고려한다면, 만성성에 대한 다른 지표와 마찬가지로 조증과 우울증이 반복되는 형태도 단극성 장애와 양극성 장애를 구별하는 진단 범주라기보다는 병인들의 표현형으로 생각해보아야 한다는 것이다.

제I형 양극성 장애와 주요우울장애를 넘어서 : 우울장애의 '약한' 스펙트럼

우울(단극성과 양극성)장애에 관한 연구자료가 누적됨에 따라, 우울 경향이 있는 사람들에게서 관찰되는 증상들에 붙이는 정신병 진단체계(DSM과 ICD)의 범주도 증가했다.

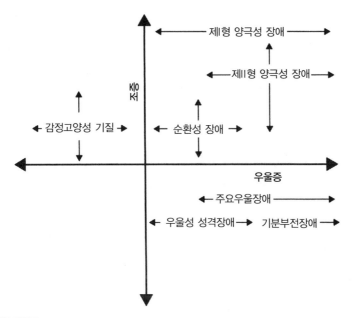

그림 2.1 우울장애 스펙트럼. 조증과 우울증 연속성

특정 진단 범주 안에서 하위 유형을 제안하는 사람도 있지만, 대부분은 우울장애의 덜 심각한 양상에 대한 범주들이 추가된 것이다. 그림 2.1은 우울장애의 이러한 양상을 나타낸 것이다.

제II형 양극성 장애

이 진단은 적어도 한 번의 주요 우울 삽화와 적어도 한 번의 경조증 삽화 이력이 있지만 조증이나 혼재성 삽화의 기준치는 넘어 본 적이 없는 사람들에게 붙여진다. DSM-5의 경조증 삽화 기준은 다음과 같다. 기분 혼란 시기(고양된, 확장된, 또는 과민한 기분)가 적어도 4일간 (하루의 대부분) 지속되고, 조증 삽화 동안 세 가지 이상의 증상이 수반된다(과민한 기분만 있다면, 네 가지 증상이 수반되어야 한다). 기준이 되는 행동은 평소 기능과 다른 변화가 있고, 이 변화는 다른 사람이 알아볼 수 있을 만큼 뚜렷해야 한다(다시 말해, 주관적인 느낌만은 아니다). 하지만 조증 삽화와는 달리, 경조증 삽화는 뚜렷한 기능손상을 일으키지 않으며, 정신증의 증거도 없어서 입원할 필요는 없다. DSM에서는 경조증을 조증 삽화가 있는 사람에게서 관찰되는 것과 동일한 증상이 기준치 이하로 나타나는 것으로 정의한다.

아키스칼 등(Akiskal et al., 2000)은 경조증을 그 사람의 기본적인 행동에서의 변화 증상이 세 가지 이상, 적어도 2일 동안 나타나는 것으로 기술하였다. 증상에는 명랑함, 사교성, 고양된 성적 충동과 행동, 말이 많아짐, 과신과 지나친 낙관주의, 자의식이 없는/근심 없는 태도, 수면 감소, 활력, 새로운 일에 참여함이 있다. 증상의 지속기간은 더 짧고, 역기능적 증상은 더 광범위하고 덜 뚜렷하다. 이렇게 정의를 넓혀 놓으면, 경조증의 발병률이 높아질 것이라고 생각할 것이다. 앙그스트(Angst)는 어떤 증상들은 다양한 보상을 추구하는 동기를 반영하는 것이라고 하였다. 가령 일반 표집에서는 경조증이 있는 사람들이 활동이 증가한다(더 많은 시간 일한다 등), 너무 많은 돈을 쓴다, 덜 수줍어하거나 자의식이 덜하다, 커피, 담배, 술을 더 많이 한다, 유머와 말장난을 더 많이 한다고 보고하였다.

양극성 장애 미분류형

이 진단은 임상적으로 의미 있거나 주목할 만하지만, 제I형 또는 제II형 양극성 장애 진단 기준에는 부합하지 않는 양극성 장애의 특징을 가지고 있는 사람들에게 적용된다. 기준치 이하의 조증과 우울 증상들이 며칠 동안 번갈아 나타나지만, 조증, 주요 우울증, 또는 경조증 삽화의 지속기간 기준에는 맞지 않는다면 양극성 장애 미분류형(Bipolar Disorder Not Otherwise Specified)으로 진단할 것이다.

순환성 장애

이 장애는 만성적인, 경미한 형태의(low-grade variant) 양극성 장애이다. 첫 번째 기준은 2년 동안 여러 번 경조증과 우울 증상들을 경험하지만, 어떤 경우도 주요 우울 삽화나 조증 삽화의 기준에는 부합되지 않는 것이다. 증상이 없는 기간이 2개월 이상 지속되지 않고, 적어도 그 기간의 반은 우울증이나 경조증 증상들이 분명하게 나타나야 한다. 첫 2년 동안은 주요 우울 삽화, 조증 또는 혼재성 삽화가 없다(첫 2년 후에는 이 삽화들이 기저의 순환성 장애와 함께 나타날 수 있다). 많은 사람들이 이 범주를 정서적 문제를 야기하는 기질적인 성향, 즉 아주 우울한/과민한 또는 감정고양적인 성향(경조증 성향, trait hypomanic)을 반영하는 것으로 본다. 따라서 순환성 장애(cyclothymia)는 삽화적 상태가 아니고 만성적/지속적인 정서문제 패턴이다. 순환성 장애를 가진 사람들은 지배적인 기분 상태 변화와 일치하는, 일관성 없는 대인관계 행동 및 자기개념 패턴을 보인다. 과신과 낮은 자존감, 수다와 말이 없어짐, 또는 자기 안에 빠져 있는 기간과 사회적 상호작용을 추구하는 기간을 왔다 갔다 하는 것 등이다(Akiskal et al., 1998). 아키스칼 등(2000)이 지적한 것처럼, 순환성 장애의 기준에 부합하는 많은 사람들이 경계선 성격장애 및 관련 장애들의 진단 기준에도 부합한다. 이 범주의 타당성은 양극성 장애를 가진 사람의 자녀에게서 순환성 장애의 비율이 높아진다는 증거에 의해 지지되고 있다(Klein, Depue, & Slater, 1986).

월경 전 불쾌장애

이 범주는 *DSM-5*에 있는데 처음에는 *DSM-IV-TR*의 부록(현재 진단명은 아니지만 '이후 연구를 위한' 범주들)에 포함되어 있었다. 월경 전 불쾌장애(Premenstrual Dysphoric Disorder : PMDD)는 월경 주기의 마지막 황체기 동안에 정기적으로 나타나는 우울 증상들인데, 지난 1년간 대부분의 월경 주기 동안 분명하게 나타나는 경우이다. 증상들은 월경이 시작되면 완전히 사라지는데, 다섯 가지 증상이 있어야 한다. 첫 번째 기준은 다음 증상 중 적어도 한 가지가 있어야 한다는 것이다. 슬픔/무망감/자기비하, 긴장/불안, 자주 눈물을 흘리는 불안정한 기분, 지속적인 과민/분노/대인관계갈등의 증가. 주목할 것은, 증상 목록이 주요 우울 삽화보다 더 확장되었지만, 단 두 가지만 슬픔/우울한 기분으로 정의되고 있고, 무쾌감증은 포함되어 있지 않다는 것이다. 다섯 가지 증상에는 위에 나열된 것과 함께 다음에 제시하는 것 중 적어도 하나가 포함되어야 한다. 평소 활동에 대한 흥미 감소, 집중력 문제, 무기력 또는 낮은 에너지, 뚜렷한 식욕 변화(폭식이나 특정 음식에 대한 식탐 등), 수면 장해(불면 또는 과다수면), 압도되거나 통제하지 못하는 느낌, 붓기나 두통 등의 신체적 증상 등이다. 이 중 두 가지 증상은 주요 우울 삽화의 기준과 동일하고, 나머지는 월경 전 불쾌장애에만 있는 것이다. 이 증상들은 월경 시작 전 주에 있다가, 월경을 시작하면 며칠 내에 개선되고, 월경 후에는 사라진다(최소화한다). 주요우울장애나 성격장애 등 다른 장애가 심해진 증상은 월경 전 불쾌장애로 진단하지 않는다.

가벼운 우울장애

가벼운(minor) 우울장애는 *DSM-IV-TR*의 부록에 포함되어 있다. 우울 증상 기간이 주요 우울 삽화(2주)보다 길게 지속된다. 하지만 이 기간 동안 주요 우울 삽화에서 보다 증상이 더 적고(5개 미만), 손상도 덜한 것이 특징이다.

재발성 단기 우울장애

이 범주는, *DSM-5*의 '특별한 우울장애(other specified depressive disorder)' 유형으로, 반복적으로 우울 증상들을 경험하는데, 두 가지 이상이 주요 우울 삽화의 증상 기준(우울한 기분이나 무쾌감증을 포함해서 다섯 가지 증상)에 부합되지만, 지속기간 기준(2주)에는 맞지 않는 사람에게 적합하다. 삽화들은 적어도 이틀(2주 미만)은 지속되어야 하고, 지난 12개월 동안 적어도 한 달에 한 번은 반복해서 나타나야 하며, 상당한 고통이나 손상과 관련이 있어야 한다.

급속 순환성 양극성 장애

*DSM-5*에서는 급속 순환(rapid cycle)을 1년에 최소한 네 번의 조증/경조증 그리고/또는 주요 우울 삽화가 있는 것으로 정의한다. 이렇게 순환되면, 증상이 없는 기간이 거의 없다. 임상가들은 한 달에 네 번 이상의 삽화를 보이는 '초고속(ultrarapid)' 순환이나, 하루 내의 순환으로 정의되는 24시간 이하 주기(ultradian cycling)를 보이는 환자들에 대해서도 보고하고 있다. 초고속 순환이 특이한 하위 집단을 나타내는 것은 아닌 것 같다. 사실은 급속 순환 패턴을 보였던 사람들 대부분이 추적 기간 동안에 비순환(noncycling) 패턴으로 돌아가는 경향이 있다. 반복해서 자주 증상을 평가했던 연구들에서는 환자들 중 대략 1/3이 급속 순환을 보이고, 이들 중 상당수가 초고속이나 24시간 이하 주기 기준에 부합된다는 것이 발견되었다(예 : Kupka et al., 2005).

DSM-IV나 DSM-5에서 인정하지 않는 연구 범주

여러 연구자들이 현재 *DSM*이나 *ICD*에 제시되지 않은 범주들에 대해 시사하며, '약한 양극성 스펙트럼(soft bipolar spectrum)'이라는 더 포괄적인 양극성(bipolarity)을 주장하고 있다(Akiskal & Mallya, 1987). 이 스펙트럼은 조증 양상, 혼재성 조증/우울 양상, 급속 순환성이 있는 사람들, 경조증이 있는 재발성 우울 삽화를 경험한 사람들, 항우울제 치료 후에 조증이나 경조증이 나타난 사람들과(Akiskal et al., 2000), *DSM* 기준보다 지속기간이 짧은 경조증 삽화를 가진 사람들(4일 미만; Angst, 1998)

을 포함한다.

감정고양성 기질

아키스칼 등(Akiskal et al., 1998)은 일반 표집의 조증/경조중 및 우울 증상 경향성을 나타내는 기질 유형의 범위를 설명하였다. 감정고양성 (hyperthymia)은 고양된 기분과 에너지를 암시하는 행동 패턴으로 구성되어 있는데, 활력(exuberance)과 낙관주의, 난잡함 또는 여러 형태의 자극 추구, 충동성과 성급한 계획 짜기, 침입적이고 과도한 사회적 관여, 자신감 있거나 뽐내는 행동이 포함된다.

우울성 성격장애/우울 기질

우울 기질(depressive temperament)은 고대부터 인식되어 온 것이며, 크레펠린도 기술한 것이다. 슈나이더(Schneider, 1958)는 이 장애의 특징을 다음과 같이 기술하였다. 자기 감정을 말하지 않는, 소극적인, 비주장적인; 침울하고 진지한 처신/즐거움을 느낄 수 없는 것처럼 보임; 자기파괴적인 생각에 몰두함; 타인에 대한 회의적이고 지나치게 비판적인 태도; 지나친 자의식과 절제; 음울한, 걱정이 많은, 그리고 부정적인 사건, 개인적 약점, 부적절감에 집착함. 중요한 것은 우울성 성격장애가 손상과 관련이 있고(Klein & Miller, 1993), 단극성 우울장애와 구별되며(예 : 기분부전장애, 주요우울장애; Klein & Miller, 1993), 만성적 우울증이 있는 사람들의 가족에서 유전된다는 것이다(Klein, 1999). 또한 우울 증상들의 장기적인 경과와(Klein & Shih, 1998), 기분장애 발병을 예측하게 한다(Kwon et al., 2000; Rudolph & Klein, 2009). 일반인의 우울성 성격 장애는 2% 정도로 유병률이 낮지만(Orstavik et al., 2007), 환자군에서는 약 25%의 높은 유병률을 보인다.

우울장애 범주의 스펙트럼

*DSM*과 *ICD* 체계에 나타난 2개의 범주는 기분 증상들의 범위(예 : 우울 증과 경조증)를 연구하는 데 활용될 뿐만 아니라, 이 증상들의 심각성 및 경과의 다양성과 높은 수준의 우울이나 낙관적 기분이 특징인 성격 유형 으로 될 수 있는 정도를 설명해준다. 그러나 이 문제들의 단계를 나누는 범주의 수가 그것의 차원(dimensionality)과 일치하지 않는데, 이는 병리 적인 기분 상태가 이 증상들의 유형과 만성성, 극단성이 다양한 데서 오 는 미묘한 심각성의 차이 때문임을 시사한다.

조기-발병 양극성 장애

1990년대 중반 이후, 청소년 양극성 장애에 대한 관심이 높아졌다. 이 질 환의 전형적인 발병 연령은 청소년 후기 또는 성인기 초기지만(제3장 참 조), 더 어린 아동들에게서 생각했던 것보다 높은 유병률이 보고되기 시 작했다(예 : Wozniak et al., 1995). 제I형 양극성 장애 성인 환자의 1/4에 서 1/3 정도가 아동기에 발병했고, 대부분은 첫 번째 삽화가 조증이 아니 고 우울증이었다고 보고하기 때문에 아동기에 양극성 장애가 나타날 수 있다는 것을 의심하는 연구자들은 별로 없었다(Joyce, 1984; Lish, Dime-

Meenan, Whybrow, Price, & Hirschfeld, 1994). 이는 첫 번째 삽화가 우울인 사람들에게서 놓쳐질 수는 있지만, 양극성 장애가 꽤 일찍 나타날 수 있음을 시사한다. 하지만 다른 연구자들은 조증 삽화가 있는 많은 아동들이 성인에게서 나타나는 전형적인 증상 프로파일과는 달리 발달상 특이한 방식으로 나타나기 때문에, 정신건강 전문가들이 놓치기 쉽다고 주장했다. 대안적인 양상과 발달적으로 독특한 새 진단 기준들이 과학 문헌들과 대중서(Papolos & Papolos, 1999), 대중 매체에서 나타나고 있다. 예를 들면, 소아 양극성 장애는 과대한 기분보다 과민한 기분으로 정의하자, 분노 폭발(temper tantrums) 또는 분노 삽화를 이 장애의 지표로 하자, 이 장애들은 유아기나 학령 전기에도 발병할 수 있는 것으로 정의하자 등의 제안이 널리 논의되었다.

이러한 제안에 대한 관심은 주목할 만하다. 정신건강 분야에 이런 생각들이 전파되면서 지역사회에서 이 진단의 유병률이 급속히 증가했기 때문이다. 모레노 등(Moreno et al., 2007)은 미국에서 20세 미만의 청소년들이 양극성 장애 진단과 관련된 외래 치료를 이용하는 추세를 보고하였다. 외래 치료는 1994~1995년 청소년 10만 명당 25명에서 2002~2003년 청소년 10만 명당 1,003명으로 증가하였다. 게다가 양극성 장애의 이러한 외래 치료 증가는 성인에게서보다 훨씬 더 컸다. 지역사회에서 내려진 양극성 장애 진단 중 많은 수가 표준 방식(gold standard approaches)의 기록과 일치하지 않는다는 증거가 있다. 한 연구에서는(Pogge et al., 2001), 지역사회에서 양극성 장애 진단을 받았던 청소년 환자들을 표준 방식으로 재평가하면 단극성 우울증이나 품행장애로 진단

되는 경향이 있다고 했다. 이 같은 증거는 지역사회의 이러한 진단과 아동에 대한 진단 기준을 바꿔야 한다는 제안의 타당성에 대해 상당한 논란을 불러일으켰다. 세 가지 이슈가 가장 큰 논란이 되었다. (고양된 기분이 아닌) 과민한 기분만을 포함시켰던 조증 정의의 타당성, 소아 양극성 장애와 파괴적 행동장애(disruptive behavior disorders) 간의 경계, 아동 사례들이 성인기 양극성 장애의 전형적인 양상을 나타낼 것인가 하는 점이다. 이 이슈들은 제3장에서 상세하게 탐색할 것이다.

 *DSM-5*에는 파괴적 기분조절부전 장애(Disruptive Mood Dysregulation Disorder : DMDD)라는 새로운 범주가 포함되었다. 라이벤러프트 (Leibenluft) 등의 심각한 기분조절부전(severe mood dysregulation) 유형 연구에 근거한 이 범주는 이전에 소아 양극성 장애라고 하던 좀 더 포괄적인 장애의 일부이다. 새로운 파괴적 기분조절부전 장애를 타당화하려는 시도 뒤에는 소아 양극성 장애에 대한 관심을 자극했던 청소년들의 극단적인 기분 및 행동 장해 양상에 대한 과학적인 진단 기준을 정의하고 검증하고자 하는 동기가 있다. 향후의 연구는 파괴적 기분조절부전 장애가 실은 양극성 장애의 표현형(phenotype)인지를 탐색하는 데 초점이 맞춰질 것이다. 라이벤러프트는 이 장애의 특징을 다음과 같이 기술하고 있다. (a) 기본적으로 비정상적인 기분(극단적인 과민함, 분노, 또는 슬픔이 만성적이고 다른 사람들이 알아볼 정도이다). (b) 과다각성 증상(불면, 가만히 있지를 못함(physical restlessness), 주의산만, 사고의 흐름이 빠르고 끊임없이 생각이 이어짐/사고의 비약(racing thoughts/flight of ideas), 강박적으로 말을 함, 사회적 침입/참을성이 없음). (c) 부정적인 정서 자극

에 대한 반응의 증가[다른 사람이나 물건(property)에 대한 분노 폭발, 언어적 격노, 또는 공격]가 적어도 한 주에 세 번은 나타남. 이 증상들은 12세 이전에 나타나서, 1년간 증상이 없는 기간이 2개월 이상 지속되지 않고 세 가지 영역 중(가정/가족, 학교, 또래 관계) 적어도 두 가지 영역의 손상과 관련이 있어야 한다.

　파괴적 기분조절부전 장애는 고양된/확장된 기분보다 과민성을 강조하는 더 포괄적인 양극성 유형에 대한 연구에 근거한 것이다. (양극성 장애 진단에서 요구되는) 조증 삽화의 기준과는 달리, 파괴적 기분조절부전 장애는 만성적인(삽화적이 아님) 부정적 기분/과민성으로 구성되어 있다. 이는 양극성 장애 아동들의 꽤 긴 삽화 기간(평균적으로 거의 1년 지속)과 다양한 기분 상태를 매일 순환하는 경향을 보여주는 임상표집의 증거와 일치한다(Birmaher et al., 2006; Geller, Tillman, Craney, & Bolhofner, 2004; Tilman & Geller, 2007). 이는 성인의 전형적인 양극성 양상에 대한 고전적인 기술과는 차이가 있다. 하지만 주드 등(Judd et al., 2002)은 고전적인 양극성 양상을 보이는 성인에게서조차 종종 경과가 만성적이고, 기준치 이하의 조증 및 우울 증상들이(기준 양상뿐만 아니라) 추적 기간 동안 꽤 오래 나타난다는 것을 보여주었다. 스트린가리스 등(Stringaris et al., 2010)은 심각한 기분조절부전 기준에 부합하는 아동들이 협소하게 정의된 양극성 장애 기준(즉, 전통적인 성인 기준을 사용하는)에 맞는 아동들보다 주의력 결핍 과잉행동 장애(Attention Deficit Hyperactivity Disorder : ADHD) 및 적대적 반항장애(Oppositional Defiant Disorder : ODD)와의 동반이환율이 더 높다는 것을 발견하였다.

브항구 등(Bhangoo et al., 2003)에 의하면, 만성적 과민성을 보이는 아동들이 삽화적 조증/경조증 삽화를 보이는 아동들보다 주요 우울 삽화, 정신증, 자살시도, 또는 부모가 양극성 장애의 이력을 보일 확률이 더 낮은 것 같다. 브로트만 등(2006)의 역학 표집에서는 심각한 기분조절부전의 평생 유병률이 3.3%로 나타났다. 이 비율은 아동기의 다른 우울장애 비율과 일치한다. 이 아동들의 대부분(68%)은 추가적인 정신장애를 가지고 있었는데, 대개는 ADHD(94%), 품행장애, 또는 적대적 반항장애였다. 아동기/청소년기에 심각한 기분조절부전 기준에 부합한 적이 있었던 사람들을 성인기 초기에 추적 조사한 결과, 심각한 기분조절부전의 기준에 맞지 않았던 사람들에 비해 우울장애(주요우울장애 또는 기분부전장애)를 더 많이 경험하는 것 같았다. 하지만 추적 조사에서 양극성 스펙트럼 장애 비율의 차이가 없었다는 점은 심각한 기분조절부전은 양극성 스펙트럼이 발달적으로 일찍 나타난 양상은 아닐 수 있음을 시사한다. 스트린가리스 등(2010)은 또 다른 연구에서 심각한 기분조절부전을 보이는 아동들이 추적 기간 동안 조증이나 경조증 삽화로 발전되지 않는 것을 다시 한 번 보여주었다. 이상의 증거들을 종합하면, 급성 과민 또는 조증보다는 지속적인 부정적 기분으로 정의되는 소아 양극성 장애의 양상은 고전적인 양극성 장애의 연속선에 있는 것이 아니라 오히려 외현화(행동적/행동화) 문제들의 극단적인 변형이라는 것을 알 수 있다(Carlson, 2007).

양극성 장애의 양상은 어떤 종류의 행동 표현은 허용하고 다른 것은 허용하지 않는 발달 단계에서의 행동 제한 및 유도성(affordances)을 고려해서 이해해야 하지만, 사실 청소년도 양극성 장애의 고전적인 징후를 보일 수 있다는 증거가 있다. 겔러와 루비(Geller & Luby, 1997)는 아동 청소년의 제I형 양극성 장애의 고전적인 양상 사례를 보여주었다. 예를 들면, 과대성(grandiosity)은 교사에게 직접 지속적으로 침입적인 언급을 하는 것으로 나타나거나(예 : 교사에게 과목을 가장 잘 가르친다고 말한다), 또는 (성적이 낮음에도 불구하고) 높은 성적을 요구하는 높은 지위의 일을 할 것이라고 주장하는 것으로 나타날 수 있다. 종종 다른 사람이 있는 데서, 잦은 자위행위를 하는 것은 과잉성욕(hypersexuality)의 증거가 될 수 있다. 이렇게 고전적인 조증 삽화를 보이는 경우에도 외현화 문제와의 동반이환율은 매우 높다. 아동의 ADHD와 고전적인 제I형 양극성 장애의 동반이환율은 90% 정도이고, 품행장애와의 동반이환율은 대략 20% 정도이다(Geller & Luby, 1997).

겔러 등(2008)은 아동기에 발병한 첫 번째 삽화에서 제I형 양극성 장애(조증 삽화에 대한 *DSM-IV* 기준)로 진단받은 아동 표집을 몇 년 동안 추적해보았다. 이 사례들 중 대다수는 지표 삽화(index episode)에서 회복되었고 대부분은 악화되었다. 이 표집의 조증 삽화는 길었고(평균 지속기간이 8개월부터 거의 1년까지), 정신증과 24시간 이하 주기가 특징이었다. 마지막 추적 조사 당시 18세 이상이었던 사람들 중 44%는 고전적 조증 삽화를 가지고 있었는데, 이는 아동기 때 좀 더 협소한 조증 정의에 부합한 사람들이 성인기에 고전적인 조증 양상으로 진행한다는 것을 보여주는 것이다. 성인기 추적 조사에서는 24시간 이하 주기도 분명했는데, 이는 이 현상이 더 전형적인(즉, 더 나중에 발병하는) 발병 연령 표집에서 나타나는 것보다 더 많다는 것을 시사한다. 따라서 조증의 전통적인 기준에서 벗어난 조기-발병 사례들로부터 도출된 양극성 스펙트럼이라는 대안적 개념들은 결국은 전통적 기준의 양극성 장애로 진전된다와 같은 양극성 성향 지표들과 뚜렷한 연관이 보이지 않는다. 하지만 이 개념들은 궁극적으로는 양극성 스펙트럼과 관련이 있어 보이는 내면적 및 외현화(행동적/행동화)라는 심각한 정신병 문제가 있는 아동들의 특징을 보여주는 것 같다. 이 새로운 개념들을 탐구하는 향후의 연구들은 이 장애를 가진 표집을 주요 정신병리의 전통적인 위험 연령까지 추적하여 양극성 장애의 전통적인 기준에 부합하는 아동들과 비교해봄으로써, 소아양극성 장애를 둘러싼 많은 의문과 논란을 해결하는 중요한 증거들을 제공해줄 것이다.

주요 우울 삽화와 조증 삽화의 하위 유형

DSM과 ICD 모두 주요우울장애 범주에 하위 유형들이 있다. 정신의학에서 하위 유형은 긴 역사를 갖고 있다. 시간에 따라 정확한 정의가 조금씩 변하기는 했지만, 임상가와 연구자들은 수년간 하위 유형의 핵심 특징들을 논의해왔다. 역사적으로 우울장애의 하위 유형에 초점을 맞춘 것은 병인이 다른 양상들을 구별하기 위해서였다. 구체적으로 말하면, DSM-I에서는 '기질적(organic)' 사례와 '반응적(reactive)' 사례를 구별하고, 전자는 생물학적인 것으로 후자는 환경에 의해 야기된 것으로 가정하였다. 두 번째 DSM에서도 이 전통이 지속되었지만, 병인의 하위 유형으로 정신증적과 신경증적이라는 용어를 선호하였다. 이론적으로 기질적/정신증적 사례들은 예후가 안 좋은 반면(즉, 심리치료적 개입의 효과가 적었다), 반응적/신경증적 사례들은 환경적 원인이 제거되면 해결될 수 있는 것이라고 가정하였다. *DSM-III*는 진단명에서 추정할 수 있는 병인 개념을 모두 삭제하고, 우울장애를 포함한 정신장애에 대해 표준화된 포함(inclusion)과 배제(exclusion) 목록을 설정하였다. *DSM-III*(또는 이후의 개정판)에서는 어떤 범주에 대해서도 그 장애의 병인을 추정하지 않는다. 하지만 연구자들은 관찰된 임상적 현상 패턴(다양한 증상군)을 통해 병인의 경로가 다른 우울증 하위 집단과 다양한 치료적 접근에 대한 이들의 반응 가능성을 식별할 수 있는지를 계속 탐구하고 있다.

멜랑콜리아　가장 긴 역사를 가진 하위 유형은 *DSM-IV-TR*에서 멜랑콜리아(melancholia)로 기술된 내인성(endogenous) 하위 유형이다. 주요우울장애가 있는 사람이 무쾌감증과 다음 중 세 가지 증상을 경험하면 멜랑콜리아 하위 유형의 기준에 맞는 것이다. 증상에는 하루 동안의 기분 변화(오후나 저녁보다 아침에 기분이 더 나쁘다), 상당한 정신운동성 초조 또는 지체, 아침 일찍 잠이 깸(아침에 일어나기로 한 시간보다 먼저 잠이 깨고 다시 잠들지 못한다), 현저한 식욕 또는 체중의 감소, 지나친 또는 부적절한 죄책감, 특이한 우울 기분(상실 후에 느끼는 정상적인 애도나 슬픔과는 질적으로 다른 우울)이 포함된다. 주요 우울 삽화가 있는 사람들의 1/4 정도가 이 하위 유형에 속한다. 멜랑콜리아의 기준 증상은 주로 신체적인 증상들이지만, 멜랑콜리아는 문제를 일으키는 인지와도 관계가 있는데, 여기에는 과거의 실패에 대한 반추와 전망이 밝지 않다고 지각되는 미래에 대한 불안한 걱정이 포함된다(Gold & Chrousos, 1999).

외인성(endogenous)이라는 용어는 역사적으로 생물학적인 과정에 기인한 것으로 보이는 우울증과 환경의 촉발요인에 대한 반응으로 나타나는 반응성 우울증을 구별하기 위해 사용되었다(Kiloh & Garside, 1963). 따라서 외인성 하위 유형은 주요우울장애의 변형에 대한 오래된 관심에서 비롯된 것으로 처음에는 증상 프로파일로만 확인할 수 있었다. 병인이 좀 더 순수하게 생물학적이거나 유전적이기 때문에 생물학적 표식들과의 관련성이 크다고 가정했던 것이다. 그것이 사실이라면, 이 하위 유형의 원인이 되는 특징을 규명하는 데 초점을 맞춘 연구에서 이 하위 유형을 측정하면 우울 삽화를 야기하는 생물학적 과정을 더 빨리 이해할 수 있을 것이다. 하지만 다른 사례들과 질적으로 다른 독특한 병인론적 하위 유형을 식별해주는 대신에 멜랑콜리아/외인성 우울증은 좀 더 심각한 우울증 사례를 나타내는 것일 수도 있다. 이러한 후자의 해석과 일치하는 것으로, 켄들러(Kendler, 1977)는 멜랑콜리아 주요우울장애의 이력이 있는 여성 쌍둥이들에게서 멜랑콜리아 없는 주요우울장애 이력이 있는 사람들보다 더 많은 삽화들, 가장 나쁜 삽화들 동안 더 심각한 증상, 우울증과 관련된 더 큰 손상과 도움 추구를 발견하였다. 이들은 멜랑콜리아 없는 주요우울장애에 비해 성격 특성인 신경증 수준은 낮게 보고하였다. 이는 이 하위 유형이 단극성 우울증의 성격적 위험과는 관련이 없다는 의미일 수 있다. 멜랑콜리아와 멜랑콜리아가 아닌 집단은 발병 연령이나 가장 긴 삽화의 지속기간에서 차이가 없었다. 쌍둥이 중 한

명이 멜랑콜리아가 있는 경우 다른 쌍둥이의 주요우울장애 비율도 멜랑콜리아가 없는 주요우울장애에서보다 높았고, 이 결과는 전반적인 심각도로는 설명되지 않는 것이었다. 이러한 결과는 다른 표집에서 나온 결과와도 일치하며, 멜랑콜리아가 우울증의 유전적 고위험 지표일 수 있음을 시사한다(McGuffin, Katz, Wakins, & Rutherford, 1996). 마지막으로 멜랑콜리아 우울증이, 스트레스 호르몬인 코르티솔 수준의 상승을 포함한, 신체의 과다각성 지표들과 관련이 있다는 증거가 있다(Gold & Chrousos, 2002). 요약하면, 멜랑콜리아 하위 유형은 좀 더 심각한 우울증 이력이 있는 사람들을 식별하게 해주고, 높은 유전적 위험과 스트레스 반응에 대한 생물학적 영향요인과 관련이 있는 것 같다. 하지만 멜랑콜리아가 다른 우울증 형태와 질적으로 다른 것인지는 아직 해결되지 않은 주제이다.

비전형성 멜랑콜리아처럼, 비전형적 우울증(atypical depression) 역시 많은 연구의 초점이 되어 왔다. 1950년대 후반 영국에서 처음으로 비전형적 하위 유형에 대한 *DSM-IV-TR*의 정의와 유사한 구성개념들이 보고되었지만, 현재와 같은 양상은 1960년대 후반에 처음 기술되었다(Parker et al., 2002). 비전형적 우울증은 긍정적 자극에 대한 기분 반응성 증상(우울하긴 하지만 강화가 되거나 즐거운 자극에 대해 긍정적인 기분으로 반응함)과 다음 증상 중 두 가지로 정의된다. 체중이나 식욕 증가, 과다수면, 납덩이 같은 마비(무겁게 짓누르는 느낌), 타인의 거부에 예민함이다. 몇 가지 증상은 고전적인 주요 우울 삽화의 기술에서 관찰되는 것과 반대이다(체중 감소가 아니라 증가, 수면 감소가 아니라 과다수면). 비전형적 우울증은 현상적으로 굉장한 무기력, 피로, 단절(disconnection), 상황에 따라 순식간에 '밝아지는' 순간들을 보면 알 수 있다. 거부에 대한 예민함은 삽화 중일 때와 우울하지 않을 때 모두 나타나는 것으로 보아 개인의 성격 특성을 나타내는 것 같다. 이 하위 유형에 대한 많은 관심은 이 증상군을 가진 사람들이 다른 유형의 항우울제보다 특히 모노아민 산화효소 억제제에 잘 반응하는 것 같다는 보고에서 비롯되었다. 이러한 관찰의 타당성을 지지하는 증거가 있긴 하지만(예 : Liebowitz et al., 1988), 최근의 연구 결과들은 이 효과가 조기에 발병하여 만성적 경과를 보이는 비전형적 우울증 환자군에 국한된다는 점을 시사하고 있다(Thase, 2009). 비전형적 주요 우울 삽화가 있는 사람들이 특정 항우울제에 더 잘 반응한다는 점에 대한 연구는 계속되고 있다.

주요 우울 삽화가 있는 사람들의 15%에서 30% 정도만이 비전형적 하위 유형을 보이고(Gold & Chrousos, 2002), 여성, 불안장애를 동반하는 사람들, 그리고 우울증이 조기에 발병한 사람들에게서 유병률이 더 높다(Angst, Gamma, Sellaro, Zhang, & Merikangas, 2002; Matza, Revicki, Davidson, & Stewart, 2003; Novick et al., 2005). 하지만 이 하위 유형이 주요우울장애의 좀 더 만성적이거나 심각한 변형이라는 증거는 별로 없다(Kessler & Wang, 2009). 비전형적 주요 우울 삽화가 경조증 삽화의 이력이 있는 사람들에게서 부각되기 때문에, 비전형적 우울증을 약한 양극성 스펙트럼의 표식으로 보는 사람들도 있다(Perugi et al., 1998). 하지만 비전형적 하위 유형의 증상들 간에 상호상관성이 매우 낮다는 자료들은 이 하위 유형이 중요한 증후군이라는 생각과 일치하지 않아 이 하위 유형의 타당성 문제도 제기되었다. 게다가 기분 반응성(mood reactivity)이 전형적인 하위 유형의 기본적인 증상이라는 증거도 없기 때문에(Parker, 2002), 비전형적 주요 우울 삽화가 양극성 스펙트럼의 표식으로 타당한지에 대한 의문이 제기되고 있다.

긴장증적 우울증   긴장증(catatonia)은 주요우울장애, 또는 제I형이나 제II형 양극성 장애에서 나타나는 주요 우울 삽화, 조증 또는 혼재성 삽화에 적용될 수 있는 유형(specifier)으로, 다음 다섯 가지 증상 중 두 가지를 요구한다. 부동자세(motoric immobility), 목적이 없어 보이는 흥분 행동(motor activity), 극단적인 거부증(지시에 대한 저항, 함구증, 또는 경직된 자세 유지), 이상한 움직임, 상동 반응(echolalia or echopraxia, 다른 사람의 단어나 구문을 의미 없이 반복하거나 다른 사람의 움직임을 모방하는 것)이다. 긴장증은 흔치 않은 것으로, 주로 입원환자에게서 나타난다. 이 하위 유형은 정신병이나 다른 장애뿐만 아니라 우울장애와도 관련이 있다.

정신증적 양상   정신증적 양상을 보이는 우울증은 허무주의적이거나 망상적인 죄의식 또는 환각에서 기인한 망상적 사고가 특징이다. 이러한 망상은 우울한 기분과 일치하는 침울하고 부정적인 주제이거나, 기분과 일치하지 않게 우울하지 않은 내용이 특징이다. 기분-불일치적 양상(mood-incongruent features)이 특징인 정신증적 우울증이 있는 사람들은 전통적으로 정신병 장애(예 : 조현병)의 '제1(first-rank)' 증상들이라고 하는 징후/증상을 나타낼 수 있다. 일반 표집에서는 정신증적 양상이 있는 주요 우울 삽화는 흔치 않다. 대표적인 역학적 유역 연구(Epidemiologic Catchment Area study)에서는 정신증적 양상이 전체 주요 우울 삽화의 14%로 나타났다(Johnson, Horwath, & Weissman, 1991). 정신증적 양상은 주요우울장애보다 양극성 장애가 있는 사람들의 우울 삽화에서 더 많이 나타난다(Akiskal et al., 1983). 우울 증상의 심각성을 설명한 후에도, 정신증적 양상이 없는 주요 우울 삽화가 있는 사람들보다 정신증적 양상이 있는 사람들이 자살경향성, 입원율, 다른 정신질환과의 동반이환율과 악화율이 더 높기 때문에, 정신증적 양상은 좀 더 심각한 경과를 보이는 집단을 나타내는 것 같다(Johnson et al., 1991). 게다가 기분-불일치적 양상을 가진 사람들은 기분-일치적 정신증 양상이 있거나 정신증을 수반하지 않는 사람들과 비교할 때, 결과가 좋지 않다는 증거가 있다(Coryell & Tsuang, 1985). 렉크만 등(Leckman et al., 1984)은 멜랑콜리아/외인성 우울증과 정신증적 우울증을 포함하여 주요우울장애 하위 유형에 대한 가족 연구를 수행하였다. 이들은 망상이 특징인 하위 유형(예 : 정신증적 우울증) 가족에게서 주요우울장애의 비율이 가장 높고, 망상적 우울증 환자의 친척 중 약 1/3이 이 유형의 기준에 부합하는 등, 망상적 우울증이 '자녀에게로 이어진다는' 증거를 발견하였다. 이는 정신증이 독특한 병인 과정의 의미 있는 지표임을 시사한다.

산후 우울증 *DSM-IV*에서는 산후 우울증(postpartum depression)을 출산

후 4주 내에 여성에게서 발병하는 주요 우울 삽화로 정의하고 있지만, 연구문헌들에서는 종종 기간을 더 길게 규정하기도 한다(예 : 출산 후 1년 이내). 이 장애는 출산한 여성들에게 꽤 흔한 것으로, 산모의 유병률은 7% 정도로 추정된다(Gavin et al., 2005). 산후 우울증은 덜 심각하고 통계적으로 더 정상적인 '출산 우울(baby blues)'과는 구별된다. 출산 우울은 기분 불안정, 눈물을 자주 흘림, 불안, 불면, 대인관계 예민성이 출산 후 첫 주에서 한 주 반까지 나타나는 것이 특징이며(O'Hara, 2009), 대개는 어떤 개입이나 심각한 손상 없이 회복된다. 이와 달리, 산후기 동안 나타나는 주요 우울 삽화는 산모가 새로운 역할에 적응하는 데 심각한 영향을 미칠 수 있다. 특히 정신증적 특성이 있는 산후 우울증의 경우, 아기를 해치라는 환청이나 아기에 대한 망상의 형태를 띨 수도 있다. 중요한 것은 산후기가 어머니에게뿐만 아니라 아버지에게도 첫 번째 또는 새로운 주요 우울 삽화의 발병 위험이 높아지는 시기라는 증거가 있다는 것이다(제3장에서 더 자세히 논의한다).

월경 전 불쾌장애 대중서에서 흔하게 다루고 있는 또 다른 변형은 월경 전 불쾌장애(PMDD)로(이 장의 앞 부분에서 논의하였다), 월경 주기와 연관된 우울 증상의 변화가 특징이다. *DSM-IV*에서는 월경 전 불쾌장애를 '우울 장애 NOS'형이라고 하였다. 이 진단은 월경 전 증후군(premenstrual syndrome : PMS)이라는 일반적인 개념(lay conception)과 행동과 정서의 성차에 미치는 호르몬의 역할에 대한 매우 사회화된 태도와 일치한다. 월경 전 불쾌장애의 이전 진단들은 월경 주기의 특정 기간

(만기 황체기)과 관련하여 우울 증상이 나타났다가 없어지는 분명한 패턴을 요구한다. 그러나 월경 주기에 따라 반복적으로 증상과 월경 주기를 측정한 결과, 우울 증상이 월경 주기 때문이라고 한 여성 대부분이 실제로는 요구되는 패턴을 증명하지 못하였다(Kessler & Wang, 2009).

계절성 정동장애　단극성 우울장애의 또 다른 변형은 계절성 정동장애(Seasonal Affective Disorder : SAD)로, 대개 가을이나 겨울에 나타남으로써 분명한 계절적 패턴을 보이는 재발성 우울 삽화(주요 우울 삽화나 가벼운(minor) 우울 삽화 기준에 부합하는)로 정의된다. *DSM*에서는 개인이 경험하는 우울 삽화의 적어도 2/3가 계절적인 패턴을 보여야 한다. 계절성 정동장애는 적도에서 먼 지역으로, 겨울이 길어서 햇빛을 볼 시간이 적은 지역에서 많이 볼 수 있다. 또한 빛에 비정상적으로 반응하는 멜라토닌의 영향을 받는 환자들에게서 나타날 수 있다(Wehr et al., 2001). 좀 더 느슨한 정의를 적용하면 미국 인구의 9% 정도가 계절성 우울증을 보고하긴 하지만, 실제로는 아주 드물다(Booker & Hellekson, 1992).

하위 유형의 타당성

하위 유형들은 특정 치료에 다르게 반응하는 사람들 또는 다른 병인 경로를 가지고 있는 사람들을 식별할 수 있는 정도에 따라 결정된다. 그래서 하위 유형들은 임상과 연구에 유용할 수 있었다. 하지만 병인이 다르게 정의되는 단극성 우울증 변형들의 지표로 타당한지에 대한 증거는 혼재되어 있다. 예를 들면, 하위 유형들은 종단적 안정성이 있는 것 같지는 않다. 이는 여러 번의 주요 우울 삽화가 있었던 사람들이, 정신증적 우울증은 예외로 하고, 여러 삽화들에서 동일한 하위 유형을 보일 확률이 낮다는 것을 의미한다(예 : Coryell et al., 1994).

*DSM-IV-TR*에 있는 하위 유형들은 경험적 접근보다는 대개 임상적 관찰과 이론을 통해 만들어진 것이었다. 이렇게 이론적으로 도출된 하위 유형들은 경험적 · 통계적 접근을 통해 우울한 사람들의 증상 패턴을 요약한 자연형(natural types)을 대표하지는 못하는 것 같다. 예를 들면, 설리반, 프레스코트와 켄들러(Sullivan, Prescott, & Kendler, 2002)는 대규모 표집을 대상으로 주요우울장애의 증상들에 대한 탐색적 분석을 수행하였다. 이들은 주요 우울 삽화의 일곱 가지 증상 패턴을 발견하였다. 이 중 단 한 종류만이 기존의 *DSM* 하위 유형 패턴(비전형적 우울증)과 유사하였다. 두 종류는 우울 증상은 거의 없지만 손상, 고통, 치료 추구 수준이 매우 높았다. 하지만 대부분은 인구통계학적 기준과 성격 특성을 포함한 중요한 외적 기준에서 통계적으로 차이가 없었다. 이는 이론적으로 정의된 하위 유형들이 전체 인구의 우울 증상을 가장 정확하게 대표하는 것은 아닐 수 있음을 시사한다.

우울 증상이 있는 사람들 간의 차이(variability)를 파악하는 또 다른 방법은 새로운 범주를 추가하기보다 이 차이를 파악하는 좀 더 적은 수의 차원(dimension)을 확인하는 것이다. 차원적 접근은 전통적인 우울장애들을 가장 낮은 쪽(우울장애 증상 없음)에서부터 기준치 이하의 양상, 덜 심각한 장애, 좀 더 심각하고 손상이 있는 장애까지, 우울증의 연속선상에 있다고 보는 것이다. 이 모델의 장점은 간단하다(parsimony)는 것이다. 많은 진단 범주들에 비해 우울증의 심각도 차원으로 더 간단하게 중요한 준거 변인들(criterion variable)에 대한 예언 타당도를 고려하고 평가할 수 있기 때문이다. 고려해야 할 중요한 점은 임상적 표현형의 기초가 되는 차원 또는 차원들의 구성을 어떻게 정의하느냐 하는 것이다. 현 진단 범주들에 붙인 임상적 징후와 증상들이 하나 또는 그 이상의 단일한 차원들로 표현될 수 있을까?

많은 연구자들이 단극성 우울증의 증상들을 독특한 구성개념들을 대표하는 의미 있는 차원들로 묶는 것에 대해 제안해왔다. 하지만 우울증에 대한 기존의 자기보고식 척도의 구조분석 결과를 보면 대부분이 일반적인 우울증 요인으로 구성되어 있다. 게다가 우울증의 차원 범위를 넓게 잡아 측정한 결과 역시 첫 번째 주요인은 주로 일반적인 고통 증상들로 정의되었다(Watson, O'Hara, Simms, Kotov, & Chmielewski, 2007). 더 작은 이차 요인들도 확인되었는데, 무기력, 자살경향성, 불면, 식욕 문제 등이었다(Watson, 2009).

차원적 접근의 유용성에 대한 증거는 기준치 이하 증상들(우울장애의 범주적 진단에 요구되는 기준치에 미치지 못하는 기분 증상들)의 상관에 대한 연구이다. 이 연구들은 대개 기준치 이하의 증상들이 우울장애와 동일한 상관이 있다는 것을 보여주며, 차원적 조망을 지지해준다. 몇 가지 연구에서 기준치 이하의 단극성 우울장애들이 기능 문제 및 미래에 완전한 우울장애로 진전될 위험과 관련이 있는 것으로 나타났다(Fergusson, Horwood, Ridder, & Beautrais, 2005; Gotlib, Lewinsohn, & Seeley, 1995; Harrington, Fudge, Rutter, Pickles, & Hill, 1990;

Lewinsohn, Shankman, Gau, & Klein, 2004; Lewinsohn, Solomon, Seeley, & Zeiss, 2000; Nolen-Hoeksema, Girgus, & Seligman, 1992; Pine, Cohen, Cohen, & Brook, 1999). 이러한 위험의 대부분은 기준치 이하 우울증의 만성적 또는 재발성 형태로 인한 것일 수도 있긴 하다(Klein, Shankman, Lewinshon, & Seeley, 2009). 또한 기준치 이하의 우울증은 우울장애 진단과 가족/유전적인 관련이 있다(Kendler & Gardner, 1998; Lewinsohn, Klein, Durbin, Seeley, & Rohde, 2003). 따라서 기저의 심각도 차원을 파악하는 한 가지 방법은 전체 증상의 수 그리고/또는 나타난 증상들의 심각도를 종합해보는 것이다. 이 모델은 한 진단 범주 내에서의 증상 심각도(경도에서 중증도까지)가 치료에 대한 반응을 예측하고, 우울장애의 유전적 경향과 관련이 있으며, 우울증에 관련된 생물학적 과정이 있다는 증거들에 의해 지지되었다(Klein, 2008).

하지만 증상의 수가 우울장애의 기저가 되는 중요한 차원을 도출하는 가장 타당한 수단은 아닐 수 있다. 증상의 심각도는 어느 한 시점에서 면접과 자기보고식 질문지 등의 다양한 방법으로 쉽게 측정될 수 있다. 하지만 이런 방법으로는 우울증을 덜 심각한 양상에서 더 심각한 양상까지 수량화하는 데 중요한 요인인 증상의 지속기간이나 경과 패턴을 직접 평가할 수 없다. 클라인(Klein, 2008)은 단극성 장애들이 만성성(charonicity)과 심각성(severity)이라는 두 차원으로 파악될 수 있다고 제안하였다(그림 2.2). 만성성 차원은 우울 삽화의 수와 증상의 지속기간을 고려하는 것이다. 만성성 차원을 추가하면 DSM에서 다양한 경과 요소(course parameter)를 반영하기 위해 부가되었던 많은 진단 범주들을 정리할 수 있다. 만성성 차원을 하나 적용하면, 주요 우울 삽화에 동반되는 기분부전장애를 기술하기 위해 사용되던 '이중 우울증(double depression)'같이 이상한 개념을 삭제하고, 대신 간단하게 우울증의 매우 만성적인 형태라고 기술하고, 주요 우울 삽화기의 심각도는 높다고 평정할 것이다.

이 모델의 중요한 의미는 덜 심각한 증상들로 정의된 장애들(예 : 기분부전장애)이 만성성이 더 크기 때문에, 실은 증상 기준치가 더 높은 우울장애들(예 : 주요우울장애)보다 더 심각하다는 점을 반영할 수 있다는 것이다. 이 차원의 타당성은 비만성적인 장애와 더 만성적인 장애가 여러 면에서 아주 다르다는 것을 보여준 증거들에 의해 지지되었다. 기분부전장애와 비만성적 주요우울장애, 만성적 주요우울장애와 비만성적 주요우울장애를 비교했을 때, 만성적 장애들이 다른 정신병리들(성격장애 포함)과 함께 나타나는 비율이 높았고, 좀 더 극단적인 수준의 성격 특성, 더 큰 자살경향성, 더 큰 손상, 더 이른 역경(more early adversity), 가족 구성원의 높은 우울장애 비율과 분명한 관련이 있었다(reviewed by Klein, 2008). 만성성은 하나의 차원으로 자주 제안되지는 않았다. 하지만 클라인(2008)의 지적처럼, 우울 증상의 다양한 지속기간은 전반적인 정신질환의 심각성 표식들, 즉 조기 발병, 동반이환, 자살경향성 및 손상과 관련이 있다. 더 만성적인 경우도 우울증에 대한 높은 가족 요인, 이른 역경, 성격 특성 수준의 차이, 우울타입의 인지(depressotypic cognition)를 포함한 중요한 병인들과 관련이 있다. 또한 만성성은 좋지 않은 치료 반응을 예측하기도 한다. 마지막으로, 만성적 우울증의 비율은 비만성적 우울증 환자들의 가

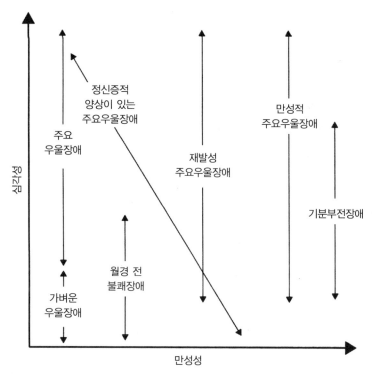

심각성

정신증적
양상이 있는
주요우울장애

주요
우울장애

만성적
주요우울장애

재발성
주요우울장애

기분부전장애

가벼운
우울장애

월경 전
불쾌장애

만성성

그림 2.2 단극성 우울장애의 2차원 모델

족보다 만성적 우울증 환자들의 가족에게서 더 높지만, 건강한 통제집단과 비만성적 우울증 집단의 가족은 차이가 없다는 점에서 만성적 기분장애에 가족력 특징이 있음을 알 수 있다.

결론

요약하면, 우울장애가 있는 사람들과 우울 경향인 사람들은 상당히 다르다. 증상의 심각도, 현상, 경과, 발달과 관련된 요인(developmental modifier)의 차이를 기술하기 위해 다양한 진단명이 제안되었고, 동일한 진단 기준에 부합하지만 병인이 다양한 하위 집단을 이해하기 위해 하위 유형들이 제안되었다. 이러한 차이는 병인, 경과, 그리고 아마도 치료와도 관련이 있는 더 적은 수의 차원(증상의 심각성과 만성성)으로도 파악될 수 있다. 다음 장들에서는, 우울장애의 병인 모델들을 살펴보면서 이 차원들의 원인들을 논의할 것이다.

3

누가 우울증을
경험하는가?

역학

우울증은 종종 정신병리의 감기라고 불린다.
이 비유는 우울장애가 평생 동안 꽤 흔하게 나
타난다는 역학 연구들과 일치한다. 우울증의 유병
률은 더 엄격하게 정의하느냐 덜 엄격하게 정의하느냐
에 따라 그리고 현재와 최근만 고려하느냐 생애 전반을 고려하느냐에 따
라 달라진다. 예를 들면, 우울장애에 대한 가장 엄격한 평가 기준과 정의
를 사용하고, 타당한 최소한의 기간을 고려하여, 전체 인구를 대표하는
표집의 비율을 보고한다면, 가장 낮은 유병률이 나올 것이다. 역학 연구
에서는 높은 유병률이 예측되는 집단 ― 심리적인 고통으로 치료를 받으
러 오는 사람들 ― 보다는 이 체계가 사용된다. 역학 연구는 대표성이 있
는 표집들을 사용하는데, 미국에서는 지난 수십 년간 구조화된 면접을
실시하여 분명하게 정의된 기간(지난 1년 또는 평생)의 유병률을 기술하
는 연구들을 수행해왔다. 이 연구들에서 나타난 우울장애의 시점 유병률
(point prevalence), 즉 어느 시점에서 그 장애의 기준에 맞는 사람들의 비
율은 시간 간격이 짧을 때 10% 이하이고, 좀 더 심각한 형태에서는 더 낮
게 나타났다. 예를 들면, 지난 몇 개월 동안의 시점 유병률은 주요우울장
애 기준에 맞는 성인이 대략 2%에서 4%이고, 청소년은 6%, 아동은 1%
이하이였다(Kessler & Wang, 2009, 재인용). 이와는 대조적으로, 역학 연구
들의 양극성 장애의 시점 유병률은 상당히 낮아서, 제I형 양극성 장애의
평생 유병률(lifetime rate)은 1%에서 1.5%로 나타났다(Kessler, Rubinow,

Holms, Abelson, & Zhao, 1997; Merikangas et al., 2007; Regier et al., 1988; Weissman et al., 1996).

　진단 기준이 아니라 현재 우울 증상의 심각도를 평가하는 스크리닝 척도와 같이 덜 엄격한 척도를 적용하면, 더 많은 사람들이 기준치 이하의(진단 기준치에 미치지 않는) 우울을 경험하는데, 성인의 20%에서부터 청소년의 50%까지 나타난다(Kessler, Avenevoli, & Merikangas, 2001). 증상이 더 적거나 지속기간이 더 짧은 진단의 경우(예 : 가벼운 우울장애, 재발성 단기 우울증), 주요우울장애보다는 높고 스크리닝 척도에서 나온 비율보다는 낮다. 양극성 장애 스펙트럼의 경우, 좀 더 넓게 정의(즉, 제II형 양극성 장애, 기준치 이하의 양극성)할 때의 유병률 추정치는 2%에서 5% 정도로 더 높아진다(예 : Angst, 1998; Lewinsohn, Klein, & Seeley, 1995; Merikangas et al., 2007). 이러한 유병률 패턴은 심각성 정도에 차이가 있음을 시사하는 것으로, 심각하고 손상이 많은 단극성 우울증 형태를 보이는 사람은 적은 반면, 가장 심각도가 낮은 장애는 상당히 많은 사람들이 경험한다는 것을 시사한다.

　우울장애의 현재 유병률 추정치는 어느 한 시점에서 우울증으로 고통을 겪고 있는 사람들에 대한 간략한 정보를 준다. 이와 달리, 평생 유병률은 면접 당시의 연령 전에 인생의 어느 한 시점에서 이 장애의 기준에 부합한 적이 있었던 사람들을 모두 고려하기 때문에, 시점 유병률보다 높아진다. 12개월 동안의 유병률은 지난 1년간 어느 한 시점에 진단 기준에 부합한 적이 있는 인구의 비율이다. 미국에서 가장 최근에 이루어진 역학 연구인 미국 동반이환 반복 연구(NCS-R; Kessler et al., 2005b)

는 18세 이상의 표집을 대상으로 한 것이었다. 지난 12개월 동안, 응답자의 6.7%가 주요우울장애 기준에 부합했고, 1.5%는 기분부전장애, 1.0%는 제I형 양극성 장애, 그리고 1.1%는 제II형 양극성 장애의 기준에 부합했다. 약한 양극성 장애(예 : 주요 우울 삽화 동안, 또는 기준치 이하의 주요 우울 삽화와 함께 또는 없이 나타나는 기준치 이하의 재발성 경조증)의 지난 1년간 유병률은 1.4%로 더 많았다. 이 연령대의 평생 유병률은 더 높아서, 주요우울장애 16.6%, 기분부전장애 2.5%, 제I형 양극성 장애 1.0%, 제II형 양극성 장애 1.1%, 기준치 이하의 양극성 장애는 2.4%였다. 메리칸가스 등(Merikangas et al., 2010)은 미국 동반이환 반복연구(NCS-R)에 추가된 청소년 표집(13~18세)에 대해 주요우울장애 또는 기분부전장애의 평생 유병률은 11.7%, 제I형 또는 제II형 양극성 장애의 평생 유병률은 2.9%라고 보고하였다.

우울장애의 유병률을 비교해보면, 평생 유병률과 시점 유병률 간에 차이를 볼 수 있다. 만성적 및 재발성 우울증(기분부전장애, 만성적 주요 우울 삽화, 재발성 주요우울장애)의 평생 유병률은 비만성적 우울증(예 : 한 번의 주요 우울 삽화)보다 더 낮다. 따라서 덜 심각한 형태의 우울증이 더 많은 것 같다. 하지만 어느 한 시점의 우울장애 비율은 여러 번의 우울 삽화나 만성적인 우울증을 경험한 사람들의 비율 정도가 될 것이다. 따라서 시점 유병률 추정치는 단 한 번의 주요 우울 삽화를 경험한 사람들보다 만성적이거나 재발성 우울증이 있는 사람들의 숫자에 더 영향을 받게 된다.

우울장애의 비율이 회고적 보고에 의한 역학 연구에서 나타난 평생 유병률 추정치보다 훨씬 더 높을 것이라고 생각할 만한 이유가 또 있다. 두 연구에서 정신병리의 횡단적 추정치(참여자들을 한 번 평가하는 역학 연구들에서 나온 추정치와 유사하였다)와 동일 참여자들에게 다양한 평가 도구로 반복해서 정신병리를 평가하는 종단 연구에서 나온 유병률 추정치를 비교해보았다. 후자는 회상 기간이 더 짧아서, 참여자가 삽화들—특히 더 짧거나 약한 증상들이 있었던 기간—을 덜 잊어버린다는 장점이 있다. 두 연구 모두(Moffit et al., 2010; Olino et al., 2012) 단회의 횡단적 평가보다 여러 번 평가한 연구의 평생 유병률이 훨씬 더 높았다. 두 방법의 차이는 주요우울장애 같은 삽화적 장애들(만성적이기보다 시간이 지나면서 심해졌다 약해졌다 하는 장애들)에서 가장 뚜렷하게 나타났다. 예를 들면, 올리노 등(Olino et al., 2012)의 연구에서는 횡단적 평가와 종단적 평가에 따라 기분부전장애의 유병률은 차이가 없었지만, 주요우울장애에서는 차이가 있었다. 주요우울장애와 양극성 스펙트럼 장애의 평생 유병률은 단회의 횡단적 평가를 할 때보다 반복적으로 평가했을 때 두 배나 더 높았다. 이는 대개 쉽게 기억이 나지 않아 놓친 사례들(다시 말하면, 약하거나 지속기간이 짧은 사례들)이 과소평가된 것이라 하더라도, 역학 조사의 수치보다는 훨씬 더 많은 사람들이 우울장애를 경험한다는 것을 시사하는 것이다.

우울증의 문화적 보편성에 대한 근거

우울증이 전 세계적인 문제임을 보여주는 국제 역학 조사 결과는 일화적인 보고 및 국제적으로 수행된 연구 결과들과 일치한다(Weissman et al., 1996). 하지만 우울장애의 유병률은 국가에 따라 다르다. 가장 큰 수준에서 보면, 미국, 캐나다, 유럽의 유병률은 동남아 국가들에 비해 높지만, 각 대륙 안에서의 차이는 사회문화적 맥락과 연관이 있다. 확실히 경제적·정치적 문제가 더 큰 나라들의 유병률이 더 높다(Chenstova-Dutton & Tsai, 2009). 이는 전반적인 행복, 성취, 만족에 대한 지각을 의미하는 주관적 웰빙에 대한 비교문화 자료에서 알 수 있다. 여러 국가와 문화를 비교한 자료에서 사회정치적 격변, 빈곤 또는 불평등 지표가 많은 나라의 국민들이 그런 문제가 더 적은 국가의 국민들에 비해 주관적 웰빙 수준이 낮은 것으로 나타났다(예 : Diener & Suh, 2000).

북미, 남미, 유럽 및 아시아 10개국의 주요우울장애 평생 유병률과 지난 1년간 유병률에 대해 보고한 최근 연구에서는(Andrade et al., 2003), 대부분 국가의 주요우울장애 평생 유병률 추정치는 5%에서 10% 사이로, 일본이 가장 낮고(3%) 미국이 가장 높았다(16.9%). 전형적인 발병 연령(중앙값)은 10개국 중 8개국이 비슷했고, 10개국 모두 여성의 위험이 남성보다 더 컸다.

이와 비슷하게 각 세대마다 전 세대와 다른 그들만의 고난과 개인적인 실패가 있어서 관심사가 다르기는 하지만, 우울증이 순수하게 현대적인 현상은 아니라는 증거도 있다. 다양한 문화와 시대의 문헌들에서 우울증에 대해 묘사한 것을 볼 수 있다. 예를 들면, 성경에 나타나는 이스라엘의 첫 번째 왕, 사울의 사례는 자살위험성을 포함해 우울 상태를 잘 묘사하고 있다. 1621년에 로버트 버튼(Robert Burton)의 우울증의 해부

(The Anatomy of Melancholy)가 출간되었다. 이 책은 표면적으로는 고대 의학 지식의 개요서이지만, 인간의 정서에 대해서도 폭넓게 설명하고 있다. 버튼의 정의는 우울증의 삽화적 형태와 만성적/기질적 형태의 차이, 우울증의 신체적 · 인지적 · 정서적 증상, 그리고 이 경험의 보편성에 주목하며 미묘한 차이를 설명해준다.

우리 이야기의 주제인 우울증(Melancholy)은 성향 또는 습관이라고 할 수 있다. 성향적으로 일시적인 우울증은 온갖 작은 슬픔, 요구, 아픔, 곤란, 공포, 애도, 고통, 또는 마음의 동요, 온갖 염려, 불만, 또는 생각이 오가며, 쾌락, 환희, 만족, 기쁨과는 어떻게든 반대되는 영혼의 고뇌, 답답함, 중압감과 짜증을 야기하고, 주제넘음이나 싫음의 원인이 된다. 답답하거나, 슬프거나, 언짢거나, 바보 같거나, 냉담하거나, 고독하거나, 어쨌든 화가 나거나, 또는 불쾌한, 이런 애매모호하고 부적절한 기분을 우리는 우울증이라고 부른다. 그리고 살아있는 사람은 누구도 이러한 우울한 성향으로부터 자유롭지 못하다. 어떤 철학자도, 아무리 현명해도, 아무리 행복해도, 아무리 인내심이 있고, 마음이 넓고, 신앙심이 깊고, 훌륭해도 이것으로부터 자신을 지킬 수가 없다. 아주 차분해보여도, 조금씩은, 언제든, 우울증의 아픔을 느끼게 된다. 이런 의미에서 우울증에는 죽음(Mortality)과도 같은 특징이 있다.

좀 더 가깝게는, 아브라함 링컨이 만성적 우울증의 확실한 사례를 보여준다. 셴크(Shenk, 2005)가 링컨 전기에서 기술한 것처럼, 그의 우울 경향은 꽤 일찍 나타나서 만성적이 되었고 주위 사람들이 걱정할 정도로 많이 심각했다. 가까운 지인이 사망한 후에 링컨은 아주 우울해했다. 한 친구는 그의 반응을 다음과 같이 기술하였다.

> …그 사건 이후 그는 많이 변한 것 같았다. 그는 고독에 빠진 것 같았고, 깊은 생각에 빠져 주변 일들에 무관심한 듯했으며, 말없이, 총을 가지고, 가장 좋아하던 것들조차 멀리한 채, 혼자서 숲 속을 방황하곤 했다. 친구들이 그의 정신에 대해 불안해할 정도로 이러한 침울함이 얼마 동안 지속되었다.

링컨이 자주 자살을 생각한다고 말했기 때문에 친구들은 굉장히 염려했다. 또 다른 친구의 회상이다.

> 링컨의 친구들은… 링컨을 감시하고 지켜봐야 했다. 그가 갑작스러운 충격으로 혼란되지 않도록 우리는 폭풍-안개-침울한 날씨를 경계했다… 사고가 날까 봐 두려워서…

과학 문헌 밖에서 찾을 수 있는 우울증과 그 영향의 사례들은 너무나 많다. 하지만 매우 공감적인 일화들을 가지고 우울증이 역사, 특히 문화에 따라 다르지 않다는 결론을 내려서는 안 된다. 지금 우울증이라고 개념화하는 경험들에 관한 이해 및 민감성에 있어서의 역사적인 변화와, 과거를 자신의 지식과 세계관에 비추어 보는 경향이 있음을 고려할 때, 현재의 우울증 개념을 이전 시대에 살던 사람들에게도 똑같이 적용할 수 있다고 쉽게 가정할 수 있다(하지만 입증할 수는 없다). 문화가 우울장애의 이해와 양상에 미치는 역할을 이해하고자 할 때도 이러한 고려가 필요하다. 정서의 표현과 표현된 정서의 수준(예 : Eid & Diener, 2001), 자기에 대한 인지, 주체(agency)와 대인관계 유대에 관한 관점(예 : Markus & Kitayama, 1991), 스트레스를 완충하는 암묵적/명시적인 사회적 지지의 중요성(예 : Taylor, Welch, Kim, & Sherman, 2007), 그리고 심리적 어려움과 싸우고 있는 사람들에 대한 지역사회의 지지(Barrio, 2000)에 대한 규준들은 문화에 따라 다르다. 이런 요인들이 우울 증상을 경험하고, 이 증상들을 경험한다고 다른 사람들에게 알리고, 이것들이 심리적 장애로 명명되고, 증상이 그 사람의 삶에 중요한 손상을 가져오는 데 영향을 미칠 것이다.

정서와 그 표현, 도움 추구와 지지에 관한 규준의 문화적 차이와 일관되게, 문화에 따라 우울장애 비율(특히 단극성 우울장애)이 다르다는 증거들이 상당히 많다. 또 여러 학자들이 문화가 우울증을 만드는 것이라고 주장했다. 그래서 동일한 증후군도 문화에 따라 다른 증상 형태, 즉 다른 사람에게 고통을 알릴 때 문화적으로 수용되는 규준에 맞는 증상을 보이게 된다. 예를 들면, 아시아 문화에서는 우울증이 불면, 피로, 두통 등의 신체적 불평으로 표현되고 경험될 수 있다(Kleinman & Good, 1985). 이는 아마도 아시아 문화가 우울증을 심리적 용어로 개념화하기보다 정신과 신체의 총체성(holistic representation)을 강조하는 경향이 있기 때문일 것이다. 라이더와 첸트소바-더튼(Ryder & Chentsova-Dutton, 2012)은 우울증이 신체 증상으로 경험되는 이유를 정신질환과 관련된 낙인을 피하고 심리치료사보다는 의사에게 치료를 받으려는 마음, 자신의 부정적이고 개인적인 고통을 부각하지 않고 사회적으로 좀 더 수용될 수 있는 방식으로 증상을 표현하는 경향 때문이라고 설명하였다.

문화가 우울장애의 원인과 현상, 경과에 어떤 역할을 하는지를 이해하기 위해서는 할 일이 많다. 우울증 및 다른 장애들의 유병률과 인구통계학적 상관에 대한 기초적인 사실 확인을 위해 전 세계적인 역학 조사에 많은 노력을 기울여 왔다. 하지만 다양한 문화에 대한 이해로부터 연구 가설을 도출해내는 통합적인 정신병리 연구는 아직 초기 단계에 있다. 한 가지 중요한 목표는 다른 문화에 대한 경험적 연구를 늘리는 것이지만, 같은 문화 안에서 수행되는 심리학 연구의 발달을 촉진하는 것이 훨씬 더 중요할 수 있다. 우울증 이해에 있어 사회적 관계와 맥락의 중요성을 고려한다면, 문화적인 지식을 갖춘 다양한 연구를 통해 우울증의 기저가 되는 인지, 정서 및 사회적 관계와 회복에 기여하는 요소들에 대한 중요한 결과들을 얻을 수 있을 것이다.

우울증의 추세

우울증의 문화적 보편성과 차이에 대한 의문과 함께, 시대에 따라 중요한 변화가 있었는지도 궁금할 것이다. 미국에서는 최근에 우울장애의 유병률이 변했다는 증거가 있다. 구체적으로 말하면, 다양한 시기에 출생한, 여러 세대 동시대인들에서 단극성 우울장애의 유병률이 증가하는 추세이다. 이 결과는 같은 시기에 우울장애의 인과 요인이 증가한다는 것을 시사한다. 더 많은 사람들이 우울증의 위험요인에 노출되거나 시간에 따라 환경적 위험요인들의 심각도가 증가하기 때문에, 우울증에 대한 개인의 민감성 요인 수준이 높아지거나 환경적 위험요인에 더 많이 노출될 수 있을 것이다. 처음으로 우울장애의 장기적인 추세에 대한 논의를 자극했던 자료는 1970년대와 1980년대에 수집된 역학 조사 자료인데, 좀 더 최근에 출생한 사람들의 단극성 우울장애 유병률이 선형적으로 증가한 것을 볼 수 있다. 유병률 증가는 미국뿐만이 아니고 다른 국가들에서 수집한 자료에서도 나타났다. 또한 어떤 자료에서는 단극성 우울장애의 발병 연령이 낮아지는 것으로(더 어려지고 있다) 나타났다. 역학 조사에서는 더 어린 세대들이 나이 많은 세대보다 우울증 발병 연령이 빨라지는 것으로 나타났다(Burke, Burke, Rae, & Regier, 1991; Fombonne, 1994). 최근 자료에서도 좀 더 최근에 출생한 세대들에서 계속 선형적인 증가를 보이고 있다. 구체적으로 말하면, 1990년대 초반과 2000~2001년도의 역학 조사 자료를 통해 콤튼, 콘웨이, 스틴슨과 그랜트(Compton, Conway, Stinson, & Grant, 2003)는 주요우울장애의 지난 1년간 유병률이 10년 동안 3%에서 7%로 상승하였음을, 안드레이드 등(Andrade et al., 2003)은 9개국에서 주요우울장애 유병률이 증가추세라는 증거를 보여주었다. 하지만 모든 연구에서 이런 결과가 반복적으로 나타난 것은 아니다. 어떤 연구는 좀 더 최근에 출생한 세대에서 증가추세의 증거를 발견하지 못했다(예 : Murphy, Laird, Monson, Sobol, & Leighton, 2000).

이러한 추세의 원인에 대해서는 논란이 있다. 어떤 연구자들은 역사적으로 이 장애의 유병률이 정말로 변했다기보다는 방법론 때문이라고 주장한다. 변화의 규모도 분명치 않다. 이상적으로는, 여러 세대를 포함한 대표 집단을 평생 동안, 반복적으로 추적 평가하는 엄격한 평가 자료를 얻을 수 있다. 하지만 불행하게도 그런 자료는 얻을 수가 없다. 실제로는 대규모의 횡단적 역학 자료를 가지고 평가하기 때문에 해석이 어려울 수밖에 없다. 게다가 같은 기간에 (외현화 문제 등의) 다른 정신의학적 문제의 비율도 증가했기 때문에, 이러한 추세가 우울증에만 특별한 것은 아니라는 증거도 있다(Achenbach & Howell, 1993; Lewinsohn, Rohde, Seeley, & Fischer, 1993; Simon & VonKorff, 1992). 마지막으로, 아동 청소년의 우울증 비율에서 코호트 효과(cohort effect)를 탐색한 메타분석 연구에서는 1965년과 1990년 사이에 출생한 세대의 유병률이 증가했다는 증거를 찾지 못했다(Costello, Erklani, & Angold, 2006). 이 결과는 좀 더 최근에 출생한 세대에서 조기에 우울증이 발병한 성인들이 보고한 평생 유병률 결과와 일치하지 않는다.

이러한 추세들을 설명하기 위해 수많은 가설이 제기되었다. 첫째, 평가 시점에 나이가 많은 사람들은, 특히 덜 심하거나 덜 지속적이었던 사람들의 경우, 이전의 우울 삽화들을 잊어버렸을 수 있다는 것이다. 하지만 최근의 연구 결과들에서는 노인들의 우울장애 비율이 더 낮은 것은 인위적으로(즉, 잊어버려서) 감소된 것이 아니고, 이 연령대에서 우울증 유병률이 가파르게 낮아지기 때문으로 나타났다(예 : Kessler et al., 2010). 둘째, 더 젊은 세대는 심리에 관심을 갖고(psychological mindedness) 자신의 정서 상태를 자각하도록, 정신질환을 덜 낙인화하고, 도움 추구에 개방적이도록 사회화되었을 수 있다. 이 요인들은 나이가 많은 사람들에 비해 더 적은 사람들이 우울 증상을 처리하고 보고

하는 과정에 영향을 줄 수 있다. 우울증과 관련 증상에 관한 언어 사용의 변화가 특정 면접 항목에 대한 반응에 영향을 미칠 수 있다는 증거가 있다. 즉, 면접에서 사람들이 선호하거나 선호하지 않는 용어들을 사용한다면, 특정 항목에 대한 비율이 다르게 나타나 이 항목을 포함한 장애들의 평생 유병률에 영향을 미칠 수 있다는 것이다(예 : Murphy et al., 2000).

마지막으로, 이러한 추세는 자료에서 배제하기 어려운 여러 가지 시간 효과 때문일 수 있다는 것이다. 폼본느(Fombonne, 1994)가 지적한 바와 같이, 우울증의 증가는 인구의 연령 구조상의 변화, 변화에 노출된 인구 전체의 위험을 높이는 역사적 변화, 또는 (동세대이기 때문에) 경험을 공유하는 특정 집단의 취약성 증가 때문일 수 있다. 가령 우울증 비율은 인구 구조의 변화 때문에 증가할 수 있다. 젊은 사람들이 현재 우울증의 비율을 상승시키기 때문에, 나이가 많은 사람에 비해 어린 집단의 인구 비율을 증가시키는 출생률의 변화는 전반적인 우울증 비율을 상승시킬 것이다. 트라우마가 되는 사건과 같이, 우울장애의 위험을 높이는 사회적인 변화가 이러한 추세를 설명할 수도 있다. 하지만 환경적 위험요소에 대한 노출 증가의 효과는 이 위험요소들의 영향력에 따라 다를 것이다. 그 효과가 아주 큰 것이 아니라면, 그것만으로 우울장애 비율이 증가할 것이라고 보기는 어렵다. 불행하게도, 기존 자료들은 이 패턴 중 어느 한 가지를 다른 것보다 더 지지해주지 않는다. 따라서 단극성 우울장애의 장기적인 추세는 흥미롭기는 하지만 여전히 더 설명이 필요한 자료이다.

문헌에서 자주 논의되지는 않았지만, 20세기 후반에 조증 삽화/양극성 장애의 유병률이 증가하였다는 연구들도 있다(예 : Chengappa et al., 2003; Gershon, Hamovit, Gurhoff, & Nurnberger, 1987; Lasch, Weissman, Wickramaratne, & Burce, 1990). 좀 더 최근에 출생한 세대에게서 양극성 장애가 더 조기에 발병했다고 보고하는 연구들도 있는데(예 : Chengappa et al., 2003), 이는 예측(anticipation)과 일치하는 것이었다. 예측이란 어떤 장애의 영향을 받는 가족에게서 후대로 가면서 장애의 심각성은 증가하고 발병 연령은 낮아지는 것을 말한다(Harper, Harley, Reardon, & Shaw, 1992). 예측은 몇 가지 의학적 질환에서 발견되었고, 한 연구에서는 양극성 장애에 대한 예측의 증거가 발견되었다(McInnis et al., 1993). 따라서 단극성 및 양극성 우울장애에서는 분명하게 장기적인 추세가 나타난다고 할 수 있다.

우울장애의 유병률이 최근 수십 년간 증가했든 그렇지 않든 간에, 유병률과 우울장애로 인한 고통으로 우울장애를 인식하는 데 (정신건강 집단과 일반 집단 모두에서) 분명한 변화가 있었다. 이런 변화들은 역학 조사에서 사람들이 우울 증상들을 기꺼이 시인하게 해주고(그래서 유병률에 영향을 미치고), 자신의 우울증에 대해 도움을 구하거나 우울증으로 고통을 겪는 사람들을 지원하고 이해하는 데 긍정적인 영향을 미쳤을 것이다. 공공보건 캠페인도 정신건강 문제를 인지하고 이해하도록 촉진하였다. 하지만 조사연구 결과에 의하면, 지난 50년 동안 미국에서 정신질환에 대한 부정적인 태도(낙인)도 증가하였거나, 최소한 감소하지도 않았다(예 : Pescosolido et al., 2010; Phelan, Link, Stueve, & Pescosolido,

2000). 영국의 표집에서 나타난 또 다른 증거는 우울증이 있는 사람들에 대한 낙인이 조현병이나 물질 사용 장애가 있는 사람들에게보다는 덜 부정적이지만, 섭식장애 등의 다른 정신질환에 비해서는 부정적임을 시사한다(Crisp, Gelder, Rix, Meltzer, & Rowlands, 2000). 따라서 같은 시기에 정신질환에 대한 부정적인 태도가 증가하면서 동시에 우울장애 유병률도 증가했다는 것은 놀라운 일이다. 그렇다면 이제까지 살펴본 추세는 우울장애를 더 정상화하고 이해한 것의 결과는 아닌 것 같다.

인구통계학적 위험요인

단극성 우울증에 대해 아무것도 모른다면, 주로 젊은 여성들이 많이 경험한다는 것을 아는 것이 중요하다. 이 주제에 대해, 성차의 증거와 이에 대한 이론적 모델들을 좀 더 상세하게 설명할 것이다. 우울증은 너무 흔하기 때문에 여러 연령에서 현재 고통을 겪거나, 이전에 고통을 겪었거나, 나중에 고통을 겪게 될 사람들이 여전히 많을 것이다. 거의 모든 인구통계학적 요인 중에 고위험군을 확인할 수 있는 변인으로 성별만한 것이 없지만, 다른 요인들도 여러 번 반복연구되었기 때문에 언급하고 해석할 만한 가치가 있다. 다른 요인들을 먼저 검토한 후에, 성차의 효과와 원천에 대한 과학적인 증거를 더 깊이 논의하기로 하겠다.

교육 및 사회경제적 지위

우울장애의 위험은 경제적 자원이 적은 사람들에게서 더 크게 나타난다.

국가 간 비교 연구에서 안드레이드 등(2003)은 미국과 네덜란드의 낮은 교육수준과 주요우울장애가 유의미한 상관이 있고, 5개 대상국 중 3개국 (미국, 캐나다, 네덜란드)에서 가족 소득으로 측정한 사회경제적 지위가 낮은 것이 중요한 예측요인이라는 것을 발견하였다. 이 결과들은 다른 국가들과도 비교적 일치하는 것으로서, 경제적 및 사회문화적 환경이 다양한 국가들에서 자원이 더 적을수록 (재정 또는 교육적 배경 면에서) 주요 우울장애의 위험이 더 높아졌다. 예를 들면, 매스 등(Maes et al., 1998)의 연구에서는 2개의 큰 코호트 집단에서 낮은 교육수준과 주요우울장애가 관련이 있었고, 대규모 미국 동반이환 연구(Blazer, Kessler, McGonagle, & Swartz, 1994)와 NCS-R 역학 표집에서도 동일한 결과가 나타났다. 양극성 장애 역시 실업이나 장애뿐만 아니라 낮은 사회경제적 지위 및 낮은 교육수준과(Kessler et al., 1997; Merikangas et al., 2007) 관련이 있었다. 양 방향 효과가 있어 보이기는 하지만, 이 관련성의 기제는 알려져 있지 않다. 낮은 사회경제적 지위와 교육은 아마도 이 장애와 관련된 스트레스가 많은 환경을 증가시키기 때문에 장애 위험을 높일 수 있다. 또는 조증 그리고/또는 우울 증상들이 교육의 성과와 취업에 나쁜 영향을 미쳐서 더 낮은 수준의 사회경제적 지위로 이끄는 것일 수도 있다.

시골 거주 대 도시 거주

안드레이드 등(2003)은 연구에 포함된 6개국 중 5개국에서 효과 크기는 작지만 시골 거주와 주요우울장애에 대한 낮은 위험이 관련 있다는 증거를 발견하였다. NCS에서는 도시 거주가 양극성 장애의 높은 비율과는 관계가 있었지만, 단극성 우울장애와는 관계가 없었다(Kessler et al., 1997).

결혼 상태

이혼 및 별거 여성들은 기혼이나 독신(결혼한 적이 없는) 여성들에 비해 주요우울장애와 기분부전장애 모두 위험 수준이 높다. 안드레이드 등 (2003)의 국가 비교 연구에서는, 10개국 모두에서 결혼하지 않은 사람들이 주요우울장애의 위험이 더 컸다. NESARC(알코올 관련 장애에 관한 미국 역학 조사, National Epidemiologic Servey on Alcohol and Related Conditions)(Grant et al., 2005)에서는, 독신이나 결혼한 사람보다 사별, 별거, 이혼한 사람들의 양극성 장애가 더 많았다. 종단 연구에서는 같은 기간 동안 결혼 상태가 아닌 사람들보다 계속 결혼 상태인 사람들이 더 적은 우울 증상을 보고했지만, 기혼이지만 조사 기간 동안은 별거 또는 이혼 상태였던 경우 결혼 상태의 변화가 없었던 사람들에 비해 더 많은 우울 증상을 보고하였다(Marks & Lambert, 1998). 이 자료들은 결혼이 행복과 정적인 관계가 있으며, 이 관련성은 결혼의 경제적 · 건강적 혜택에 의해 매개되는 것 같다(Stack & Eshelman, 1998)는 연구 결과와 일치한다. 어떤 연구에서는 우울장애에 대한 결혼의 보호 효과가 여성보다 남성에게서 더 큰 것으로 나타났다(예 : Kessler & McRae, 1984). 또한 스택과 에셀만(Stack & Eshelman, 1998)은 행복에 미치는 결혼의 긍정적인 효과는 성별로 조절되지 않는다고(즉, 남성과 여성의 효과 차이가 없었다) 하였다. 따라서 결혼 상태는 단극성 및 양극성 우울장애 모두와 신뢰할 만한 상관이 있는 것이 분명하지만, 이 관계 기저의 기제는 분명하지 않다. 우울장애에서 친밀한 대인관계의 역할은 제4장에서 논의될 것이다.

인종과 민족

미국의 대표적인 역학 조사들에서는 주요우울장애의 비율이 흑인에게서 가장 낮고, 히스패닉에게서 가장 높은 것으로 나타났다(Kessler et al., 1994). 한 연구에서는 우울장애의 비율이 다른 인종적/민족적 배경보다 미국 원주민에게서 더 높게 나타났다(Huang et al., 2006). NCS-R 표집에서는 흑인과 히스패닉계 미국인의 우울장애 비율이 전반적으로 더 낮게 나타났다(Kessler et al., 2005b). 따라서 미국에서는 우울장애 위험이 높은 특정 인종이나 민족 집단을 시사하는 분명한 패턴은 보이지 않는다.

성별

성차는 주요우울장애와 기분부전장애에 비해 양극성 장애에서는 뚜렷한 특성이 아니다. 역학 표집에서 나온 증거는 제I형 양극성 장애의 유병률이 여성과 남성에서 차이가 없음을 시사한다(예 : Grant et al., 2005; Lewinsohn et al., 1995; Merikangas et al., 2007; Regier et al., 1988; Weissman et al., 1993). 하지만 여성들이 제II형 양극성 장애에 걸릴 위험이 더 크다는 증거는 몇 가지 있다(예 : Baldassano et al., 2005; Hendrick, Altshuler, Gitlin, Delrahim, & Hammen, 2000). 장애가 진행되는 동안 경험하는 조증 또는 우울 삽화의 수에서 성차에 관한 결과들은 혼재해 있다. 즉 어떤 연구에서는 차이가 없는 것으로 나타났고(예 : Baldassano et al., 2005), 다른 연구들은 여성이 좀 더 많이 그리고 길게 우울 삽화를 경험한다고 보고하였다(Angst, 1986; Roy-Bryne, Post, Uhde, Porcu, & Davis, 1985). 성차는 단극성-양극성 차이보다 우울 삽화와 좀 더 관련이 크기 때문에, 주요우울장애와 기분부전장애뿐만 아니라 제II형 양극성 장애와 제I형 양극성 장애의 우울 삽화에서는 성차가 나타나지만, 조증 삽화에서는 분명한 차이가 나타나지 않는 것 같다. 하지만 조증(그리고 양극성 장애)의 발병 연령에서는 여성이 남성보다 대략 3년에서 5년 정도 늦다는 증거가 있다(Grant et al., 2005; Kennedy et al., 2005; Robb, Young, Cooke, & Joffe, 1998; Viguera, Baldessarini, & Tondo, 2001).

우울증 성차의 이유

앞에서 지적한 것처럼, 단극성 우울장애에서 가장 신뢰할 만한 관련 요인은 여성이라는 것이다. 미국과 다른 국가들로부터 얻은 많은 표집에서 여성이 우울 증상과 장애를 진전시킬 위험은 대략 두 배로 나타났다(Andrade et al., 2003; Nolen-Hoeksema, 1990; Weissman & Klerman, 1977). 제2장에서 기술된 우울장애 스펙트럼 개념과 같이, 기준치 이하의 우울한 기분/불쾌감(dysphoria)은 소년보다 소녀에게서 더 높다는 증거도 있다(Allgood-Merten, Lewinsohn, & Hops, 1990). 이는 심각성 스펙트럼 전반에서 여성의 위험이 더 크다는 증거이다. 중요한 것은 이 성차가 적어도 청소년 중기까지는 나타나지 않다가(Costello et al., 2006;

Hankin & Abramson, 2001), 그 후에는 꽤 크게 지속된다는 증거가 있다는 것이다. 청소년 중기 이전에는 소년의 단극성 우울장애 비율이 더 높지만, 이 차이가 어떤 연구들에서는 통계적으로 유의미했고(예 : Angold, Costello, & Worthman, 1998), 다른 연구들에서는 유의미하지 않았다(예 : Anderson, Williams, McGee, & Silva, 1987).

역학 조사 자료들은 청소년기부터 성인기까지 여성들이 처음 발병할 위험이 더 크다는 것을 분명하게 보여준다. 우울장애의 성차는 우울증이 있는 남성보다 우울증이 있는 여성의, 우울 증상 또는 장애의 심각성을 증가시키는 과정보다는 오히려 우울 증상 또는 장애가 나타날 위험의 원인이 되는 과정을 반영하는 것으로 설명할 수 있다. 대부분의 증거는 우울장애를 경험한 여성과 남성의 경과가 유사하다는 것이다. 예를 들어, 미국 동반이환 연구에서 여성들은 우울증의 평생 유병률과 지난 1년간 유병률이 더 높았지만, 만성적 또는 지난 1년간 재발에 있어서는 남성과 차이가 없었다(Eaton et al., 2008; Hankin et al., 1998; Kessler, McGonagle, Swartz, Blazer, & Nelson, 1993). 오리건 청소년 우울증 프로젝트(Oregon Adolescent Depression Project)에서는, 첫 발병 시 여성의 주요우울장애 유병률이 더 높았고(Rohde, Lewinsohn, Klein, Seeley, & Gau, 2013), 참여자가 30대가 되었을 때 추적 조사한 결과 여성이 전반적인 주요우울장애 비율이 더 높고 더 많은 주요우울장애 삽화를 보였으며, 삽화는 약간 더 길었던 것으로 나타났다(Essau, Lewinsohn, Seeley, & Sasagawa, 2010). 종단적 평가에서는 남성보다 여성에게서 더 많은 우울 삽화를 발견할 수 있다. 하지만 대부분의 증거들은 먼저 여성에게 더 우울증을 유발하는 과정과, 특히 왜 이러한 과정의 결과가 청소년 초기에 뚜렷해지는지를 이해해야 한다는 것을 시사한다. 이론은 중요한 인과 기제로 연령을 언급하는 것 이상을 해야 한다. 연령은 좀 더 구체적인 성숙 과정과 변화하는 발달적 맥락의 대리 변인(proxy)일 뿐이며, 생활연령(chronological age)과 상관은 있지만 동일한 것은 아니다.

사춘기와 호르몬 기제　청소년기에 소년보다 소녀의 우울증 비율이 뚜렷하게 상승하는 현상은 많은 연구와 이론의 근거가 되었다. 우울증의 성차를 설명하는 이론이라면 이런 발달적 조절 변인을 고려해야 하기 때문이다. 가장 뚜렷한 발달적 효과의 원천은, 청소년 초기 사춘기 과정이다. 참여자의 사춘기 상태를 측정한 몇 가지 연구들은 여성의 위험 증가가 사춘기 이전이 아니라 이후에 나타난다는 것을 보여주었다(Angold, Costello, Erkanli, & Worthman, 1999; Angold et al., 1998). 하지만 이 결과들은 반복연구를 통해 사춘기의 어떤 변화가 소녀들의 우울 수준을 높이는지를 확인해보아야 한다. 분명한 생물학적 요인은 호르몬의 역할이다. 사춘기는 소년 소녀들의 호르몬 수준의 변화와 관련이 있기 때문이다. 우울 증상 또는 장애와 호르몬 수준 간의 관계를 보여주는 연구는 거의 없다(사춘기 상태는 호르몬 수준을 직접 평가한 것이 아니고, 호르몬의 변화에 대한 간접적인 대리 변인이다). 두 연구에서 테스토스테론의 높은 수준이 소녀에게서는 더 큰 우울과 관련이 있지만 소년의 경우는 낮은 불안 및 우울과 관련이 있는 것으로 나타났다(Angold et al., 1999; Granger et al., 2003).

우울증과 호르몬 수준의 인과관계에 대한 또 다른 증거는 산후기의 사례로, 임신 중에 높아졌던 에스트로겐과 프로게스테론은 (며칠 동안) 급속히 감소하고, 프로락틴은 몇 주 동안 점진적으로 감소한다는 것이다(Hendrick, Altshuler, & Suri, 1998). 하지만 이 호르몬들을 직접 측정해서 우울 증상과 기분의 공변량을 추적한 2개의 종단 연구와 산후 우울증 집단과 통제집단에서 이 호르몬들의 평균을 비교한 연구들에서는 전반적으로 의미 있는 관계가 발견되지 않았다(예 : Heidrich et al., 1994; O'Hara, Schlechte, Lewis, & Varner, 1991). 또 산후기 주요 우울 삽화 발달의 위험요소로 알려진 것들 중에는 우울장애의 가족력, 이전의 주요우울장애 이력, 스트레스를 주는 생활사건, 임신기간 동안 높아진 우울 증상들이 있다(Gotlib, Whiffen, Wallace, & Mount, 1991; O'Hara, 2009; O'Hara, Neunaber, & Zekoski, 1984). 이러한 위험요소 패턴은 산후기에만 특별한 것이 아니고, 사실은 전체 인구의 주요우울장애를 예측하는 가장 신뢰할 만한 요인이다. 또한 주요 우울 삽화의 비율이 산후기 아버지에게서 상승한다는 증거가 있는데, 한 메타분석에서는 10% 정도가, 출산 후 3개월에서 6개월 사이에 가장 높아지는 것으로 나타났다(Paulson & Bazemore, 2010). 이렇게 우울증의 성차를 야기하는 호르몬의 성차에 대한 관심이 높기는 하지만, 경험적인 증거는 많지 않다.

대부분의 연구자들은 호르몬의 직접적인 효과가 아니라, 다음과 같은 기제를 통해 간접적으로 우울증의 위험을 증가시키는 것 같다고 본다. (a) 뇌의 발달에 미치는 호르몬의 효과, (b) 호르몬으로 인한 2차 성징의 발달(그리고 그로 인해 소년과 소녀가 다른 심리사회적 변화를 겪게 된다), (c) 사춘기 동안 나타나는 호르몬의 변화와 생활사건 및 사회적 맥락의 상호작용. 두 번째 가능성과 일치하는 증거들은 우울증을 가장 잘 예견하는 것이 사춘기 자체보다 그 시기임을 보여준다. 예를 들면, 소녀의 (또래에 비해) 이른 사춘기는 내면화(우울증과 불안) 증상과 관련이 있었다(Ge, Conger, & Elder, 1996; Graber, Lewinsohn, Seeley, & Brooks-Gunn, 1997; Kaltiala-Heino, Kosunen, & Rimpela, 2003; Stice, Presnell, & Bearman, 2001). 이와 반대로, 또래보다 늦은 사춘기는 소년의 우울증과 관련이 있었다(예 : Kaltiala-Heino et al., 2003). 이 결과들은 대개 또래보다 일찍 사춘기에 접어든 소녀들의 심리적 자원과 사춘기의 도전 간의 불일치를 반영하는 것으로 해석된다. 가령 더 어린 소녀들은 사춘기에 나타나는 신체 형성과 외모의 변화에 준비가 안 되었을 수 있다. 그들은 친구들보다 먼저 이런 변화를 경험하기 때문에 자의식이 더 커지거나 또는 신체 변화로 인한 남자들의 관심에 무지하거나 위협을 느낄 수 있다. 만숙한 소녀들은 키와 근육의 성장이 느려서 청소년 초기에 더 스트레스를 받을 수 있고, 위계적인 또래 관계에서 따돌림을 당하거나 지위가 낮아질 위험에 처할 수 있다.

마지막으로, 세 번째 가능성에 일치하는 것으로, 시라노프스키 등 (Cyranowski et al., 2000)은 옥시토신 호르몬 증가가 사회화 과정과 상호작용하여 소녀들의 우울증 위험을 증가시킨다고 제안했다. 동물 연구에서는 옥시토신이 양육과 이자 유대(pair bonding) 등의 친화 과정에 중요하다는 것을 보여주었고, 인간 연구에서는 옥시토신이 공감 및 신뢰와 관련이 있다는 것을 보여주었다(Insel, 2010). 옥시토신의 증가가 소녀들의 친밀한 타인과의 친화에 대한 자각 및 동기를 높여준다고 한다. 친화 목표가 대인관계 갈등이나 관계 상실 등 친밀한 관계에 대한 위협으로 방해를 받게 되면, 결과적으로 친화 동기가 높은 사람들은(이 모델에서는 소녀) 우울증을 더 많이 겪을 것이다. 사춘기 호르몬의 변화가 소년보다는 소녀에게 우울증을 증가시킬 위험이 있다는 간접적 기제에 대한 제안들은 성차의 생물학적 기초뿐만 아니라 생물학적 과정과 심리사회적 과정의 상호작용에 관한 풍부한 이론적 근거가 된다.

우울증의 성차에 관한 연구 체계

이 주제에 대한 많은 연구 문헌을 체계화하는 한 가지 방법은 청소년 초기에 나타나는 기본 성차를 설명하는 인과 모델을 만들고, 각 모델과 일치하는 근거 패턴들을 검토하고, 그다음 기존의 특정 구성개념에 대한 증거를 이 이상적인 패턴들과 비교하는 것이다. 놀렌-훽스만과 거구스(Nolen-Hoekesma & Girgus, 1994)가 기술한 바와 같이, 단극성 우울장애의 성차에는 세 가지 인과 패턴이 있다. 모델 1은 우울증의 원인은 동일하지만(즉, 남성에게 우울증을 야기하는 요인들은 여성에게 우울증을 야기하는 요인들과 같다), 이 요인들이 청소년 초기에 소년보다 소녀에게서 더 많이 증가한다는 것이다. 이 모델에서는 결정적인 병인에서는 성별과 연령의 상호작용이 나타나지만, 우울증에서는 성별과 병인 간의 상호작용이 나타나지 않는다(즉, 이 병인들은 우울증을 예측하는 데 있어 남성과 여성에게 똑같이 중요하지만, 청소년 초기에는 성차가 나타나더 많은 소녀들이 우울증의 기준치를 넘어서게 된다)고 본다. 이 모델에서 주목할 것은, 남성의 경우 아동기에 병인들이 증가하거나 아동기 우울증의 병인이 청소년기나 성인기와는 다르다고 제안하지 않는 한, 아동기에 남아가 여아보다 더 우울하다는 연구 결과들을 설명하지 못한다는 점이다. 놀렌-획스만과 거구스(1994)의 두 번째 모델은, 여성과 남성의 우울증 병인이 다르고(즉, 그들이 몇 가지 병인을 공유하긴 하지만, 적어도 몇 가지 중요한 병인은 한쪽 성에게만 해당된다는 것), 초기 청소년기에는 소녀에게 독특한 병인들이 소년에게 독특한 병인들보다 더 많아진다는 것이다. 이 모델에서는 우울증이 성별에 따라 다른 병인과 상관을 보이고, 연령과 위험요인 유형 간에 상호작용이 있다고 제안한다. 즉 초기 청소년기에는 여성에게만 독특한 위험요인들이 증가하는 반면, 남성에게 독특한 요인들은 증가하지 않는다는 것이다. 이 모델은 앞에서 검토한 바와 같이, 남성의 아동기 우울증 수준이 여성과 다르지 않거나 더 높다는 결과와 일치한다. 이 모델을 타당화하기 위해서는, 양 성에서 어떤 병인이 공유되고 어떤 것은 독특한지를 알아야 하고, 나아가 독특한 예측요인들은 발달 시기에 따라 출현하는 방식(범주적 위험요인)이나 평균 수준(차원적 위험요인)이 다양한 반면 공통 요인들은 다르지 않다는 것 (즉, 이들의 효과는 발달 단계와 일치해야 한다)을 이해해야 한다.

마지막으로, 놀렌-획스만과 거구스(1994)의 세 번째 모델은 우울증의 병인들은 남성과 여성에게 동일하지만, 여성이 발달 초기에 이 병인들의 수준이 더 높아진다는 것이다(청소년기 훨씬 이전). 하지만 이 병인들은 초기 청소년기까지 잠복해 있다가 이 시기에 나타나는 생물학적·심리사회적 환경의 변화로 활성화된다. 그 결과, 여성은 꽤 오랫동안 고

위험 상태였음에도 불구하고, 이 시기까지는 우울증의 성차가 나타나지 않는 것이다. 따라서 이 모델에서는, 병인에서 성별의 주효과는 있지만 성별과 연령 간의 상호작용 효과는 없다. 하지만 우울증을 측정해보면 성별과 병인 간의 상호작용이 있고, 이 효과는 초기 청소년기에만 나타난다. 모델 1과 같이 모델 3도 남성이 여성보다 아동기 우울증 위험이 더 높다는 관찰에 대해서는 설명하지 못한다.

모델 2와 모델 3을 확장한 연구에서는 서구 문화에 독특한 (혹은 적어도 강조되는) 마른 것에 대한 사회적 이상에 맞추는 등 소녀들의 위험요인을 강화시키는 것으로 알려진 초기 청소년기의 특징에 초점을 맞추는 경향이 있다. 예를 들면, 하이드, 메쯔리스와 아브람슨(Hyde, Mezulis, & Abramson, 2008)은 소녀들의 고위험은 특히 사춘기 이후의 신체에 대한 기대에 순응하라는 압력으로 인해 자신의 신체에 대해 더 큰 수치심/불만족을 느끼기 때문일 수 있다고 가정한다. 하지만 앞에서 지적하였듯이, 안드레이드 등(2003)에 의하면 성별은 10개국 주요 우울 삽화에서 신뢰할 만한 위험요인으로, 체코 공화국의 1.2점에서부터 일본의 2.5점까지, 대부분 1.9점에서 2.5점 사이인 것으로 나타났다. 그렇지만 그 원인이 문화적 특성 요인만은 아니라는 것을 시사하고 있기 때문에, 문화에 따른 상대적인 성차는 그들의 해석이라고 할 수 있다.

청소년기 우울증의 성차를 증가시키는 잠재 요인으로 제안된 다른 요인들에는 반추나 그 밖의 인지적 취약성, 부정적 생활사건 등의 스트레스원 또는 강간이나 성적 학대 같은 정신적 외상 경험들, 대인관계 의존이나 더 큰 친화 욕구 등이 있다(Hyde et al., 2008). 이 중 어떤 것도 우울증의 성차를 완전하게 설명하지는 못했다고 말하는 것이 공정할 것이다. 하지만 경험적인 지지를 받은 것들도 있기 때문에, 이에 대해 논하기로 하겠다.

첫째, 소녀는 소년보다 친화 욕구가 더 크기 때문에 청소년기에 우울증이 시작되는 경향이 더 크다는 제안이 있다. 이들의 타인에 대한 친밀감 욕구와 관계에서의 혼란에 영향을 받고 가까운 타인이 경험하는 부정적 정서에 반응해 공감적 고통을 경험하는 경향이 초기 청소년기 우울증의 위험요인으로 간주된다. 청소년기는 부모자녀 갈등의 정서적 강도(Laursen, Coy, & Collins, 1998)와 또래 관계에 대한 친밀감이 증가하는데, 청소년의 웰빙과 정체성에 이런 또래 관계가 중심적인 역할을 한다는 것이 특징이다(Furman, 2002). 특히 자신이 통제할 수 없는 외적 요소가 관계의 질에 영향을 미칠 수 있기 때문에, 조화롭고 만족한 관계를 맺기가 어려울 수 있다. 그러므로 관계에 높은 가치를 두고 그 관계에 대한 위협을 지각할 때 큰 고통을 느끼는 사람들은 우울증의 위험이 있을 수 있다. 소녀들이 이런 과정에 참여하는 정도에 따라, 청소년기에 우울증이 발병할 위험이 높아질 수 있다. 이 경로는 놀렌-획스마와 거구스의 두 번째 모델에 적합한데, 이 모델에서는 우울증의 원인이 발달 단계에 따라 소년과 소녀에게서 다르다고 보고 있다. 초기의 (청소년기 이전의) 원인은 비슷하다. 하지만 청소년기에는 소녀의 심리에 좀 더 특징적인 병인들이 더 많아지고(친화와 대인관계 친밀감과 성공에 대한 욕구 등), 소년에게 좀 더 중요한 병인들은 증가하지 않는다.

다른 이론들은 소년보다 소녀에게 특징적인 스트레스원의 불균형적

출현에 초점을 맞춘다. 성차의 크기가 아주 작기는 하지만, 소녀들이 소년들보다 부정적인 생활 사건들을 더 많이 경험할 수 있다는 증거가 있다(Davis, Matthews, & Twamley, 1999). 대부분의 이론은 한 가지 특정 스트레스원, 즉 성적 학대/폭력에 초점을 맞춘다. 성폭력의 피해자인 성인 여성의 비율은 남성의 두 배이고, 성폭력은 그 자체로 우울증의 위험 요인이 된다(Weiss, Longhurst, & Mazure, 1999). 이와 유사하게, 회상된 아동기 성적 학대의 비율도 여성은 17%, 남성은 8%로(Putnam, 2002), 여성이 남성보다 대략 두 배 정도 많았다(Costello, Erklani, Fairbank, & Angold, 2002; Tolin & Foa, 2006). 커틀러와 놀렌-획스마(Cutler & Nolen-Hoeksema, 1991)는 성적 학대의 성차는 성인 우울증 성차의 35%를 설명한다고 추정했다. 스파타로 등(Spataro, Mullen, Burgess, Wells, & Moss, 2004)은 처음에 아동이 성적 학대의 희생자라는 것을 확인하고 아동기의 성적 학대와 정신장애 치료와의 관계를 장기적으로 탐색해보았다. 성적 학대를 받은 양 성 모두 전체 인구에 비해 우울장애가 발병할 위험이 높았다. 하지만 학대받은 남성과 여성 간의 우울장애 비율에는 차이가 없었다(놀렌-획스마와 거구스 모델 1 또는 모델 3과 일치한다). 그렇다면 성적 학대/폭력의 다른 위험요인이 우울장애의 성차를 설명할 가능성이 있다. 성적 학대가 초기 청소년기에 가장 많이 발생하는 것은 아니기 때문에, 성적 학대가 이러한 (초기 청소년기의) 성차를 설명할 수 있을지는 분명하지 않다. 대부분의 연구는 가장 취약한 연령을 7세에서 13세 사이로 보고 있지만(Finkelhor & Baron, 1986), 어린 아동이 학대 경험을 보고하기는 어렵기 때문에 6세 이하 아동의 학대 비율은 저평가

되었을 가능성이 있다.

　마지막으로, 적어도 놀렌-획스마와 거구스의 세 번째 모델(즉, 양성의 우울증 병인은 동일하지만, 여성은 발달 단계에서 아주 일찍 이런 병인들의 수준이 높아지고 초기 청소년기까지는 활성화되지 않는다는 것)에 부합하는 우울증의 인과 경로가 있다. 조기 불안장애(early anxiety disorders)는 이후 우울증 발병의 중요한 예측 변인인 것 같다(Silberg, Rutter, & Eaves, 2001 ; Warner, Wickramaratne, & Weissman, 2008). 소녀는 소년보다 불안장애의 수준이 더 높다(Lewinshon, Gotlib, Lewinshon, Seeley, & Allen, 1998). 또한 불안이 우울증으로 가는 경로는 특정 기질적 성향인 부정적 정서성(negative emotionality : NE)과 관련이 있는 것 같다. 불안장애가 있는 아동들은 부정적 정서성 수준이 높은 것이 특징이고, 아동기의 부정적 정서성은 불안 및 단극성 우울장애의 발병과 관련이 있다(Klein, Durbin, & Shankman, 2009). 또한 조기 불안장애와 가장 밀접하게 연결된 부정적 정서성 측면―높은 행동 억제 수준(새로운 사회적·비사회적 자극에 관여하지 않음)과 공포를 잘 느끼는 경향―은 아주 어릴 때는 남녀에 따라 달라서, 적어도 학령기 전까지는 소녀들에게서 공포를 잘 느끼는 경향이 더 높게 나타난다(Else-Quest, Hyde, Goldsmith, & VanHulle, 2006 ; Olino, Durbin, Klein, Hayden, & Dyson, 2013). 어떤 요인들이 부정적 정서성과 상호작용하여 초기 청소년기에 이 성향과 관련된 위험을 증가시키는지는 알려져 있지 않다. 또한 부정적 정서성의 개인차가 초기 청소년기 이전 아동의 우울증과 상관이 있다는 증거가 있는데(예 : Lonigan, Phillips, & Hooe, 2003), 이는 놀렌-획스마와 거구스의 세 번째 모델과 일치하지 않는다. 게다가 후기 아동기부터 초기 청소년기까지 부정적 정서성의 평균 수준이 증가하는 것을 보면 부정적 정서성 자체가 발달 단계에 따라 변하는 것을 알 수 있다(예 : Durbin et al., under review). 따라서 위험요인의 수준이 우울증과의 관련성뿐만 아니라 발달 단계에 따라 달라진다는 점을 고려한, 우울증의 병인에 대한 좀 더 풍부한 역동적 모델이 필요하다.

우울증에서 보편적으로 성차가 나타나기 때문에, 이 차이를 설명할 수 있는 우울증 원인에 대한 이론적 모델이 중요하다. 이 주제에 대해서는 우울증의 병인론에 대한 다음 장(제4장~제9장)에서 다시 다루기로 하겠다. 우울장애 발병의 많은 경로가 남성 또는 여성에게서만 발견되는 것은 아니므로, 한 가지 요인(또는 소수의 요인)이 유병률의 성차를 설명한다고 할 수 없다. 마지막으로, 아동기 동안의 소년의 우울증 고위험에 대해서는 별로 관심이 없었다. 이에 대한 연구는 아동기 발병과 이후에 나타나는 우울장애 간에 중요한 병인 차이가 있는지를 아는 데 중요하다.

우울장애 예측요인으로서의 발달과 연령

우울장애는 특징적인 발달적 궤도를 보인다. 아동기에는 비율이 낮지만, 후기 청소년기가 되면 성인의 비율에 근접한다. 단극성 우울장애의 기본 비율은 학령 전과 아동기에는 낮지만 ― 2% 정도(Egger & Angold, 2006) 또는 5%(Rohde et al., 2013) ― 어린 아동은 우울증을 경험할 수 없다거나 주요 기분 장해보다는 행동적 장해로 우울증이 가려질 것이라는 이전의 이론적 관점과는 달리(Glaser, 1967), 그런 것 같지가 않다. 주요우울장애의 시점 유병률은 아동기부터 청소년기까지 증가해서 청소년기에는 8%에 이른다(Birmaher et al., 1996; Costello et al., 2006; Lewinsohn, Clarke, Seeley, & Rohde, 1994). 아동기부터 청소년기까지 증가하는 것과 청소년과 성인 비율의 유사성은 미국 외의 표집에서도 발견되는 것으로(예 : Andrade et al., 2003), 이는 미국 문화에 독특한 것이 아님을 보여주는 것이다. 양극성 스펙트럼 장애의 비율은 후기 청소년기까지는 아주 낮다.

이 장애들의 발달적 궤도에서 몇 가지 중요한 점을 주목해야 한다. 첫째, 어느 시점에서 뚜렷해지는 이 장애들을 꽤 어린 사람들이 경험한다는 것이다. 둘째, 처음으로 경험하는 연령이 더 어려지고 오래 가는 경향이 있고, 첫 번째 우울 삽화를 발현시켰던 위험은 나이가 들면서 감소되지만, 그럼에도 불구하고 평생 동안 어느 시점에서나(노년기까지) 새로운 우울증이 나타날 수 있다는 것이다. 그림 3.1은 처음 우울증이 발병한 연령의 비율이다. 인생 후반에 나타나는 우울 삽화들은 이 장애의 이력이 있는 사람들(새로운 사례가 아니라)에게 집중되는데, 이는 우울증의 만성적 성격을 보여주는 것이다. 따라서 주요 우울 삽화를 경험하는 사람 대부분은 초기 성인기까지 첫 번째 삽화를 경험할 것이다(Kessler et al., 2005a; Rohde et al., 2013). NCS-R 표집에서는, (회고적으로 평가한) 주요우울장애의 발병 연령 중앙값이 32세였고, 전체 사례 중 반이 19세와 44세 사이에 발병하였다. 양극성 장애의 발병 연령 중앙값은 더 어렸고(18세), 제II형 양극성 장애는 20세, 기준치 이하의 양극성 장애는

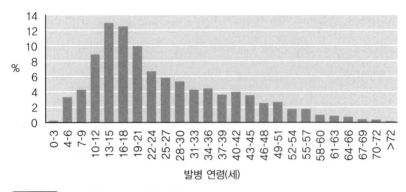

그림 3.1 주요우울장애의 발병 연령

출처 : Zisook et al. (2007). *American Journal of Psychiatry*(2007) 승인 하에 재인용. American Psychiatric Association.

22세였다. 다른 정신장애들과 비교할 때, 우울장애(특히 단극성 장애)의 발병 연령은 생애 전반에 넓게 분포되는 경향이 있다. 예를 들면, 불안장애와 외현화 장애들의 발병 연령 중앙값은 11세로서, 두 범주 모두 더 좁은 발병 연령 분포를 보인다.

아동기나 노년기에 나타나는 우울장애

단극성 우울장애는 청소년기 또는 성인기 초반에서 중반까지 발병하며, 아동기나 노년기에 처음 나타나는 경우는 훨씬 적다. 이러한 전형적인 발달 궤도를 고려한다면, 당연히 이 궤도에서 벗어난 사례들이 병인론적으로 다른지를 알아보아야 할 것이다. 늦은 발병 사례를 보면, 더 일찍 발병한 사람들에 비해 노인에게서 우울장애의 비율이 (초기 발병과 재발 모두) 일관되게 더 낮다(Blazer & Hybels, 2005; Jorm, 2000; Kessler et al., 2010). 케슬러 등(Kessler et al., 2010)은 NCS-R에서 어린 참여자

보다 나이가 많은 참여자들에게서 주요 우울 삽화들의 심각성이 더 낮은 것을 발견하였다. 또한 주요 우울 삽화와 관련된 심각한 역할 손상의 비율은(즉, 하나 이상의 기능 수행 능력에 우울 증상이 미치는 영향) 노인 집단에서 가장 낮았다. 노인에게서 비율이 낮은 것은 회상 효과 때문이라고 보기도 한다(Simon & VonKorff, 1992). 그러나 정교한 방법으로 발병 연령을 평가한 최근 연구들에서도 계속 노인들의 비율이 더 낮았다는 것은 이 현상에 다른 설명이 필요하다는 것을 시사한다. 인생 후반에 나타나는 보호요인이 있는 것인지 아니면 (젊어서 사망한 사람들과 달리) 노년기까지 생존한 사람들에게 우울증 발현을 완충하거나 심각성 또는 영향을 제한하는 요인들이 많은 것인지는 분명치 않다. 하지만 이 결과들은 일반적으로 인생 후기를 삶의 만족과 정서적 강인함이 점점 쇠퇴하는 시기로 보는 것과 달리, 실제로 노년기에는 우울증의 위험요인을 감소시키는 중요한 정서적 힘이 있다고 하는 생애발달 연구의 증거와 일치한다. 젊은 사람들에 비해 노인들은 긍정적인 정서 자료를 더 많이 기억하고 있으며, 자신의 삶에서 정서적으로 의미 있는 측면에 초점을 맞춘 목표를 설정하는 것으로 나타났다(Carstensen & Mikels, 2005).

어린 아동들은 고전적인 우울 증후군을 경험할 수 없다는 임상 지식으로 인해 1980년대까지의 경험적 연구에서 아동의 우울장애는 상대적으로 무시되었다. 병리학자들이 이 장애가 실제로는 성인의 증상과 놀라울 정도로 유사하게 아동에게도 나타날 수 있다는 강력한 증거를(예 : Carlson & Cantwell, 1980) 제시하기 시작한 이후, 이 분야에 상당한 변화가 있었다. 아주 일찍 발병하는 우울장애에 대한 최근 연구는 아동기 발병과 뒤에 나타나는 (청소년기와 성인기 발병) 우울장애 간의 유사성과 차이점에 초점을 맞추고 있다. 우울장애의 장기적인 경과에 대한 자료에 의하면, 주요우울장애가 아동기 동안은 이후의 발달 단계보다 재발이 덜 되는 것 같고(Rohde et al., 2013), 뒤에 나타나는 우울증에 비해 외현적/파괴적 행동장애와의 동반이환율은 더 큰 것 같다. 내면적(우울증과 불안) 장애와 외현화(품행) 장애의 동반이환율은 발달 초기에 45%에서 80%까지 높게 나타났다(Angold & Costello, 1993; Capaldi & Stoolmiller, 1999; Loeber & Keenan, 1994). 이러한 동반이환은 발달 초기에 두 가지 형태의 정신병리에 대한 위험을 증가시키는 기질적 위험요인(예 : Gilliom & Shaw, 2004), 우울증과 외현화 장애에 공통적인 유전적 요인(예 : O'Conner, McGuire, Reiss, Hetherington, & Plomin, 1998), 또는 두 가지 형태의 장애 발현을 증가시키는 환경적 요인(예 : Gjone & Stevenson, 1997; Tully, Iacono, & McGue, 2008)에 의한 것일 수 있다.

제피 등(Jaffee et al., 2002)은 중요한 잠재 병인에 대해 우울장애가 아동기에 발병한 사람들과 성인기에 발병한 사람들, 우울증 이력이 없는 사람들을 비교해보았다. 아동기 발병 집단은 성인기 발병 집단에 비해 평균적으로 초기 아동기 경험이 더 어려웠다. 구체적으로, 이 집단에 독특한 관련 요인으로는 반사회적 및 과잉행동 문제를 포함한 외현화 문제에 관련된 적이 있다는 것과 부모의 범죄 이력이 있었다. 아동기 경험에 대한 회고와 우울증의 발병 연령을 검토한 다른 성인 여성 연구에서도, 성인기 발병 우울증에 비해 아동기 발병 우울증에서 아동기의 동반이환율이 더 큰 것으로 나타났다 (Hill, Pickles, Rollinson, Davies, & Byatt, 2004). 마지막으로, 길맨 등(Gilman, Kawachi, Fitzmaurice, & Buka, 2003)은 거주지 불안정과 가족 해체는 14세 이후보다 이전에 발병한 우울증과 더 큰 관련이 있다는 것을 발견하였다. 종합하면, 이 연구 결과들은 조기에 발병하는 우울증이 청소년 또는 성인기의 전형적인 발병과는 다른 것일 수 있음을 시사한다. 즉 아동기에 시작되는 사례들은 파괴적 행동 문제를 포함해서 전반적으로 더 심한 정신과적 증상들과 외현화 정신병리와 관련된 위험요인 맥락에서 나타나는 경향이 있다. 그러므로 아동기에 발병한 단극성 우울증의 장기적인 결과는 청소년기에 발병한 우울증과는 아주 다를 수 있다. 이와 일치하는 것으로, 코플랜드 등 (Copeland, Shanahan, Costello, & Angold, 2009)은 종단적 역학 연구에서 아동기의 우울장애가 청년기까지 지속되지(즉, 더 늦게 나타나는 우울장애를 예측하지) 않는 반면, 청소년기 우울장애는 청년기의 우울증을 예측한다는 것을 발견하였다.

비록 많은 연구들이 발병 연령의 중앙값에 비해 그리 어리지 않은 연령을 이른 발병(early onset)으로 규정한 면이 있기는 하지만(예 : 21세 이전 발병을 이른 발병으로 정의), 우울장애의 이른 발병은 늦은 발병보다더 심각하다는 증거도 있다. 양극성 장애에서는, 이른 발병과 시간이 지나면서 결과가 나빠지는 것이 관련이 있다(Carson, Bromet, & Sievers, 2000; Ernst & Goldberg, 2004). 재발성 주요우울장애 환자는 더 이른 발병으로 전반적으로 심각한 정신질환과 관련이 있는 조증 및 경조증 증상을 더 많이 경험할 것이라고 예측할 수 있다(Cassano et al., 2004). 청소년 표집에서 더 이른 발병은 우울 삽화의 더 긴 지속기간을 예측하였다 (Lewinsohn et al., 1994). 이른 발병 사례들은 우울증의 위험과 관련된 좀 더 극단적인 성격 특성과 더 많은 우울증 가족력, 더 심한 정신질환 경과를 보이는 경향이 있었다(Alpert et al., 1999; Klein et al., 1999). 대규모 치료 연구에서 나온 자료에서는 성인기 이전에 주요 우울 삽화가 발병한 사람들 중에는 여성이 더 많고, 우울증이나 물질 사용 가족력이 있고, 미혼이고, 좀 더 만성적이고 반복적인 경과를 보이며, 전반적인 기능 수준이 더 낮고, 자살사고가 더 많은 것으로 나타났다(Zisook et al., 2007). 따라서 더 어린 발병 연령은 우울증의 좀 더 심각한 형태의 표식이거나, 또는 일반적인 정신 기능과 관련된 특정 위험요인에 의한 것이거나, 아니면 이른 발병이 정상적인 발달 성취를 방해하여 경과가 더 나빠지는 것일 수 있다. 연령 자체는 생리적 · 심리적 체계의 성숙 같은 발달 기제들의 대리변인이라는 것과 이러한 과정은 선형적 또는 비선형적으로 전개된다는 것을 명심해야 한다. 연령은 또한 우울장애의 생애궤도를 설명하는 중요한 요인인 삶의 변화와 맥락의 속도(tempo)를 나타내기도 한다. 이 주제들은 제4장에서 좀 더 상세히 검토할 것이다.

우울증의 전체적인 임상적 양상 : 동반이환

역학 자료들은 우울장애를 경험하는 사람 대부분이(약 3/4) 우울증과 함께 또는 인생의 다른 시점에서 하나 또는 그 이상의 다른 정신질환을 가지고 있다는 것을 보여준다(Kessler et al., 2007). 전형적인 동반 질환은 다른 내면적 문제(불안)와 외현화 질환(예 : 물질 사용)을 포함한 흔하게 나타나는 정신장애들이다. 동반이환(comorbidity)은 좀 더 지속적인 (만성적 또는 재발성) 우울증을 가진 사람들에게 가장 많다.

단극성 우울증의 동반이환율

주요우울장애가 있는 사람들에게 동반이환 불안장애의 평생 유병률은 59%이고, 물질 사용 및 기타 외현화 장애와의 동반이환율은 24%에서 32%까지이다(Kessler et al., 2007). 이렇게 높은 수준의 동반이환은 특정 발달 단계에 국한되지 않는다. 로드 등(Rohde et al., 2013)은 초기 성인기까지 추적한 청소년 종단 연구에서, 주요우울장애와 불안장애 및 물질 사용 장애와의 동반이환율이 아동기, 청소년기, 성인 초기, 성인기까지 비슷하다는 것을 발견하였다.

양극성 장애의 동반이환율

평생 동반이환율은 제I형 또는 제II형 또는 기준치 이하의 양극성 장애가 있는 사람들에게서 88%에서 98%까지 지속적으로 더 높게 나타났다(Kessler et al., 2007). 미국 동반이환 반복 연구에서는, 제I형 또는 제II형 양극성 장애가 있는 사람들 중에서 불안장애의 동반이환율은 63%에서 87%까지, 외현화 또는 물질 사용 장애와는 35%에서 71%까지 나타났다.

불안장애와의 동반이환

우울증과 불안장애 간의 동반이환은 가장 흔한 것이어서 특별한 관심을 받아왔다[NCS-R 표집에서 우울장애와 불안장애 간의 높은 동반이환율은 몇 가지 장애 때문으로, 특히 주요우울장애는 범불안장애(Generalized Anxiety Disorder : GAD)와 공황장애, 양극성 장애는 강박장애(Obssesive-Compulsive Disorder : OCD)의 영향을 받는다]. 우울장애와 불안장애가 동시에 나타날 뿐만 아니라, 불안장애는 우울증 발병에 선행하여 우울장애를 강하게 예측할 수 있는 것 같다 — 먼저 발병한 불안장애는 이후에 우울장애로 발전할 잠재적 위험요인이 된다(예 : Cole, Peeke, Martin, Truglio, & Seroczynski, 1998; Hagnell & Grasbeck, 1990; Pine, Cohen, Gurley, Brook, & Ma, 1998; Wittchen, Kessler, Pfister, Hofler, & Lieb, 2000). 또한 한 대규모 종단적 코호트 연구에서는 우울장애와 불안장애의 동반이환 사례들이 불안과 동반이환하지 않는 사례들에 비해 더 지속적인 것으로 나타났다(Merikangas et al., 2003). 이 예측 관계의 본질은 분명하지 않다. 아마도 불안과 우울장애들이 공통의 위험요인을 공유하지만, 불안장애가 더 일찍 발병하는 경향이 있는 것 같다. 그렇다면, 두 장애에 공통된 위험요인을 지적할 수는 있겠지만, 불안장애의 치료가 우울증 발병을 감소시키지는 못할 수도 있다. 반대로 불안장애가 우울의 위험요인이라면, 불안장애의 성공적인 치료가 우울증의 발현을 예방할 수도 있다.

우울과 불안의 동반이환은 두 증후군 간에 겹치는 부분이 있다는 생각을 하게 했고, 클라크와 왓슨(Clark & Watson, 1991)은 삼자 모델(tripartite model)에서 이 두 정신병리의 어떤 증상은 불안과 우울에 공통적인 일반적 고통/불쾌감의 표식인 반면, 불안에만 독특한 증상(예 : 현

기증) 또는 우울증에만 독특한 증상(예 : 무쾌감증)이 있다고 제안하였다. 증상은 일반적 고통/불쾌감 요인과 특정 요인을 측정하는 정도에 따라 다를 수 있다(Watson, 2009). 어떤 연구자에게는 우울과 불안의 고유한 구성개념을 개발하여, 변별 타당도를 높이고(즉, 한 가지 구성개념과는 상관이 있지만 다른 것과는 그렇지 않은 변인을 발견하는 것) 각 장애에 독특한 특정 병인들을 확인하는 것이 중요한 과제이다. 하지만 일반적 고통/불쾌감 요인은 변별 타당도가 낮음에도 불구하고, 의미 있고 중요한 구성개념이 될 수 있다.

몇 가지 역학 표집에서 *DSM*의 단극성 우울장애와 불안장애 진단을 구조 분석한 결과, 이 두 장애 간의 중첩이 여러 진단에서 동일하지 않은 것으로 나타났다(Watson, 2009). 첫째, 불안장애 중에서, 범불안장애는 만연되고 만성적인 걱정으로 정의되는데, 주요우울장애 및 기분부전장애와 가장 중첩이 많고(즉, 가장 관련이 있고), 다음은 공황장애, 외상 후 스트레스장애, 강박장애, 사회공포증과 관련이 있다. 광장공포증과 구체적 공포증은 단극성 우울장애와 가장 약한 중첩을 보인다. 범불안장애의 증상들이 대부분 일반적 고통/불쾌감 항목에 포함되기 때문에 범불안장애가 다른 불안장애보다 주요우울장애와 더 공통점이 많은 것은 그다지 놀라운 일이 아니다. 왓슨(Watson, 2009)은 내면화 장애를 (a) 모든 우울장애와 불안장애(강박장애는 예외)를 포함하는 하나의 상위 내면화 차원과 (b) 고통/불안-비참함과 공포로 명명된 2개의 하위 차원으로 모델화할 수 있다고 제안했다. 고통/불안-비참함 장애에는 주요우울장애, 기분부전장애, 범불안장애, 외상 후 스트레스장애가 포함된다. 공포장애에는 공황장애, 광장공포증, 사회공포증, 구체적 공포증이 포함된다. 강박장애와 양극성 장애는 유병률이 매우 낮아 종종 구조적 분석에서 배제되기 때문에, 이 차원 내에서의 위치에 대해서는 아직 논쟁 중이다.

외현화 장애와의 동반이환

우울장애가 있는 사람들은 물질 사용 장애의 비율도 높다. 예를 들면, NCS-R 표집(Kessler et al., 2005b)에서는, 평생 주요우울장애와 평생 기분부전장애 간에, 그리고 평생 적대적 반항장애, 주의력 결핍 과잉행동장애, 간헐적 폭발장애(Intermittent Explosive Disorder : IED) 그리고 알코올과 약물남용 및 의존 간에 의미 있는 관련이 있었다. 비슷한 정도의 관련성이 양극성 스펙트럼 장애에서도 나타났다. 또한 적어도 하나의 종단 연구에서는(Fergusson, Boden, & Horwood, 2009), 성인기에 알코올 의존에서 주요우울장애로 유의미한 종단적 관계가 나타났지만, 주요우울장애에서 알코올 의존으로의 관계는 나타나지 않았다. 이와는 대조적으로, 더 어린(즉, 청소년) 표집에서 나온 자료는 반대 패턴을 보여주었다. 즉 더 이른 우울장애는 문제성 있는 알코올 사용 및 물질 사용 장애를 예측할 수 있었다(예 : King, Iacono, & McGue, 2004). 하지만 뒤에 나타나는 물질 사용 문제에 이전의 우울장애가 미치는 효과가 이전의 외현화 문제의 영향보다 약했다는 것은 이것이 물질 문제로 가는 흔한 경로는 아님을 시사하는 것이다. 앞에서 언급한 바와 같이, 불안장애와 기분장애 간에, 특히 아동기 초기에서 청소년기까지, 많은 동반이환 순서가 만들어졌다. 흥미로운 것은 훨씬 더 어린 표집(학령기 이전)에서 얻은 자료는 이른 외현화 장애들도 주요우울장애 발현을 예측한다는 것이다(Luby et al., 2009). 마지막으로, 외현화 문제와의 동반이환은 대개 우울한 사람들의 정신질환이 더 심해지는 것과 관련이 된다. 가령 물질 사용을 동반한 양극성 장애 환자는 시간이 지나면서 예후가 좋지 않고, 치료를 준수하지 않고 재발률도 더 높다(Krishnan, 2005; Strakowski, DelBello, Fleck, & Arndt, 2000).

성격장애와의 동반이환

우울장애는 지속적이고 부적응적인 대인관계 행동, 자기지각 및 인지 패턴으로 정의되는 성격장애와의 동반이환도 많이 보인다(Shea et al., 1992). 성격장애의 비율은 주요우울장애에 비해 기분부전장애 및 양극성 장애가 있는 사람들에게서 높게 나타난다(예 : Lenzenweger, Lane, Loranger, & Kessler, 2007). 또한 우울장애에 성격장애도 같이 있는 사람들은 예후도 좋지 않다(Newton-Howes, Tyrer, & Johnson, 2006).

결론

우울장애는 비교적 흔하고 문화나 연령과 관계없이 누구에게나 나타날 수 있는 것이다. 우울장애의 심각도는 아주 다양한데, 즉 심각할수록 유병률은 감소한다. 양극성 스펙트럼과 만성적 또는 재발성 단극성 우울증은 유병률이 낮다. 이러한 심각한 형태는 다른 정신질환과의 더 많은 동반이환과도 관련이 있다. 단극성 우울증은 평생 어느 시점에서나 발병할 수 있지만, 나이가 어린 사람, 특히 어린 여성에게는 더 영향을 미친다. 단극성 우울증의 병인모델이라면 우울증의 유병률과 진전에 있어서의 성차를 설명해줄 수 있어야 한다.

4

우울증은 기능에 어떤 영향을 미치는가?

우울장애의 영향은 우울장애를 식별하고 특
징짓는 증상의 범위를 훨씬 넘어선다.
실제로, 우울 증상을 경험하고 있다는 그 사실
자체보다는, 우울 증상이 개인의 삶의 다른 영역
에 미치는 영향력 때문에 어렵다. 많은 경우, 이런 경
험들, 즉 일상적인 일과 평상적인 욕구와 목표를 계속 유지하기 힘들어지
는 것이 우울증과 정상적인 수준의 슬픔과 불안과의 구별점이 되며, 바로
이럴 때 사람들은 치료를 받아야겠다고 느끼게 된다. 우울증을 앓고 있는
사람들은 종종 심한 고통에도 불구하고 삶의 중요한 영역에서 기능을 유
지한다. 더 이상 그러지 못하게 될 때 그들은 사기가 저하되고, 자신을 비
난하고 우울해진다. 이런 이유에서 기능적인 문제가 생기는 일은 치료 동
기가 없는 사람들에 비해 우울증 때문에 치료를 받고자 하는 사람들에게
훨씬 더 심각한 상태일 가능성이 크다. 따라서 치료를 받고자 하는 동기
가 있는 표본을 대상으로 한 연구에서는 기능에 미치는 우울증의 영향력
이 필연적으로 부풀려질 수밖에 없을 것이다. 따라서 우울증과 관련해 일
반 표본을 사용한 연구에 기반하는 증거를 고찰하는 일이 중요하다.

우울장애의 인구 유병률을 기록하는 일에 덧붙여 우울증이 사회일반
에 미치는 유해성을 수량화하기 위해 역학 연구 자료들이 활용되었다.
즉 수치화할 수 있고 객관적으로 해석될 수 있는 지표들에 초점화되었
다. 이런 지표들로는, 우울증 자체의 치료에 사용된 건강관리 비용과 (우
울장애가 없는 사람들과 비교하여) 우울장애 환자들의 의료적 상태 때
문에 추가적으로 들어간 건강비용 그리고 우울장애 때문에 발생된 직장

이나 학교에서의 생산성 손실 등이 해당된다. 이런 분석 결과는 암울하다. 우울증의 영향은 개인적인 고통이란 범위에만 제한되지 않고 한 개인의 성취와 번영에 핵심적인 삶의 영역에까지 미치고 또한 다른 사람들의 삶에 영향을 주는 영역에도 미친다. 예를 들면, 미국 동반이환 반복연구(NCS-R)에 사용된 표본에서는 우울장애와 관련된 근로일수의 손실이 한 해에 27.2일(주요우울장애), 65.5일(양극성 장애)이었다. 특기할 점은 양극성 장애가 근로기능에 미치는 중요한 영향의 대부분은 양극성 장애 환자들이 주요 우울 삽화 때문에 더욱 기능이 손상된다는 사실이었다. 더구나 이들 장애들은 직장에서의 생산성이 감퇴된 것과도 관련이 있었다. 흥미롭게도 기준치 이하의 경계선 성격장애는 주요우울장애에서와 비슷한 수준의 역할 및 기능과 관련이 있었다(Kesssler, Merikangas, & Wang, 2007). 이는 증상적으로는 '약한' 수준의 상태조차도 기능적으로는 사실상 상당한 수준의 객관적인 어려움이 동반될 수 있다는 사실을 시사한다.

이런 연구 결과는 결근과 생산성 감퇴로 인한 급여와 승진 기회의 잠재적 손실이라는 측면에서, 또한 일을 계속함으로써 증가할 수 있는 성과수익의 손실이라는 측면에서 우울장애는 이를 앓고 있는 사람들에게 유해하다는 점을 나타낸다. 또한 우울장애는 이런 환자들을 고용하고 있는 기관이나 회사 그리고 사회 전체에도 경제적으로 유해하다. 사실 여러 나라에서 행해진 결과 분석은 개인의 기능지수들에 미치는 우울증의 영향이 만성적인 의학적 질병들이 미치는 영향과 비슷하거나 때로는 그 이상임을 보여준다. 이와 같은 연구 결과로 인해 우울장애는 공중보건과 정책, 경제학 같은 정신건강 이외의 분야에서도 관심을 받아 왔다. 우울장애를 위한 치료법과 이런 치료법에의 접근을 향상시키는 일은 (아마도 근로자들의 복지가 개선되고 결근율과 생산성의 감퇴가 줄어듦으로써) 생산성의 증가와 같은 보다 넓은 의미의 경제적·사회적 이익을 낳는 기회가 될 것이다. 우울증 치료법과 이에 대한 접근을 향상시키기 위한 이른바 '기업중심 모델(business case)'은 이런 연구 결과를 기반으로 하며, 이 모델의 가정은 지표가 향상되면 생산성이 증가함으로 인해 (대부분 고용주가 부담하는) 건강관리 비용의 감소와 수익의 증가가 이루어진다는 것이다(Donohue & Pincus, 2007). 예를 들어, 세계보건기구(WHO)는 현재 우울증은 전 세계적으로 질병부담의 원인 중 4위로서 장애 기간을 고려한 총 수명의 4.4%를 차지하는데(Ustun, Ayuso-Mateos, Chatterji, Mathers, & Murray, 2004) 2020년까지 2위가 될 것이라고 추정한다(Murray & Lopez, 1996).

공중보건의 관점에서 우울장애가 중요한 이유는 만성적이고 이른 나이에 발병한다는 사실인데 이런 점은 보다 심각한 유형의 우울장애에서 더욱 두드러진다. 역학 연구 결과는 우울장애는 간헐적이면서 또한 만성적임을 시사한다. 국제적인 표본(예 : Murray & Lopez, 1996)과 미국의 국가 표본(Eaton et al., 1997; Spijker et al., 2002)의 연구 결과에 의하면 주요 우울 삽화의 평균 지속기간은 약 5개월에서 7개월로 중앙값은 3개월이다. NCS-R(Kessler et al., 2007)에서는 응답자들에게 몇 년 동안이나 주요 우울 삽화를 겪었는지를 회고해 보고하도록 했다. 그 평균은 양극성 장애 II는 11.6년, 기준치 이하의 양극성 장애는 6.8년, 주요우울장애는 5.8년이었다. 어린 나이에 발병한 만성적인 우울장애의 특성은 기능손상 기간을 연장시키고 다양한 종류의 결과를 낳는다. 이것이 우울증을 앓고 있는 기간의 탓인지 또는 병의 이른 발병 때문에 (교육과 사회관계의 발달과 같은) 정상적인 발달과업의 성공적인 수행을 할 수 없는 것 때문인지는 확실하지 않다. 후자의 경우 장기적인 영향은 전 생애에 걸쳐 나타난다. 예를 들어, 청소년기에 발병한 주요우울장애 환자 집단과 정신장애가 없는 비교집단을 10년에서 15년간 추적한 연구에서 와이즈먼 등(Weissman et al., 1999)은 우울장애를 앓았던 집단의 경우 교육수준과 사회계층이 보다 낮고 비고용 기간이 보다 길다는 것을 발견하였다. 우울장애 집단의 1/4과 비교집단의 5.4%가 추적 연구 기간 동안에 자살을 시도했다. 우울장애 집단의 거의 2/3가 추적 연구 기간 동안에 또 다른 주요 우울 삽화를 경험한 반면, 비교집단은 30%만이 경험했다.

우울장애의 경과

우울증이 기능에 미치는 영향을 이해하는 데 있어서 가장 중요한 것은 우울장애 환자 대부분은 정신질환의 진단 및 통계편람(DSM)에서 가장 흔한 우울장애로 진단되는 최소한의 기간(즉, 주요 우울 삽화의 경우 2주)보다 더 오랜 기간 증상을 나타낸다는 것이다. 더구나 만성적이거나 재발한 경우, 진단 기준을 충족시키지 못하는 기간 동안조차에도 거의 기준치 이하의 증상을 보이고 기능도 보통 수준 이하로 손상된다. 우울장애에서 중요한 경과 요소들을 기술하기 위해 몇 가지 용어가 사용되고 있다.

단극성 기분장애에서 만성적(chronic)이란 용어는 2년 동안 지속되는 삽화를 말한다(모든 기분부전장애는 이와 같은 정의를 충족시킨다. *DSM-5*의 지속성 우울장애는 만성적인 단극성 장애의 모든 경우를 포함한다).

완화(remission)는 장애 증상이 현저히 감소하거나 없어지는 기간을 뜻한다. 보통 8주 이하 동안 지속되는 기간으로 정의된다. 8주 이상 완화가 지속되는 경우는 회복(recovery)이라고 불린다. 불완전한 삽화 간 회복(incomplete interepisode recovery)이란 주요 우울 삽화가 1회 이상 발생하고, 주요 우울 삽화 사이의 기간 동안에 완화가 완전하지 않은 경우를 말한다.

악화(relapse)는 처음에는 증상이 개선되다가 장애 진단 기준을 모두 충족시키는 수준으로 악화되는 상황을 말한다. 주요 우울 삽화를 경험한 뒤 완화를 보인 사람들 중 약 5분의 1은 악화돼 다시 주요 우울 삽화를 경험하게 될 것이다. 악화는 만성적이고 재발적인 경과를 보일 가능성이 있는 우울장애자들의 특성이다.

재발(recurrence)은 과거에 주요 우울 삽화를 경험한 전력이 있고 그로부터 완전히 회복했던 사람이 새로운 주요 우울 삽화를 경험하는 경우를 말한다. 재발률(주요우울장애의 전력을 가진 사람이 새로운 주요 우울 삽화를 경험하는 것)은 최초의 삽화 경험으로부터의 시간경과에 따라 증가한다. 25%에서 40%의 사람들은 2년 이내에, 60%는 5년 후에, 75%는 10년 후에, 85%는 15년 후에 새로운 주요 우울 삽화를 경험한다(Keller & Boland, 1998). 주요 우울 삽화의 지속기간이 길수록 재발하는 일이 더 흔하다. 기분부전장애나 주요 우울 삽화를 경험한 경우가 그렇다(예 : Keller, Lavori, Rice, Coryell, & Hirschfield, 1986). 아동 표본을 사용한 연구 데이터에 의하면 주요우울장애의 재발률은 2년 후 40%이며 5년 후 70%이다(Kovacs et al., 1984). 따라서 우울장애의 경과는 불균형해 보인다. 즉, 회복가능성은 수년 뒤에는 감소하는 한편(즉, 더 적은 수의 사람들이 회복함) 재발률은 시간이 경과함에 따라 증가한다. 또한 주요 우울 삽화가 더 빈번했던 경험이 있는 사람들의 경우 재발 시기가 보다 짧다는 증거도 있다(Solomon et al., 2000).

주요우울장애의 경과

주요우울장애의 진단 기준을 충족시키는 경우에는 만성적인 경과를 거의 보이지 않는다. 대부분의 사람들은 어느 시점에서 완화를 보이거나 회복한다. 우울장애의 자연스러운 경과를 알기 위해 우울장애 환자들을 아주 오랜 기간 추적한 연구는 소수에 불과하다. 그러나 이런 연구들의 결과는 서로 일치하는 편이며 횡단 연구나 역학 연구의 결과들과도 일치한다. 주요 우울 삽화를 경험한 대부분의 사람들(약 90%)은 5년 이내에 회복하며 이런 회복은 대부분 1년 이내에 발생한다(Keller et al., 1982). 주요 우울 삽화의 지속기간이 길수록 1년 또는 그보다 긴 기간 내에 회복할 가능성은 감소한다(예 : Coryell, Endicott, & Keller, 1990). 그러나 소수의 사람들이 주요 우울 삽화를 수년 동안 경험하더라도 이들 중 일부는 나중에 회복할 것이다.

역학유역 연구(Epidemiological catchment Areas Study)의 데이터는 일

생 동안 주요우울장애를 경험한 사람들의 절반 정도는 1회적인 주요 우울 삽화를, 15%가 만성적이고 완화가 없는 경과를, 나머지 45%가 삽화의 재발을 경험할 것임을 보여준다(Eaton et al., 2008). 주요 우울 삽화가 나타나는 기분부전장애를 경험하는 사람들의 경우, 주요 우울 삽화로부터의 회복은 우울증으로부터의 완벽한 회복 또는 완화라기보다는 종종 기분부전장애로 돌아가는 것을 의미한다. 보다 어린 연령의 표본들을 사용한 연구에 의하면 우울장애는 아동기 초기에서 중기(예 : McCauley et al., 1993; Rao et al., 1995)와 심지어 학령 전 시기(Luby, Si, Belden, Tandon, & Spitznagel, 2009)인 어린 연령에서도 재발하거나 만성적일 수 있다고 한다. 청소년 시기부터 초기 성인기에 이르기까지 추적한 종단 연구(Rohde et al., 2013)는 생애 초기에 발생하는 우울 삽화의 지속기간은 매우 다양함을 보여주었다. 주요우울장애의 진단을 충족하는 사람들 중 30세까지의 연령 집단을 포함할 때 평균 지속기간은 약 28주였다. 그러나 그 범위는 넓었다(DSM-IV의 주요 우울 삽화 진단 기준인 최저 2주에서부터 최고 829주에 이른다). 더구나 아동기에 주요 우울 삽화 진단을 받았던 사람들은 평균 지속기간이 가장 길었는데(69주), 이는 아주 어린 나이에 삽화 경험을 시작한 경우 특히 문제가 많다는 점을 시사한다.

기분부전장애의 경과(지속성 우울장애)

기분부전장애는 주요우울장애보다 회복 가능성이 낮다. 기분부전장애에는 기존의 우울 상태의 악화를 반영하는 주요 우울 삽화가 자주 나타난다. 클라인 등(Klein et al., 2006)은 기분부전장애 또는 만성적이지 않은 주요우울장애 환자들을 10년에 걸쳐 추적해 연구했다. 5년째 되던 해, 기분부전장애 환자의 약 53%가 회복했다. 그러나 거의 절반 정도가 그 후 23개월 이내에 악화됐다. 10년째 되던 해에는 거의 75%에 달하는 환자들이 회복했다. 이 중 절반은 그 후 52개월 이내에 회복했으나 71%는 악화됐다. 기분부전장애는 더욱 심각한 장애라는 사실을 증명하듯이, 만성적이지 않은 주요우울장애 환자들에 비해 기분부전장애 환자들은 10년 동안의 추적 연구 기간에 걸쳐 자살시도율과 입원율이 보다 높았고, 기능수준이 보다 열등했으며, 전반적인 우울증 심각도와 우울 증상의 지속성이 보다 높았다.

양극성 장애의 경과

양극성 장애는 재발률이 매우 높다. 제I형 양극성 장애나 제II형 양극성 장애 환자 1,000명을 대상으로 한 연구는 약 절반 정도가 그다음 해에 재발했으며, 이런 재발의 대부분은 조증 삽화보다는 우울 삽화 동안에 발생했다(Perlis et al., 2006). 많은 경우, 양극성 장애에서 나타나는 조증 삽화는 우울 삽화로 변한다(약 20%에서 30%; Angst, 1987; Keller et al., 1986). 조증 삽화의 전력만 있는 경우에도 흔히 또 다른 조증 삽화가 재발한다. 켈러 등(Keller et al., 1993)은 순전한 조증은 재발률이 매우 높다고 보고했다(1년 이내에 48%; 5년 이내에 81%). 양극성 장애는 몇몇 단극성 우울장애(즉, 기분부전장애, 만성적 주요우울장애)보다 (호전된 기간이 없이 증상이 지속적인가 하는 점에서) 덜 만성적이다. 대부분의 조증 삽화는 약 3개월에서 4개월 동안 지속된다. 앵그스트와 셀라로(Angst &

Sellaro, 2000)는 양극성 장애 환자들은 1년에 2개월가량 삽화를 경험한다고 평가했다. 완화가 되기는 하지만 양극성 장애 환자들 중 많은 사람들이 진단 기준을 완벽히 충족시키지 않더라도 여전히 증상을 보이고 제대로 기능하지 못한다(예 : Keck et al., 2003).

우울증 협동연구(Collaborative Study of Depression)는 환자들을 20년에 걸쳐 연구했다. 이 연구에 사용된 표본들 중 양극성 장애 환자들의 주요 우울 삽화의 지속기간 중앙값은 15주였다. 이런 삽화의 75%는 35주 이내에 종결됐다(즉, 회복). 조증 삽화의 지속기간 중앙값은 7주였다. 이런 삽화의 75%는 15주 후에 종결됐다. 조증 삽화와 주요 우울 삽화를 연속적으로 경험하는 환자들의 경우, 지속기간 중앙값은 훨씬 길었다(61주). 삽화(조증이나 주요 우울)로부터 회복될 가능성은 추적기간 동안에 삽화를 경험한 누적 연수 그리고 삽화의 심각성 정도와 부적 상관이 있었다. 더구나 급속 순환성 삽화 경험은 조증 삽화만 있거나 주요 우울 삽화만 있는 경우보다 회복 가능성이 낮았다. 이 연구에서 지표적으로는 (조증 삽화나 주요 우울 삽화) 회복했으나 잔여의 준증상적인 상태를 경험하는 경우에는 이런 증상을 보이지 않는 회복과 비교해, 삽화의 재발이 훨씬 빨랐다(Judd et al., 2000; Judd, Paulus, & Zeller, 1999; Judd et al., 2008)). 따라서 양극성 장애의 전형적인 경과는 재발과 악화가 반복된다고 할 수 있다. 두 종류의 삽화를 모두 경험하거나 그 순환성이 빠르거나 불완전한 삽화 간 회복의 경우에는 가장 심각한 경과를 보인다. 앵그스트와 셀라로(2000)는 초기 몇 개의 조증 삽화 동안에는 완화를 보이는 기간이 점진적으로 줄어들고 그 뒤에는 재발패턴이 일관적이지 않다는 것과 삽화 간 순환 간격의 중앙값은 18개월임을 보여주었다.

우울장애가 기능에 미치는 영향

다음에서는 우울장애가 개인의 기능영역에 영향을 미칠 수 있는 다양하고 전반적인 형태를 소개한다. 여기에는 장애를 앓고 있는 사람들만이 알 수 있는 것들도 있고 환자들과 관련 있는 사람들에게도 쉽게 보이거나 또는 그들에게 직접적으로 영향을 미치는 것들도 포함된다. 기능적 손상은 정신질환으로서의 우울장애에 대한 이해에 있어 매우 중요한 부분이다. *DSM*에서는 각각의 우울장애의 진단 기준을 위해, 증상의 심각성과 최소 지속기간을 충족시키는 것 외에도 기분 증상과 관련해 중요한 기능적 손상이나 고통이 나타나야만 한다. 따라서 우울장애가 기능에 영향을 미치는 구체적인 방식들을 이해하는 것이 중요하다.

인지기능에 미치는 영향

우울장애가 특정한 인지적 패턴과 관련이 있다고 하는 연구 결과는 많다. 이 중 많은 부분은 진단 기준 자체에 나타나 있다(예 : 주요우울장애에서의 생각이나 집중의 어려움, 기분부전장애에서의 무망감, 양극성 장애에서의 사고의 비약). 인지적 요인은 장애의 임상적 기술에 종종 나타나 있다. 우울증이 인지에 영향을 미치는 방식은 아래의 두 가지 중 하나의 영역에 속한다고 할 수 있다. (a) 인지의 질적 내용(생각의 내용) 그리고 (b) 정보처리 시스템의 양적 차원(어떤 규준에 비추어 평가되는 인지

기제의 기능 방식)이다. 첫 번째 경우는 우울증이나 조증을 스스로 또는 잘 아는 사람이 경험했다면 금방 알아차릴 수 있을 만큼, 우울장애의 증상을 경험하고 있는 사람들은 자신들의 기분 상태와 매우 일치하는 방식으로 사고한다. 이는 감정과 사고는 밀접히 관련되어 있다는 심리과학의 일반적인 원칙을 보여준다. 더구나 이런 사고는 매우 유해한 방식으로 개인의 의식을 지배한다. 예를 들어, 조증 삽화 동안에 개인은 흥분되는 계획을 실현하는 것에 대한 웅장하고 극적인 생각을 하기 바빠서, 필요하지만 일상적인 자신의 보호를 위한 사고는 하지 않고 그 계획에만 고착될 수 있다. 이런 사고는 너무나 절박해서 만나는 사람마다, 심지어는 전혀 모르는 사람한테까지도 자신의 계획을 말하지 않을 수 없게 된다. 주요 우울 삽화 동안에 개인은 잃어버린 기회, 실수, 자신에 대한 부적절감에 대해 끊임없이 곱씹거나, 또는 자신이 행해야만 했던 또는 그러지 말아야 했다고 느끼는 일들에 대해 불쑥불쑥 죄책감을 느끼면서, 자신의 실패에 집착할 수 있다. 이런 생각은 너무나 고통스러워서 개인은 대인관계에서 철수하거나 이런 생각들로부터 자신의 주의를 돌리기 위해 약물복용이나 자해와 같은 유해한 행동에 몰두한다.

대조적으로, 인지적 손상의 두 번째 유형인 정보처리의 변형은 우울장애가 주의, 기억, 언어와 같은 인지 체계의 효용성이나 기제(mechanism)를 변화시키는 방식을 다룬다. 이 분야에서의 실증적인 연구 결과는 우울증이 예상할 수 있는 방식으로 정보처리를 편향시킨다는 것을 보여준다. 물론 우울장애의 인지적 영향에 대해 우리가 알고 있는 것들 중 어떤 것은 두 유형의 변화 모두를 다룬다. 즉, 정보처리의 바탕이 되는 인지기제의 변화와 그 결과로 나타나는 산출물의 변화(즉, 인지 자체의 내용)를 다룬다. 다음은 각각의 변화 유형에 관한 연구의 구체적인 내용이다.

우울적 인지 형태. 우울적 현실주의. 우울증의 인지적 영향에 대한 연구들에서 다소 놀랍지만 타당하다고 여겨질 정도로 잘 반복검증된 사실은 우울증은 사실상 어떤 유형의 정보처리를 보다 정확하게 만들 수 있다는 것이다. 우울적 현실주의(depressive realism) 가설(Alloy & Abramson, 1979)은 우울하지 않은 사람들과 비교해 우울한 사람들이 더 정확하고 현실적인 추론을 하는 방식을 말한다. 이런 차이는 우울하지 않은 사람들한테는 규범적인 행동이 되는 자신의 수행에 대해 긍정적인 시각으로 보는 일을 우울한 사람들은 하지 못하는 데서 비롯되는 것 같다. 예를 들어, 우울하지 않은 사람들은 어떤 결과에 대한 자신의 통제능력 수준을 과대평가하는 경향이 있는 반면에, 우울한 사람들은 자신의 그런 능력 수준을 보다 정확하게 탐지한다(예 : Alloy, Abramson, & Rosoff, 1981). 그러나 이 현상에 관한 대부분의 연구들은 보다 심각한 수준의 우울증 표본보다는 불쾌감 같은 아날로그식(차원적) 척도를 사용했다. 그리고 최근에 행해진 메타분석은 효과 크기가 상당히 작은 편임을 보여주었다(Moore & Fresco, 2012). 따라서 이 현상이 두드러져 보이기는 하나 다른 유형의 우울적 인지특성보다는 덜 중요한 것 같다.

부정적 자기검증. 스완의 자기검증(self-verification) 이론(Swann, 1983)은 자신에 대한 특정 종류의 피드백을 받고 싶어 하는 우리의 욕구와 관련한 몇 가지 놀라운 결과들을 설명한다. 간단히 말해, 일반적으로 우리는 비록 부정적인 것이라 할지라도 자신에 대해 자신이 생각하는 것과 일치하는 피드백을 받는 것을 선호한다. 아마도 이는 자신의 생각이 타인에 의해 확증될 때 자기지각에 확신을 주는 자신감을 느낄 수 있기 때문일 것이다. 우울한 사람들은 부정적인 피드백을 받는 것을 선호하며(예 : Giesler, Josephs, & Swann, 1996), 친한 사람들에게 자신에 관한 부정적인 피드백을 적극적으로 요청하고(Swann, Wenzlaff, Krull, & Pelha, 1992) 자신을 부정적으로 보는 친구와 연인을 선호하는 것(Swann et al., 1992)으로 밝혀졌다. 사실 우울을 경험하고 있는 사람은 자신에 대해 호의적인 정보보다 부정적인 피드백을 받으려고 하는데, 아마도 이는 부정적인 자기지각이 정확하다는 것, 즉 다른 사람들도 그렇게 생각한다는 사실을 재확인하기 위한 것으로 보인다(Swann et al., 1992).

반추. 반추(rumination)란 부정적인 감정에 따르는 고통스러운 속성과 부정적인 결과를 강조하면서 마음속으로 부정적인 감정을 반복해서 곱씹으며 이런 감정을 인지적으로 상술함으로써 부정적인 감정에 반응하는 경향성을 뜻한다. 반응 스타일 이론(Nolen-Hoeksema, 1991)은 부정적인 감정의 원인을 감소시키기 위해 적극적으로 문제를 해결하려고 하기보다는 소극적으로 자신의 부정적인 감정을 반복적으로 반추하는 경향성이 우울증 발달의 전형적인 위험요인이라고 주장했다. 반추는 인간의 초인지 능력(자신의 감정과 사고에 대해 생각하는 능력)을 앗아가며 이는 우울증을 오래 지속시키고 악화시키는 유해한 과정으로 바꾼다. 놀렌-훅스마, 위스코와 루보머스키(Nolen-Hoeksema, Wisco, & Lyubomirsky, 2008)가 보고했듯이 반추는 부정적인 감정의 처리를 그 유발원인을 평가하고 잠재적인 해결책을 강구하는 일에 사용하기보다는, 보다 비효과적인 문제해결과 잠재적인 해결을 구현하기 위한 동기의 감소로 이끈다. 반추에서의 개인차는 우울 증상과 상관이 있으며(우울 증상이 증가할수록 반추도 증가한다), 실험적으로 유도된 반추는 우울 증상을 증가시킨다. 또한 반추에서의 개인차는 우울장애를 발달시킬 수 있는 위험성과 관련이 있다(Nolen-Hoeksem et al., 2008). 따라서 우울해질 때 많은 사람들은 우울을 경험하고 있다는 사실에 '고정'된 것 같은 사고에 매달리게 될 것이다. 그리고 부정적인 감정을 이런 종류의 소극적인 스타일로 반응하는 사람들은 보다 심각한 유형의 우울증을 발달시킬 위험성이 있다. 반추는 전통적으로 단극성 우울장애에만 특유한 요인으로 여겨져 왔다. 그러나 최근에는 반추가 불안장애, 폭음/알코올 남용과도 상관이 있다고 밝혀졌다(Nolen-Hoeksema et al., 2008). 더구나 최근의 한 연구는 완화를 보인 양극성 장애 환자는 부정적, 긍정적 감정 모두에 대해 반추 성향이 높게 나타나고, 긍정적 감정에 대해 반추 성향이 높게 나타난 사람들은 전 생애에서 보다 빈번하게 조증 삽화를 경험한다는 것을 발견했다(Gruber, Eidelman, Johnson, Smith, & Harvey, 2011).

인지삼제. 이제는 고전이 된 벡(Beck, 1987)의 우울이론은 우울감과 특정한 인지패턴 간의 밀접한 관련성에 주목한다. 그는 우울감을 경험하는 사람들이 공통적으로 보이는 '자동적 사고' 몇 가지를 알아냈다. 이런 부정적 사고에는 자기비난, 이분법적 사고, 그리고 무망감이 있으며 이런 사고는 신속히 일어난다(즉, 자동적이다). 벡의 모델은 이런 자동적 사고(우울적 인지의 예)가 도식(schema)에 의해 발생되는 것으로 보는데,

도식은 과거 기억, 현재의 해석, 미래의 예상을 통합하는 보다 상위에 있는 조직적 신념구조를 말한다. 우울한 사람들이 갖고 있는 도식들은 역기능적인데, 왜냐하면 이들은 자기, 미래, 그리고 세상이 돌아가는 방식에 대해 과도하게 부정적인 견해를 표현하기 때문이다. 벡에 의하면, 우울한 사람의 도식은 순간적인 사고와 직접적인 주의가 부정적인 내용쪽으로 지향하게 하는, 즉 편향시키는 것일 뿐만 아니라, 이런 부정적인 도식은 우울하지 않은 사람들의 도식보다 순간적인 사고에 더 큰 영향을 미친다. 따라서 위에서 아래로 진행되는 해석과정이 순간적인 정보처리를 이끌어 우울한 사람들의 자극에 대한 주의와 해석을 편향되게 만들고 이런 부정적인 도식의 영향으로 중립적인 자극(또는 때로는 긍정적인 자극조차도)은 왜곡된다. 이런 도식들은 곧이어 이런 인지의 부정적이고, 무망하고, 위축된 내용에 일치하는 방식으로 행동을 편향시킨다.

정보처리 기제에 미치는 우울장애의 영향. 주의와 지각과정에서의 영향. 주의과정은 보다 정교한 처리를 위해 환경자극의 선택을 통제하는 일을 한다. 따라서 특정자극을 추구하거나 회피하는 주의편향은 환경을 이해하고 미래를 예상하고 의사를 결정하는 데 사용되는 정보의 종류를 제한할 수 있다. 주의는 제한적인 자원이기 때문에 이는 어떤 종류의 환경자극이나 측면을 향해 가까이 가거나 또는 멀어지기 위해 주의를 할당하는 위에서 아래로 진행되는 과정에 의해 결정된다. 부정적인 주의편향은 반복적으로 검증된 불안장애의 상관요인이다(Mineka & Sutton, 1992; Williams, Watts, MacLeod, & Matthews, 1997). 불안한 사람들은 부정적

인 자극들, 특히 자기에게 위협적이라고 여겨지는 자극들을 빨리 알아챈
다. 불안장애와 우울장애의 높은 동반이환을 고려할 때(제3장 참조) 우
울증의 경우에도 비슷한 영향을 예상할 수 있다. 그러나 우울증과 부정
적인 정서정보를 향한 주의편향 사이에 상관관계가 있다는 몇몇 증거가
있기는 하지만(즉, 우울한 사람들은 부정적인 자극에 보다 많은 주의를
할당한다) 또 다른 연구들에서는 이런 결과가 나오지 않는 등 다소 비일
관적인 편이다. 따라서 자극처리 과정의 초기 단계에서 주의편향이 우울
한 사람들에게 나타난다는 사실은 동반이환 증상인 불안 때문이거나 또
는 어떤 특정적인 부정적 자극에만 제한된 것일 수 있다. 그러나 우울증
은 일단 부정적인 자극으로 주의가 가게 되면 그로부터 벗어나지 못하는
것과 관련된다는 연구 결과가 있다(Gotlib & Joorman, 2010).

기억과정에서의 영향. 우울한 사람들은 부정적인 내용을 잘 기억한다
(Mathews & MacLeod, 2005; Williams et al., 1997). 이런 효과는 (내현
적인 것보다는) 외현적 기억이 요구되는 과제에서 가장 강력하게 나타난
다(Gotlib & Joorman, 2010). 다양한 자극이 사용되고 다양한 종류의 자
극 처리가 요구되는 기억 과제들을 사용해 우울한 사람들과 우울하지 않
은 사람들을 비교한 연구들에 의하면, 우울한 사람들은 자극의 지각적
형태보다 자극의 의미를 처리하는 과제에서 수행이 가장 현저히 떨어지
는 것으로 나타났다(Gotlib & Joorman, 2010).

비개인적인 자극을 기억하는 과제를 잘 수행하지 못하는 것 외에도
우울증은 자전적인 기억을 하는 데 있어서 특정 패턴의 비정상성과도 관
련되어 있다. 긍정적이고 부정적인 감정을 일으키는 예가 되는 과거 사

건을 기억해보라고 했을 때 우울한 사람들은 구체적이라기보다는 지나치게 일반적인 수준에서 기억하는 경향을 보인다(Williams et al., 2007). 예를 들면, 그들은 구체적인 시간과 장소에서 일어난 특정 사건이 아닌 그런 기억을 불러일으킨 사건의 유형에 대해 말한다. 이런 '과일반적인 기억(overgeneral memory)' 현상은 우울 삽화가 보다 길게 지속되고(Rates et al., 2006) 우울증이 보다 늦거나 또는 덜 완전하게 회복되는 것(Brittlebank, Scott, Williams, & Ferrier, 1993; Dalgleish et al., 2001)과 관련되어 있기 때문에 중요하다. 윌리엄스 등(Williams et al., 2007)은 과일반적인 기억은 우울한 사람들이 기분을 나쁘게 할 수 있는 구체적인 사실(즉, 보다 부정적인 정서 상태로 만들게 하는)들을 차단하는 방식으로 기억을 인출하기 때문에 발생한다고 주장했다. 따라서 이는 우울 증상의 완화를 방해하는 부정적인 정서 내용을 회피하는 것이라고 할 수 있다.

실행기능과 인지적 통제에서의 영향. 인지적 통제 과정은 이미 주의를 했던 반응을 금지하고, 환경적 요구 및 목표와 관련된 환경적인 위기사태에 융통적인 방식으로 새로운 반응들을 일으켜 유연한 주의전환을 촉진한다. 엘리스와 아쉬브룩(Ellis & Ashbrook, 1988)은 우울증은 인지용량(즉, 처리를 위한 자원)을 감소시키기 때문에 (기억을 포함한) 노력이 필요한 인지과정의 결손과 관련이 있다고 제안했다. 이에 대안적인 가설은 특정 유형의 과제에서의 우울증과 관련된 구체적인 결손에 주목한다. 시겔 등(Siegle et al., 2002)은 우울한 사람의 인지적 자원은 정서적으로 두드러지는 자극에 즉시적으로 활용된다고 주장하는 정서적 방해

가설(affective interference hypothesis)을 잘 설명했다. 그 결과, 우울한 사람들은 자극의 정서적 측면에 집중이 필요한 과제에서 잘 수행할 수 있을 것이다. 정서적인 면은 무시되고 다른 측면에 집중이 필요한 과제는 수행을 잘하지 못할 것이다. 과제의 인지적 부담이 증가할 때(Hartlage, Alloy, Vazquez, & Dykman, 1993) 또는 과제와 무관하거나 개인적으로 아주 중요한 사고가 과제의 다른 면들에 주의하는 일을 방해할 때(Ellis & Ashbrook, 1988) 우울한 사람들은 기억 수행에서 보다 큰 결손을 보인다는 증거가 있다. 고틀립과 율먼(Gotlib & Joorman, 2010)은 다른 종류의 과제를 사용한 연구 결과를 평가한 뒤, 우울증은 부정적인 자극의 지속적인 처리를 억제하는 특성을 보이며, 이는 다른 과제와 관련이 있는 자극의 처리를 방해하는데도, 이런 자료를 계속 처리함으로써 부정적인 기분이 지속될 가능성이 증가된다고 주장한다. 구체적으로, 부정적인 자극은 보다 적절한 자극이 들어올 여지가 없을 만큼 제거되지 않기 때문에 기억과정에 지나치게 오랫동안 머무른다. 이는 과거에 일어났던 부정적인 사건을 잊고 보다 긍정적인 사건을 기억하는 사람들은 전 생애에 걸쳐 보다 나은 삶을 산다는 연구 결과와 일치한다(Charles, Mather, & Carstensen, 2003). 이런 실험연구 결과들을 바탕으로 우울한 사람들은 과거의 아픈 기억에 고착된 나머지 그들의 인지적 노력의 대부분을 이런 생각에 사용하고 곧이어 지금-여기에서의 문제해결에 보다 집중하지 못하게 된다는 임상적 관찰과도 일치한다.

양극성 장애에서의 정보처리의 비정상성. 단극성 우울증과 비교해 양극성 장애에 대한 연구는 많지 않은 편이지만, 양극성 장애가 있는 사람들은 양극성 장애가 없는 사람들과 다른 방식으로 정보처리를 한다는 증거가 있다. 이런 결손은 양극성 장애의 위험요인 또는 특성 지표를 대표한다고 할 수 있다. 한 메타분석 연구는 기분이 양호한 상태일 때도(즉, 삽화의 진단 기준을 충족시키지 않을 때도) 양극성 장애가 있는 사람들은 그렇지 않은 사람들보다 실행기능, 언어적 기억, 반응 억제, 처리속도에서 보다 열등한 수행을 나타낸다는 것을 보여주었다(Robinson et al., 2006). 이런 차이를 통해 우울장애들을 구별할 수 있다. 한 연구는 단극성 우울장애와 양극성 우울장애에 비해 조증이 실행기능에서 장애가 더 크다는 것을 보여주었다(Gruber et al., 2011). 마지막으로 병의 심각성이 클수록(즉, 조증 삽화, 입원, 자살시도의 경험이 많을수록) 기억 손상 또한 컸다. 실행기능과 기억과제에서의 전반적으로 열등한 수행은 보다 심각한 결과와 관련되었다(Martinez-Aran et al., 2004). 이런 손상은 병이 보다 진행된 경우 더욱 심해 보인다(즉, 나이가 더 많은 환자와 보다 빈번한 삽화 경험을 가진 환자; Robinson & Ferrier, 2006). 우울 삽화나 조증 삽화에서 관찰된 인지적 상관요인들이 각 상태에 특정한 것인지 (아니면 두 가지 상태에 모두 전반적으로 관련되는 것인지) 또는 이런 질환이나 질환의 원인을 정의하는 정신병리 과정의 결과인 것인지에 대한 증거가 더 필요하기는 하지만, 그간의 연구 결과를 종합해볼 때, 우울증 외에도 조증과 조증 경향성 또한 인지적 비정상성과 관련되어 있는 것 같다.

정보처리의 비정상성과 생물학적 기제와의 관련. 뇌혈류(예 : MRI), 뇌파 활동(EEG), 자극에 대한 시각적 주의(안구추적) 등 뇌 과정을 측정하는 기술은 지난 20년 사이에 크게 발전했다. 미래에는 인지적 탐색과 과제에 대한 반응을 통해 관찰되고 밝혀지는 정보처리적인 손상과 비정상성을 이런 반응에 기저하는 뇌 영역 기제 지표와 연결시킬 수 있게 될 것이다. 이런 노력은 이미 시작되고 있으며 우울장애가 어떻게 그리고 왜 특정한 자극처리 과정과 관련이 있는지에 대한 이해를 크게 향상시킬 것이다. 상이한 차원에서 행해지는 분석(행동차원에서의 인지적 수행과 신경회로 차원에서의 뇌기능)을 종합하는 일은 우리의 관심분야에 대한 보다 풍부하고 완전한 그림을 그리도록 해주며, 우울장애를 특징짓는 정보처리에서의 비정상성과 결손이 나타나고 발달하는 것에 대한 새롭고 검증가능한 가설을 도출해낼 것이다.

사회적·대인관계적 기능에 미치는 영향

우울증의 영향을 받는 여러 기능영역 중에서 사회적·대인관계적 기능은 가장 많은 주목을 받아 왔다. 우울장애는 다양한 종류의 관계와 수준에 걸쳐 사회적 기능 측면에서 보다 넓은 범위의 어려움과 관련되어 왔다(예: 사회적 지지, 동료관계, 연인관계 등; Hirschfeld et al., 2000). 특히 친밀한 관계는 우울증이 미치는 영향의 만연함과 그런 영향을 느끼게 되는 맥락을 이해하는 데 핵심적이다.

앨리 브로시(Allie Brosh)는 자신의 블로그인 과장과 그 절반(Hyperbole and a Half)에서 우울증이 자신의 대인관계 경험에 미치는 영향에 대해 기술했다.

천천히 몇 달이 흘렀다. 그리고 나는 무엇을 즐긴다는 일이 더 이상 내게는 허락되지 않는 것일지도 모른다는 사실을 서서히 받아들이게 됐다. 그렇지만 이런 사실을 다른 사람이 알게 되는 것은 싫었다. 다른 사람들과 있을 때 얼마나 지루해하고 아무 관심이 없는지에 대해 아직도 스스로 불편했다. 그리고 아직도 이 모든 일이 저절로 나아질 것이라는 희망을 갖고 있었다. 사람을 멀리 하지 않을 수 있는 한 괜찮을 것이다! 그러나 나는 얼굴표정을 짓는 데 더 이상 자신의 솔직한 감정을 사용할 수 없었다. 사람을 만날 때마다 그 상황에 맞도록 의식적으로 얼굴을 만들어야만 하게 될 때, 사람들을 멀리 하는 일은 불가피해진다. 아직도 우울한 사람 옆에 있고 싶다고 느끼는 사람이 있다면 그건 이상한 일이다. 그들은 당신이 다시 감정을 느껴서 정상으로 돌아갈 수 있도록 도우려고 노력한다. 그리고 그렇게 되지 않으면 좌절한다. 그들의 관점에서 보면, 지금은 잃어버렸으나 아직 두드려 보지 않은 행복의 원천이 내 마음속 어딘가에 있으리라는 것이다. 세상이 얼마나 아름다운지를 내가 볼 수만 있다면… 처음에 나는 이것은 더 이상 부정적인 생각이나 슬픔의 문제가 아니라고 설명한다. 이것은 어떤 것에 대해서 어떤 것도 느낄 수 없게 만드는 무관심으로 가득 찬, 의미 없는 안개에 더 가까우며, 끔찍할 정도로 지루하고 외롭다. 당신은 자신을 지루하거나 외롭지 않도록 느끼게 만드는 것들과 접촉할 수 있는 능력을 잃어버렸으므로, 지루하고 외롭고 무의미한 상태로부터 주의를 돌릴 수 있는 그 어떤 것도 없이 지루하고 외롭고 무의미한 공허감에 빠져 꼼짝할 수 없다. 그러나 사람들은 돕고 싶어 한다. 그래서 그들은 당신이 희망을 갖고 긍정적이 될 수 있도록 더욱 노력한다. 그들이 희망중심적인 접근을 시도하지 않기를 소망하면서 당신은 다시 설명한다. 그러나 즐거움을 느끼는 능력을 완전히 상실했다는 사실을 재차 설명하는 것은 부정적으로 들릴 수밖에 없다. 마치 당신 자신이 우울하기를 원한다는 것처럼 말이다. 긍정성이 스프레이처럼 뿌려지기 시작한다. 커다랗고 절박한 행복의 회전살수기가 당신의 얼굴에 직접적으로 겨눠진다. 그리고 이런 과정은, 당신이 도저히 희망을 가질 수 없다는 사실을 사람들에게 지속적으로 설득시키려 하여 그들이 마침내 낙관주의 전쟁을 포기하고 당신 혼자 지루하고 외롭게 느끼는 상태로 돌아가게 내버려둘 때까지 계속된다.(May 2013)

결혼 관계

우울증과 친밀한 관계에서의 어려움 간의 공존적인 상관관계는 반복적으로 검증됐으며 상대적으로 큰 것으로 밝혀졌다(예 : Whisman, 2001). 결혼생활의 어려움과 주요우울장애 간의 관련성을 탐색하는 연구가 더 많기는 하지만, NCS-R 연구는 결혼생활의 어려움은 주요우울장애보다는 양극성 장애와 더 큰 상관관계가 있음을 보여주었다(Whisman, 2007). 더구나 같은 연구에서 주요우울장애와 결혼생활의 어려움 간의 관련성은 보다 나이가 많은 참여자들에게서 더 크게 나타났는데, 이런 연구 결과는 우울장애가 나이 많은 사람들의 관계기능에 유해한 영향을 미친다는 것을 시사한다. 또한 대규모 역학 연구에 의하면 남성과 여성 모두 1년 동안의 추적연구 기간에 결혼생활의 불만족은 새로운 주요 우울 삽화의 발생을 예측했다(Whisman & Bruce, 1999). 또 다른 연구들은 일반적인 대인관계 기능을 측정한 지표들이 우울증의 경과와 삽화의 지속기간을 신뢰롭게 예측한다는 것을 보여줬다(예 : Brown & Moran,

1994; Lara, Leader, & Klein, 1997). 이런 결과들은 파트너와의 관계의 질은 단극성 우울증의 발달과 경과에 원인이 될 수 있는 역할을 한다는 점을 나타낸다. 또 다른 증거들은 우울증은 이혼 가능성이 높아지는 것 (예 : Merikangas, 1984)을 포함해 친밀한 관계에서 문제를 일으킨다고 시사한다(예 : Fincham, Beach, Harold, & Osborne, 1997). 따라서 단극성 우울증과 대인기능 간의 관계는 양방향적인 것으로 보인다(Davila, Karney, & Bradbury, 2003; Davila, Stroud, & Starr, 2009; Karney, 2001).

또한 우울장애가 있는 사람들은 같은 장애를 가진 사람들과 결혼할 가능성이 크다는 증거도 있다. 매슈스와 레우스(Mathews & Reus, 2001)는 단극성과 양극성 우울장애 모두에서 같은 장애를 가진 사람과의 결혼에 대한 연구를 진행하였는데, 양극성 장애의 경우 그 비율이 더 높았다. 알코올 중독과 불안장애를 포함해(Maes et al., 1998) 우울장애가 있는 사람들이 다른 장애가 있는 사람들과 결혼을 많이 한다는 연구들도 있다. 따라서 우울증이 관계에서의 어려움과 관련되는 이유 중 하나는 파트너 양쪽 모두에게서 분명하게 나타나는 정신적인 문제에서 기인하는 유해한 영향이 서로 합해지기 때문이다.

왜 우울증은 친밀한 관계에서의 문제와 관련되는가? 어떤 이론가들은 관계를 유지하게 돕는 주요 행동들을 중단시키거나(예 : 우울한 파트너가 성에 대해 흥미를 상실하는 것은 파트너 간의 친밀감을 감소시킨다. 즐거움을 추구하도록 만드는 쾌감능력의 상실은 파트너와 함께 취미를 공유하기 힘들어진다) 또는 파트너를 짜증나게 만드는(예 : 수면장애는 상대방에게 방해가 된다. 에너지 부족은 집안일에 보다 등한시하게 만들어 결과적으로 상대방에게 더 많은 부담을 주게 된다) 우울 증상의 영향에 주목했다. 단극성 우울장애, 양극성 우울장애, 또는 조현병 환자들을 대상으로 한 어떤 연구에 의하면 이들의 충동조절 증상이 특히 보다 낮은 결혼 만족도와 상관관계가 있었다(Hooley, Richters, Weintraub, & Neale, 1987). 이는 양극성 장애와 관련된 어떤 문제들은 관계기능이란 측면에서 특히 파괴적일 수 있음을 시사한다.

다른 연구자들은 관계적인 기능장애에 기여하는 우울한 사람들의 구체적인 행동을 탐색했다. 예를 들어, 단극성 우울장애가 있는 사람들이 공통적으로 나타내는 대인관계 패턴은 자신을 안심시켜 줄 것을 과도하게 요구하는 행동으로, 이는 상대방이 이미 합리적인 정도의 안심을 제공했을 때조차도 상대방이 느끼는 자신의 가치에 대해 지속적으로 상대방이 안심시켜 주기를 원하는 행동 경향을 말한다(Coyne, 1976; Joiner, Metalsky, Katz, & Beach, 1999). 코이네(Coyne, 1976)는 우울한 사람들은 자신의 지각에 다른 사람들이 동의하는지에 따라 그들을 거부할 것인지에 대한 걱정을 함으로써 죄의식과 무가치함이라는 우울 증상에 반응한다고 주장했다. 자신의 대인관계가 정말 위험한 상태에 있는지를 알기 위해 우울한 사람들은 자신의 가치에 대해 가까운 타인들로부터 안심을 얻으려고 한다. 전형적으로 타인들은 처음에는 이런 안심을 제공해준다. 그러나 우울한 사람들은 타인들이 주는 확신에도 불구하고 위로를 받지 못하고 계속해서 이를 요구한다. 결국, 친한 타인들은 이런 행동에 대해 좌절감을 느끼게 되고 우울한 사람들을 거부하기 시작한다. 이는 우울한 사람들이 애초에 두려워했던 바로 그런 상황을 갖고 온다. 즉, 사회적 지지의 중요한 원천을 상실하게 되는 것이다. 이와 일관되게, 친밀한 관계에서 위험을 느낄 때나 자신의 수행이나 능력에 대한 의구심이 들 때, 주요우울장애가 있는 사람들은 타인들에게 과도하게 안심시켜 주기를 요구하게 된다는 연구 결과가 있다(Parrish & Radomsky, 2010). 또한 우울한 사람들은 파트너들과 갈등을 일으키게 되는 또 다른 종류의 스트레스 원인을 만들어내며 이는 우울증을 악화시킨다(예 : Davila, 2001; Davila, Bradbury, Cohen, & Tochluk, 1997). 우울장애에서의 스트레스 역할에 대해서는 제8장에서 보다 상세히 논의되고 있다.

부모-자녀 관계

부모의 양육행동과 부모-자녀 관계의 질, 부모-자녀 관계에 미치는 우울 증상과 장애의 영향 등과 관련한 연구들은 많다. 우울장애에 있어서 기능적인 손상의 잠재적 원천으로서의 부모역할에 대한 중요성은 우울장애가 초기와 중기 성인기 동안, 즉 부모역할이라는 부담이 가장 커지는 인생시기에, 아주 높은 유병률을 보인다는 사실에 의해 커진다(제3장 참조). 부모-자녀 관계에 미치는 우울증의 영향을 탐구한 대부분의 실증적인 연구들은 여성과 엄마로서의 그들의 역할에 집중하는 한편, 아버지와 아버지-자녀 관계는 상대적으로 등한시했다. 우울장애와 심각한 우울 증상이 있는 여성들은 우울하지 않은 엄마들보다 자녀양육과 자녀들과의 관계에 있어서 보다 많은 문제를 경험한다고 보고한 아주 많은 증거가 있다(Downey & Coyne, 1990; Rutter, 1990). 더구나 많지는 않지만 여성의 양육행동을 직접적으로 관찰한 연구들 역시 엄마의 우울증은 부모-자녀 간의 상호작용에 대한 객관적인 측정치들과 상관관계가 있다. 구체적으로, 엄마의 우울증이 심각할수록 자녀들에게 더 자주 짜증을 내거나 강요하거나 적의를 드러낸 행동을 보이는 것으로 관찰됐으며, 이런 경향은 엄마가 삽화를 경험하지 않을 때보다는 우울해 있을 때, 그리고 더 어린 자녀들에게 더욱 심했다(Lovejoy, Graczyk, O'Hare, & Neuman, 2000). 아버지에 대한 연구는 훨씬 적으나 이 역시 엄마의 연구 결과와 비슷한 결과를 보인다(Wilson & Durbin, 2010).

직업과 학업 수행에 미치는 영향

우울장애는 능력영역(즉, 직업과 학업 수행)에서의 심각한 손상과 관련된다. 이런 종류의 기능손상 때문에 발생하는 사회적 부담에 대해서는 우울장애로 인한 전반적인 손실이 엄청나다는 사실을 보여주는 수많은 연구를 통해 수량화되었다. 우울증의 경제적 부담은 우울증의 치료, 자살로 인한 수입 손실, 낮아진 생산성(근로일수의 손실과 저조한 수행)과 관련한 비용에서 유래한다. 그린버그 등(Greenberg et al., 2003)은 주요우울장애, 기분부전장애, 양극성 장애로 인한 총 경제적 손실은 2000년에 831억 달러였다고 평가했다. 이는 우울장애가 있는 여성들과 우울장애 외에 또 다른 정신장애를 가진 사람들의 경우 더욱 높아진다(Birnbaum, Leong, & Greenberg, 2003; Kessler & Frank, 1997). 이런 연구 결과를 해석할 때 우울장애의 연령별 분포를 고려하는 일이 중요하다. 우울장애는 초기와 중기 성인기에 유병률이 가장 높기 때문에, 이는 사람들의 수입 잠재력과 직업적 향상에 장기적으로 영향을 미치게 될 교육과 직업이 가장 주요한 과제가 되는 발달시기에 기능적으로 영향을 미치게 된다고 할 수 있다.

우울증이 직업적 수행에 영향을 미치는 것은 근로일수의 손실을 통해서다. 우울증이 있는 사람들(1년에 거의 10일)은 만성적인 의학적 질병이 있는 사람들(당뇨병, 고혈압, 요통; 1년에 7일)보다 병가를 더 자주 낸다(Druss, Schlesinger, & Allen, 2001). 다른 연구들은 업무 생산성을 보다 직접적으로 측정했다. 한 종단 연구(Wang et al., 2004)는 생태순간평가방법(ecological momentary assessment)을 사용해 업무 수행을 측정했다. 이 연구에서는 참여자들에게 7일 동안 무작위적으로 선택된 다섯 번의 시점에 전자장치를 통해 경고를 울려 그들의 집중, 과제, 초점, 효율성, 생산성 수준을 보고하도록 요청했다. 그 결과, 다른 만성 질병(관절염, 요통, 고혈압)이 있는 사람들은 그렇지 않은 반면, 주요우울장애가 있는 사람들은 과제 집중도와 업무 수행도가 떨어진다는 사실이 밝혀졌다. NCS-R 연구는 주요우울장애와 양극성 장애 모두 열등한 근로 기능과 관련되어 있다는 점을 보여주는데, 미국의 경우 양극성 장애로 인한 근로 기능 손실 비용은 141억 달러였다(Kessler et al., 2006). 주요우울장애는 유병률이 더 높기 때문에 손실 비용 또한 더욱 컸다(366억 달러). 그러나 양극성 장애는 주요우울장애보다 근로일수의 손실이 더 컸는데, 이는 주요우울장애가 있는 사람들보다 양극성 장애가 있는 사람들에게 주요 우울 삽화가 발생하는 경우 손상이 더 크다는 사실에서 기인한다.

우울장애는 또한 청소년기와 초기 성인기에서의 보다 낮은 학업적 기능 및 교육적 성취와 관련된다(Birmaher et al., 1996; DeRoma, Leach, & Leverett, 2009). 따라서 우울장애가 일찍 발생한 경우 개인의 기능에 장기적인 영향을 미치게 되는 것은 학업 수행과 발전에 부정적인 영향을 미치게 되기 때문이다.

신체건강, 건강서비스 이용 및 사망률에 미치는 영향

역학 연구들은 우울장애가 보다 높은 건강의료 비용과 관련되어 있다는 것 그리고 이런 비용은 대부분 치료받지 않은 우울증이나 치료가 잘되지 않는 우울증 때문이라는 사실을 보여준다(Greenberg, Corey-Lisle, Marynchenko, & Claxton, 2004; Simon, VonKorff, & Barlow, 1995). 우울한 사람들에게 드는 연간 건강의료 비용은 심각한 만성 질환(예 : 당뇨병, 심장병, 고혈압)을 가진 사람들에게 드는 비용과 맞먹는다. 1995년의 추정 비용은 우울한 사람은 4,373달러, 우울하지 않은 사람은 949달러였다. 우울장애가 있는 사람들 중 만성적인 사람들이 일반 의료서비스를 가장 많이 사용한다(Howland, 1993).

또한 우울증은 전반적으로 낮은 건강 수준과 특히 만성적인 통증을 비롯한 여러 개의 만성적인 의학적 질병들과 관련된다(Blair, Robinson, Katon, Kroenke, 2003). 예를 들어, 케슬러 등(Kessler et al., 2010)은 NCS-R 연구에서 주요우울장애가 있는 사람들은 없는 사람들과 비교해 14개의 신체적 질병 중에서 11개(허리나 목의 문제, 계절적인 알레르기,

천식, 자주 있거나 심한 두통, 만성적인 통증 상태)에서 보다 심각한 수준에 있다는 것을 발견했다. 신체적 장애와의 동반이환율은 보다 나이가 많은 (65세 이상) 성인들에게서 훨씬 높았다. 그러나 일반적으로 주요우울장애와 이런 신체적 질병과의 상관 정도는 나이와 함께 감소했다. 이는 아마도 나이의 증가와 함께 의학적 문제의 발생률은 증가하는 반면에 주요우울장애의 발생률은 감소하여, 보다 나이 많은 집단에서는 이 둘 간의 상관관계가 줄어들기 때문이다. 또 다른 해석으로는, 보다 나이 많은 인구집단은 신체적 질병에 대해 우울증이 이들 질병에 미치는 영향을 감소시키는 태도(아마도 보다 수용적인 태도)를 취하기 때문일 수도 있다(Ernst & Angst, 1995).

구체적으로 우울증은 심장병과 관련한 사건의 발생과 미래예측적으로 관련된다는 증거가 있는데 무쾌감증이 있거나(Davidson et al., 2010) 주요우울장애가 재발하거나 심각한 경우(Kendler, Gardner, Fiske, & Gatz, 2009) 그 위험이 가장 높다. 무쾌감증의 영향은 다음과 같은 요인들에 의해 매개된다 ― 고코르티솔혈증, 염증, 또는 자동적 각성(Kendler et al., 2009), 그리고 카테콜라민성 기능장애(이런 모델들에 대한 상세한 설명은 제9장 참조), 운동이나 건강한 섭생과 같은 심장 건강을 지키기 위한 행동을 하지 않는 것, 의사에게 자신의 증상을 보고하지 않는 경향(Davidson et al., 2010) 등의 요인이다. 또한 관상동맥 관련 질병과 주요우울장애 발달 간의 상관관계에 대한 연구 결과도 있다(Kendler et al., 2009). 우울증과 심각한 의학적 질병 간의 상관관계는 종종 자기를 돌보는 일상적인 습관과 건강을 보호하려는 행동에 우울증이 미치는 영향에서 유래한다. 예를 들어, 메타분석 연구는 우울증과 비만 또는 과체중 간에는 양방향적인 관계가 있음을 시사한다(Luppino et al., 2010). 마지막으로, 우울증과 의학적 문제 간의 상관관계는 이 둘의 발병과정이 같아서 발생한다. 예를 들면, 만성적인 심리사회적 스트레스는 우울장애와 만성적인 의학적 문제 모두와 관련된다. 만성적인 심리사회적 역경은 건강을 주관하는 주요 생물학적 체계를 해친다고 하는 (적응부하가설) 증거가 많이 나오고 있다. 이에 대해서는 제9장에서 상세히 다루고 있다.

자살과 자해

마지막으로, 우울장애와 자주 관련되는 중요한 결과는 자살경향성이다. 이는 소극적인 자살사고에서부터 치명적이지는 않은 자해, 나아가 자살시도와 실제적인 자살에까지 이른다. 자살시도는 드물어서 2010년 미국에서는 사망원인 중 1.6%에 불과했다(McIntosh & Drapeau, 2012). 그래서 자살을 예측하거나 자살의 위험요인을 정확히 알아내기가 어렵다. 그럼에도 불구하고 자살의 거의 모두(95%)가 정신질환자들에게서 일어난다는 유력한 증거가 있다(Cavanagh, Carson, Sharpe, & Lowrie, 2003). 자살률은 주요우울장애(Bostwick & Pankratx, 2000)와 양극성 장애(Harris & Barraclough, 1997)의 경우 특별히 높다.

자살은 우울장애가 있는 사람들에게서 흔히 나타난다. 예를 들면, 베로나 등(Verona et al., 2004)은 우울장애가 있는 사람들의 거의 25%가 삶의 어느 시점에서 치명적이지 않은 자살시도를 하게 된다는 것을 발견했다. 자살률은 삶의 단계에 따라 달라지는데 나이 많은 성인들의 경우가 가장 위험하다. 그러나 젊은 사람들도 자살경향성으로부터 안전하지 않다. 녹 등(Nock et al., 2013)은 미국 청소년 동반이환 연구(National Comorbidity Study-Adolescent : NCS-A)에 전국적인 표본을 사용해 청소년들의 치명적이지 않은 자살행동의 유병률을 보고했다. 자살경향성의 비율은 상대적으로 높았다. 12.1%가 삶의 어느 시점에서 자살사고를 경험한다고 응답했다. 자살계획과 자살시도의 비율은 각각 4.0%, 4.1%였다. 자살을 생각하는 청소년들의 3분의 1만이 결국 자살을 계획했고 3분의 1은 자살을 시도했다. 자살사고의 위험은 아동기에는 낮았고 청소년기(12~17세)에 증가했다. 소녀들이 보다 높은 자살사고와 자살시도 비율을 보였다(각각 1.7, 2.9였다). 자살사고(89.3%)나 자살을 시도했던(96.1%) 전력이 있는 청소년들의 대부분은 최소한 정신질환 한 가지의 진단 기준을 충족시켰다. 보다 작은 규모의 표본을 사용한 연구 결과(Lewinson, Rohde, & Seeley, 1994)와 일치하는데, 자살시도를 한 사람들에게 가장 흔한 정신질환은 단극성 우울장애(주요우울장애, 기분부전장애)였다. 자살시도의 위험이 높은 정신질환은 양극성 장애, 외현화 장애, 그리고 불안장애였다. 이런 비율은 임상 환자 표본에서 더욱 높았다. 와이즈먼(Weissman et al., 1999)은 우울증이 있는 청소년들의 추적연구에서 이들의 5%에서 10%가 주요 우울 삽화를 최초로 경험한 뒤 15년 이내에 자살을 시도한다고 보고했다. 오리건 청소년 우울증 프로젝트(Oregon Adolescent Depression Project : OADP)에서는 초기 성인기와 전체 성인기 기간과 비교해 청소년기(13~17세)에 자살시도율이 가장 높다고 보고

하고 있다(Rohde et al., 2013). 30세 이전까지의 어느 시점에서 주요우울장애 진단을 받은 사람들의 19%는 청소년기와 30세까지의 기간 동안에 최소한 한 번은 자살시도를 했다. 이는 추적기간 동안에 주요우울장애의 전력이 없었던 사람들보다 훨씬 높다(3%). 이는 우울장애가 있는 사람들에게 있어서 청소년기와 초기 성인기는 특히 자살 위험이 높은 기간이라는 점을 시사한다.

자살의 예측요인

자살시도와 자살을 예측할 수 있는 가장 중요한 요인은 자살행동을 한 과거 전력, 신체적 질병, 그리고 사회적 지지 자원으로부터의 고립이다(Van Orden et al., 2010). 당사자의 정신질환과 정신질환이 있는 가족 외에도 자살의 가족력 또한 추가적으로 예측 타당도를 높이는 것 같다. 예를 들어, 브렌트 등(Brent et al., 2002)은 자살을 시도했던 부모의 자녀들은 자살을 시도할 가능성이 여섯 배나 높다는 것을 발견했다. 자살 원인에 대한 조이너(Joiner)의 대인관계 이론(Van Orden et al., 2010)은 우울장애와 특별히 관련되는 요인을 강조한다. 이 이론은 결국 자살을 하는 사람들은 소속감의 좌절(즉, 자신의 목숨을 끊는 일을 저지할 수 있는 타인들과의 정서적 유대와 책임으로부터의 고립)과 커다란 부담감(즉, 자신의 질병이나 직업의 상실 때문에 가족이나 친한 사람들이 고통스러워한다고 느끼는 것)을 느끼며, 또한 자살 실행에 따르는 죽음과 고통에 대한 공포를 상실한 것이라고 주장한다.

결론

우울장애는 발전하고 성장하는 개인이라는 자기개념의 발달에 중요한 모든 기능영역에 심각하고 넓은 영향을 미친다. 우울장애를 가진 사람들 모두가 이런 영역들에서 기능장애를 경험하는 것은 아니다. 그러나 대부분 한 가지 이상의 영역에서 상당한 장애를 겪는다. 우울장애가 있는 사람들은 우울 증상 자체보다는 기능손상을 견디는 것이 힘들기 때문에 기능장애로 인해 치료를 받으려 한다.

5

우울증은
왜 존재하는가?

우울장애의 이론적 모델은 심리적 과정의 기원과 기능을 포함한 인간심리에 대한 일반적인 이해와 일치해야 한다. 우울장애는 인간의 진화론적 맥락에서 이해가 되어야 하고 우울증 발생 기제에 대한 이론적 모델은 생물학적으로 타당해야 한다(우리의 뇌가 진화하여 과제 수행 과정을 설명해야 한다). 진화심리학은 바로 이런 문제들을 다룬다. 이 학문은 진화론적 맥락에서 심리적 현상의 기능을 설명하고, 인간이 고대 환경에서 만난 삶의 도전을 해결하기 위해 자연도태나 성 역할 행동과 같은 적응과정에 심리적 현상이 어떻게 영향을 미치는지를 설명하고자 한다. 우울증(또한 정신질환 전반)에 적용해보자면, 진화심리학은 인간은 도대체 왜 핵심적인 우울 증상으로 보이는 특성들을 경험하게 되었는지를 설명하려고 한다. 제4장에서 논의된 연구 결과, 즉 우울장애는 생존과 발달에 필요한 능력에 심각하고 만성적인 손상을 갖고 온다는 사실(개인적인 관점에서 그리고 유전자를 공유하는 사람들의 생존과 발달을 증진시킨다는 관점 모두에서)을 고려하면, 우울증의 과정이 적응적인 기제를 반영한다고 하는 것은 역설적으로 들릴 것이다. 그러나 이것이 바로 우울증에 대한 진화론적 모델의 주장이다. 따라서 진화론적 모델의 과제는 우울을 경험하는 능력에서 유래하는 장점과 함께 바로 이런 장점으로 인해 초래되는 부정적인 결과를 설명하는 것이다.

진화론적 모델에 의하면 심리적 장애는 전통적인 의미에서의 질병이 아니라, 그 규범적인(normative) 광범위한 신경생물학적 기제의 표현이라고 본다. 심리적 장애의 특성인 기능장애는 오래된 진화적 표현형들(phenotype)이 서로 부적합하기 때문에 나타나는 결과인데, 왜냐하면 이들은 과거에는 적응적이었지만 현재의 인간은 새로운 환경에 처하게 됐기 때문이다(Wilson, 1998). 현재의 환경에서는 더 이상 같은 방식으로 적응적인 기능은 못하지만, 과거 환경에서 진화적 적응에 적합했던 심리적 기제는 잔존한다. 이 이론의 중요한 목표는 정신 병리를 특징짓는 심리적 과정이 진화적 적응이 요구되는 환경에서 어떤 방식으로 작동해왔는지를 설명하는 것이다. 왜냐하면 과거의 환경은 인간이 현재 진화하고 있는 환경과는 아주 다르기 때문이다. 살아남게 된 표현형들은 진화의 역사에서 선택됐던 것이 틀림없으며, 따라서 이 표현형들은 반드시 선택될 만한 이점이 있을 것이다. 두 번째 목표는 이런 시스템이 어떻게 현재의 환경 조건에서 이롭고 적응적인 결과와 유해한 결과 모두를 발생시키는지를 설명하는 것이다. 우울증에 대한 진화론적 모델은 이런 조건들의 특징적인 요인과 그 요인들의 기능적 의미에 중점을 둔다. 그러나 이 모델이 수용하는 기본개념은 인간은 우울장애를 경험할 수 있다는 (또한 경험한다는) 사실이다. 즉, 진화의 역사에서 우울 증상을 발생시킨 심리적 기제는 개인으로 하여금 자신의 생존을 위해 또한 그 개인과 유전자를 공유하는 사람들의 생존 가능성을 높이기 위해 이런 기제를 활용한다는 것이다.

다수의 이론가들이 우울장애와 이와 관련된 감정이 인간의 생존에 적응적일 수 있다고 주장하는 이론적 모델들을 제안했다. 이런 우울장애 모델들의 목적은 두 가지이다. (a) 진화론적 모델 이론과 일치하는 우울증의 개념을 제시하는 것과 (b) 우울증의 발병이 어떻게 정상적인 적응 과정으로 이해될 수 있는지에 대해 기술하는 것이다. 이 모델들이 주목하는 것은 우울증 발병의 위험성에 있어서의 개인차 같은 문제보다는, 인간에게 일반적으로 존재할 수 있는 이런 부정적인 상태를 설명하는 보편적인 심리적 기제와 같은 주제이다. 이 모델들은, 최소한 우리 인간 선조들이 환경에 적응하는 것을 증진시켜 왔다는 점에서 우울증은 (또는 우울증을 발생시키는 동일한 심리적 기제에 의해 유발되는 관련 현상은) 반드시 어떤 적응적인 가치가 있다고 추정한다.

우울증은 적응적인가?

적응은 유전되는 특성이며 자연선택 과정에 따라 인간 종에게 발생한다. 적응적 특성을 가진 사람들은 없는 사람들보다 환경에 보다 적합하기 때문에 이런 특성은 유전자 공급원(gene pool)에서 훨씬 더 자주 발견된다 (Buss et al., 1998). 유전자 공급원에서 보편적으로 나타나지 않는 적응적 특성은 적합성(fitness)과 더 복잡한 관계를 갖는 것이 틀림없다(그렇지 않다면, 누구나 적응적 특성을 갖게 됐을 것이다). 우울증의 경우, 우울할 수 있는 능력은 어떤 환경에서는 적응적이나 또 어떤 환경에서는 적응적이지 않을 수 있고, 또한 특정 발달 단계에만 나타나거나 특정한 환경자극에 대한 반응으로만 나타날 수도 있다(Nettle, 2004).

다수의 심리적 과정들은 진화적 역사에서 우리 선조들이 직면했던 중요한 문제들을 해결하기 위해 진화한 적응이라고 상상할 수 있지만, 정신질환의 경우는 이처럼 간단하지가 않다. 네스(Nesse, 2000)는 우울증을 다음의 두 가지 방식으로 생각할 수 있다고 주장했다. (a) 우울증은 질병이거나 손상이라는 주장으로 이는 '유해한 기능장애'가 정신질환의 특징이라고 강조하는, 정신질환 분류에 우울증을 포함시키는 개념화와 일치한다. 또는 (b) 우울증은 질병에서 비롯된 방어기제(그러나 그 자체가 질병은 아니다)라고 하는 주장이다. 질병은 결함(부적응)에 의해 발생하며 질병을 가진 사람에게는 전혀 쓸모가 없다. 따라서 질병은 유기체(organism)에게 적응적이지 않다. 대조적으로, 방어는 자연선택에 의해 형성되어 왔다. 방어는 보상적인 속성을 가지며 질병의 발현에 교정적인 역할을 한다(예 : 고통은 신체적 질병의 경우 많은 적응적인 기능을 하는 방어가 된다). 많은 경우, 방어는 사람에게 해롭지 않다. 그러나 어떤 사람들에게는 이런 방어를 차단하려는 시도가 사실상 해로울 수 있다(예 : 고통을 느끼지 못하는 사람들은 조직 손상이라는 유해한 결과를 초래한다). 따라서 우울증은 중요한 심리적 기제에 존재하는 하나 또는 다수의 결함들로부터 유래하는 궁극적으로 해로운 상태일 수 있다. 또는 우울증을 기분을 조절하거나 환경이나 일을 조절하는 능력이 더 뛰어난 사람들에게 이롭게 작용하는, 그리고 자연선택에 의해 형성되는 방어체계의 적응적인 산출물로도 볼 수 있다.

제1장에서 언급됐듯이 한정된 혹은 전반적인 양상들을 기술하기 위해 사용하는 '우울증'이라는 용어는 우울증이 무엇인가에 대한 근본적인 개념과 일치하지 않는다. 우울증이란 용어를 보다 심각하고 흔하지 않은 상태를 뜻하는 데 사용하는 것은 우울증을 질병으로 보는 모델과 일치한

다. 대조적으로, 심각성이 상이한 우울 상태 간의 유사성이나 우울 증상
과 정상범위의 기분 변화(variation) 사이의 유사성을 보는 일은 우울증은
그 발현 증상에 적응적인 가치가 있는 정상적인 상태라는 생각을 반영한
다. 우울장애와 애도, 슬픔, 죄의식과 같은 정상적인 경험이 동일한 메커
니즘에 의해 발생한다면, 아마도 우울증은 이런 정상적인 경험들이 갖고
있는 적응적인 기능 또한 공유할 것이다. 예를 들면, 부정적인 감정 경험
의 단계적 차이(gradation)는 부정적인 불운한 상황들을 효과적으로 알아
채고 그에 반응하기 위한 수단으로서 진화했을 것이다. 어떤 이론가들은
우울증은 바로 그것이 고통스럽기 때문에 적응적이라고 주장했다. 즉,
우울증이란 고통을 느낄 수 있는 능력에서 비롯되는데, 왜냐하면 고통은
그 자체를 발생시킨 환경을 변화시키기 위한 적응적인 행동을 일으키고
지원하게 되기 때문이다(예 : Watson & Andrews, 2002). 이는 주관적으
로 고통을 느끼지만 문제를 해결하기 위한 노력을 하지 못할 정도로 손
상되지는 않는 약한 우울증 상태인 경우에 가장 잘 해당되는 주장일 것
이다.

우리는 이런 상태들(정상적인 범주에 속하는 부정적 기분, 우울증 상
태)이 연속선상에 놓여 있다고 볼 수 있다. 그러나 종종 이 연속선상의
어느 지점에서는 이런 정상적인 기제가 상황에 비추어볼 때 지나치게 지
연되고, 과도하고, 부적절해져 사실상 개인에게 도움이 되기보다는 역기
능적이 될 때도 있다. 이는 우리에게 다음과 같은 것을 요구한다. (a) 우
울증의 심각성 수준에 따라 우울증의 영향과 기능이 어떻게 다른지를 이
해하는 것, 그리고 (b) '정상적'이고 적응적인 반응을 과도하고 부적절한

것으로 만드는 과정과 또한 이런 과정이 왜 발생하는지를 알아내는 것이다. 후자와 관련해서, 이런 과정은 (적절히 유발적인 상황이 주어지면 모든 인간에게서 관찰된다고 추정되는 '정상적'인 우울증의 기제와는 다르게) 적응이라기보다는 결함이기 때문에 전체 인구의 일부에서만 뚜렷이 나타날 가능성이 있다.

우울증을 질병으로 보는 관점에 대해 가장 공통적으로 적용되는 반증은 우울장애는 전체 인구에서 비교적 흔하다는 사실이다. 더구나 우울장애는 생식능력이 가장 높은 발달 시기(청소년기와 초기 성인기)에 가장 흔하게 나타난다. 질병 모델에 알맞은 대부분의 상태들은 이런 연령별 분포나 높은 유병률을 나타내지 않는다. 또 다른 요인은 방어와 질병/결함을 구분하는 것으로 방어는 적응적이라는 신호를 보내는 환경적 단서에 의해 규칙적으로 나타나지만 결함은 그렇지 않다. 네스(2000)가 주목했듯이 상실 경험과 우울증 간의 일관적인 상관관계는 우울은 상실을 다루는 데 효과적인 전략을 제공하기 위해 진화된 적응일 수도 있다는 점을 시사한다. 그러나 제8장에 보다 상세히 기술되어 있듯이, 상실과 우울 간의 관계는 항상 동일하지 않다. 어떤 연구 결과에 의하면 심각한 우울장애의 경우, 우울 삽화의 발생은 환경적인 맥락과는 상관이 없다고 한다. 이런 결과는 우울이 적응적인 방어기제의 표현이라는 가정을 지지하지 않는다.

우울증에 대한 진화적 적응 모델

도움요청 신호로서의 우울

우울증의 존재를 설명하려는 수많은 진화 모델들은 우울증의 대인관계적이고 사회적인 맥락에 주목한다. 루이스(Lewis, 1934)와 같은 초기 진화론자들 중 많은 사람들이 우울증은 자신이 도움이 필요한 상황에 처해 있다는 것을 친한 사람들에게 알리는 기능을 한다고 주장했다. 따라서 우울증은 생존을 위해 중요한 자원을 이끌어낸다는 점에서 적응적이라고 할 수 있다. 이런 과정이 적응적이려면 신호(즉, 우울 증상)가 타인들로부터 실제적인 자원과 도움을 이끌어내야만 한다. 그러나 네스(2000)가 주목했듯이, 심각한 우울장애는 타인들의 부정적인 반응과 관련되는 경우가 많다(우울장애가 대인관계에 미치는 부정적인 영향에 대해서는 제4장에 상세히 기술되어 있다).

자원보존 전략으로서의 우울

우울증은 자원이 한정되어 있는 조건에서 스트레스 상황에 적응적으로 반응할 수 있도록 하는 기제의 한 부분일 수 있다. 이는 다음 두 가지 전략 중 하나의 방식으로 성취될 수 있다. (a) 자원과 에너지를 비생산적으로 소모하는 행동을 제한하거나 (b) 자원 소모를 하지 않음으로써 결과적으로 내적 자원 상태를 스트레스 발생 이전 수준으로 돌아가게 허용하는 것이다. 예를 들어, 캐논(Cannon, 1929, 1932)은 신체는 스트레스를 경험한 후에는 휴식과 재생을 허용하는 '자연스러운 지혜'를 가졌다고 기술했다. 어떤 진화론자들은 철회와 불쾌감(malaise)과 같은 우울 증상을 이런 '재생' 과정을 반영하는 것이라고 해석했다. 우울 증상으로서의 철회는 우울한 사람들이 스트레스 요인과 직접적으로 접촉하는 일을 하지 않도록 하여 스트레스 때문에 불러일으켜진 부정적인 감정으로부터 회복할 수 있는 기회를 제공한다고 주장한다(Akiskal & McKinneyt, 1973). 이런 반응은 스트레스가 저절로 해결되거나 또는 근본적으로 해결불가능한 것일 경우에 적응적이다. 이런 이론들은 재생의 과도기적인 회복 기간의 한 부분인 철회라는 적응적인 과정이 어떻게 우울 삽화나 장애로 연결되는지에 대해서는 설명하지 않는다. 또한 우울에서 비롯된 철회 행동이 사실상 그 개인에게 추가적인 스트레스를 발생시키게 되는 상황도 설명하지 않는다(예 : 흥미와 동기의 결핍은 업무 기능에 문제를 일으키게 되고 직장을 잃는 것과 같은 새로운 스트레스를 발생시키거나 또는 추가적인 스트레스의 또 다른 원인이 될 수 있는 대인관계 문제를 일으킬 수 있다).

환경변화에 따른 목표활동 조절방법으로서의 우울

다른 진화 모델들은 목표를 정하고 목표에 의해 동기화되는 행동에 있어서 무쾌감증(anhedonia)과 무동기(amotivation)와 같은 우울 증상의 잠재적인 기능적 역할에 대한 설명에 초점을 둔다. 이 모델들은 구체적으로 무쾌감증은 목표 추구 행동을 하지 않게 만든다고 주장한다. 이렇게 목표를 정하거나 목표를 추구하는 행동을 하지 않으면 목표를 재평가하거나 또는 비현실적이거나 달성할 수 없는 목표들을 제거하는 시간을 가질 수 있다(Nesse, 2000). 이런 모델들의 주장과 일치하듯, 정상적인 기분 변화에 대한 실증적 연구 결과들은 감정이 사실상 목표와 밀접하게 관련되어 있다는 것을 시사한다. 긍정적이거나 부정적인 기분의 정상적인 변화는 가치롭게 생각하는 목표에 접근하는 속도와 목표와의 근접성에 대한 지각과 관련되어 있는 것으로 보인다. 즉, 목표로부터 멀어지거나 원하는 속도보다 늦게 목표에 접근하고 있다고 느낄 때 긍정적인 기분은 감소하되, 부정적인 기분은 증가한다(예 : Carver & Scheier, 1990; Higgins, 1997). 감정 또한 목표지향적인 행동을 형성한다. 긍정적인 기분은 새롭고 더 위험할 수 있는 인지적·행동적 전략을 촉진하는 (Fredrickson, 2001) 반면, 부정적인 기분은 위험을 감수하는 행동을 감소시킨다(예 : Allen & Badcock, 2003). 우울 증상은 환경에 있는 잠재적인 보상을 지각하는 가능성을 감소시키고(무쾌감증), 그런 보상을 얻는 데 소요되는 에너지량을 증가시키며(피로감), 우울증의 특징인 비관적인 인지양식은 자신의 노력이 결국에는 보상받으리라는 지각을 감소시킨다 (Nettle, 2008). 이런 기분 변화의 최종적 결과는 보다 반성적이고 체계적인 인지양식으로의 전환인데, 이는 목표와 목표달성을 위한 전략을 재평가하려는 경향을 발생시킨다.

네스(2000)는 우울증은 투자 보상을 최대화하는 데 기여하는 체계의 한 부분으로서 정상적인 진화 과정의 극단적인 변형을 나타내는 것이라고 주장했다. 일반적으로 환경적 상황이 좋을 때는 위험 부담이 크지만 보상 또한 클 가능성이 많은 일을 행하는 추가적인 노력을 통해 더 많은 자원을 얻을 수 있는 기회가 많다. 대조적으로, 환경적인 단서들을 통해 기회가 적고 손실 위험이 높다고 지각될 때는, 특히 보상 가능성이 적은 것에 노력을 하지 않는 것이 현명하다. 기분 상태(긍정적인 것과 부정적인 것 모두)는 행동 유도성과 노력의 투자에 대한 지각 간의 중재요인으로 유리한 환경은 긍정적 정서를 자극하여 보다 위험을 감수하고 확장적인 노력을 하도록 동기화시킨다. 대조적으로, 상황이 불리해서 행동하는 것이 위험하거나 효과가 없을 때는 부정적인 기분이 발생하며 신중하게 접근하거나 심지어 행동을 중지하기도 한다. 이런 부정적인 기분은 환경적 상황이 개선될 때까지 위험을 감수하려는 행동의 동기를 낮춘다. 네스(2000)는 특히 신중함이 요구될 때, 노력하기보다는 아무 행동도 하지 않으려는 상황이 많다는 사실에 주목했다. 예를 들어, 어떤 심리사회적 목표는 세우는 데에도 엄청난 시간, 노력, 사회적 자원이 들며 이런 영역에서 급격히 목표를 변경하는 일은 지대한 타격을 가져올 수 있다. 또 다른 예로는 다음과 같은 것이 있다. 중요한 타인, 친구, 직업, 사회집단에 헌신하는 일은 무분별하게 다루어져는 안 된다. 이런 영역에서의 판단 실수는 치명적일 수 있기 때문이다. 따라서 사회적 지지자원을 악화시키는 결정을 하지 않도록 하기 위해서는 무력한 상태로 성찰의 시간을 갖거나 어떤 행동도 하지 않는 것이 도움이 된다. 그러나 이런 논리는 우울장애가 있는 사람들이 결혼생활과 사회적 관계에서 적응에 문제를 일으켜 사회 구조 안에서 매우 위험한 상태로 기능하는 것에 대해서는 설명하기 어렵다(제4장 참조). 더구나 이런 모델들을 지지하는 연구 결과 대부분은 우울장애의 특성인 긍정적이거나 부정적인 기분의 극단적인 수준이 아닌 기분의 정상적인 범주 내의 변화에 대한 것이다. 그러나 정상적인 기분 변화와 관련된 이런 기제는 진화되어, 우울장애와 같은 임상적으로 부적합한 상황에서는 오용되거나, 과장되거나, 도출되는 것일 수도 있다.

사회적 경쟁 가설

프라이스 등(Price et al., 1994)은 우울증의 기능은 실패할 가능성이 크고, 궁극적으로 지불해야 할 대가가 너무 커서 버티기 힘든 곤경에 처한 사람들에게 더 이상의 손실을 하지 않도록 하는 것이라고 주장했다. 우울 증상은 패배할 수밖에 없는 사람이 이런 패배를 받아들이도록, 그리고 승리한 상대방이 더 이상 적의를 갖지 않게 복종적인 태도로 행동하도록, 또한 그에 따르는 지위의 상실을 받아들이도록 유도한다. 이렇게 하여 개인은 질 수밖에 없는 싸움에서 자원을 낭비하기보다는 자원을 획득할 가능성이 더 많은 미래의 노력을 위해 자원을 보존할 수 있다. 이 모델은 우울증이 손실을 수용하기를 거부할 때 나타나는 것이기 때문에 지속적인 우울증은 이런 체계에서의 기능장애를 반영한다고 본다.

사회적 항해 가설

왓슨과 앤드루스(Watson & Andrews, 2002)는 우울증은 불리한 사회적 상황에 반응하기 위한 적응적인 전략을 제공하기 위해 진화됐다고 주장함으로써 우울증의 진화적 가치에 대한 이전의 모델들을 확장했다. 그들 주장의 핵심은 우울증은 사회적 상황에 대해 반추하게 하고, 자원이 더 필요하다는 사실을 밀접한 타인들에게 알리는 신호의 기능을 한다는 것이다. 전자는 개인의 제한된 인지적 자원을 다른 목표를 추구하는 일에 투자하지 않도록 하여 복잡한 대인관계적/사회적인 문제의 해결방법을 찾는 일에 사용하게 한다는 것이다. 후자는 우울한 사람들의 건강에 관심이 있는 사람들(즉, 친척들)로부터 자원들을 이끌어낸다는 것이다. 예를 들어, 중요한 타인은 우울한 사람의 고통스럽고 힘들다는 신호에 영향을 받아 그 사람에게 정서적이고 물질적이며 명백한 지원을 하는 것에 박차를 가할 것이다. 왜냐하면 그들은 이런 지원을 제공하는 데 드는 비용이 그 사람의 우울 증상의 결과를 지속적으로 참아내는 데 드는 비용보다 적다고 지각하기 때문이다.

이 모델은 우울증이 사회적 스트레스 상황에서 그 스트레스에 대처하기 위한 문제해결방법과 문제해결을 위한 더 많은 자원을 촉진하기 위해 발생한다고 주장한다. 그러나 제8장에 보다 상세히 기술되어 있듯이 우울증은 중요한 사회적 스트레스 요인이 없는 경우에도 발생할 수 있으며, 우울한 사람들이 보다 효과적인 사회적 문제해결 행동을 한다는 것을 보여주는 실증적 연구 결과는 거의 없다.

사회적 위험 가설

이 모델은 인간이 사회적 위계와 지위를 유지하기 위해 끊임없이 도전하는 것 때문에 우울증이 발달한다고 주장한다. 즉, 자신의 사회적 자원을 계속 모니터링하고 사회조직에서 잘 남아 있는 사람은 사회적으로 유리한 위치를 점하게 된다는 것이다(Allen & Badcock, 2003). 우울증은 개인이 상위의 사회적 집단에 대한 자신의 기여도가 낮거나 자신이 지불해야 할 비용이 지나치게 높아서 중요한 사회적 자원을 소실할 위기에 처했다고 지각할 때 나타난다. 개인은 우울 증상을 가짐으로 인해 위험을 무릅쓰는 일을 하지 않고 자원의 소실을 최소화하며 사회적 소외를 가져올 수 있는 위험한 행동을 하지 않게 하여 결과적으로 자신이 갖고 있는 자원을 보존할 수 있게 된다. 우울행동은 사회적 자원을 보존하게 해준다. 왜냐하면 (a) 현존하는 지배 주류 계층에게 자신이 위협적이지 않다는 점을 전달함으로써 자신보다 상위 계층에 있는 타인들과의 사회적 갈등을 감소시키며, (b) 타인들에게 자원이 필요하다는 신호를 보냄으로써 추가적인 자원을 이끌어내기 때문이다.

기분체계에서의 개인차 가설

네틀(Nettle, 2004)은 우울증은 적응이 아니라 적응적인 정서체계 내에서 나타나는 개인차의 부산물이라고 주장했다. 인간의 두드러진 특성이라고 할 수 있는 목표(예 : 사회적 위계와 관계의 관리, 기회의 추구)를 향한 주의와 에너지의 집중을 촉진하는 정서체계는 몇 가지 중요한 적응적인 기능을 제공한다. 네틀은 우울증은 긍정적이고 부정적인 기분체계에서의 민감성에서 나타나는 개인차의 부산물이라고 주장했다. 부정적인 기분체계가 예민한 사람들은 처벌적인 상황을 회피하고 불확실한 상황에서 신중하여 혜택을 가질 수 있다. 이 체계가 최적의 수준으로 기능하게 되면 적합성이 증진되는 한편, 극단적으로 높거나 낮은 수준이 되면 어떤 환경적 상황에서는 우울증과 같은 문제를 발생시킬 수 있다. 정서체계의 민감성이 기본적으로 어느 정도 수준이어야 적응적인지는 모두 다르며, 그 적용되는 상황적 범위 또한 매우 포괄적이기 때문에 이런 체계와 관련한 개인차는 크다(적합성을 감소시키는 것만으로는 변별되지 않는다). 따라서 정서체계가 개인에게 긍정적이고 부정적인 기분을 약한 정도에서부터 강한 정도까지 경험할 수 있게 하면 그 자체로 적응적이다. 이런 시스템에서 다양한 수준의 강도 또는 민감성을 보이는 개인들은 그들의 특정한 환경적 상황에 따라 높은 수준의 적합성을 성취할 수 있기 때문에 개인차는 진화를 통해 보존됐다. 이런 개인차의 부작용은 기준체계 내에서 극단적인 기능 수준을 보이는 사람들의 경우 어떤 환경적 상황에서는 긍정적이고 부정적인 감정의 부적응적인 표현(예 : 우울증)을 경험할 것이란 점이다.

결론

진화 모델들은 우울장애처럼 고통과 기능장애와 관련되는 질병들이 어떻게 인간에게 발생하고 지속되었는가 하는 중요한 이슈를 해결하려고 노력한다. 이런 모델들에 주어진 도전은 특정 진화론적 가설을 지지 또는 반박하는 근거들을 어떻게 정리하느냐이다. 설명될 필요가 있는 중요한 인과적 기제는 우리의 진화적 역사에서 일어난 것이고 실험실에서는 그대로 반복될 수 없다. 따라서 우리는 다른 종류의 연구들에서 나온 진화 모델과 일치하거나 또는 일치하지 않는 근거들을 종합해야 한다. 결과적으로, 진화 모델들은 무엇보다도 내적 일관성, 이론의 정교함, 이질적인 종류의 근거들을 설명할 수 있는 능력에 의해 평가된다. 이런 모델들은 또한 우리로 하여금 우울증의 바탕이 되는 보다 기초적인 생물학적 기저 과정에 대해 생각하게 만든다는 점에서, 그리고 우리와 진화 역사를 공유하는 다른 종들도 우울증과 같은 경험을 할 수 있는지에 대해 생각해보도록 촉구한다는 점에서 흥미가 있다. 그러나 이 모델들은 실증적인 연구를 통해 검증할 수 있는 새로운 가설이 많지 않다는 점과 누가 우울증에 취약하고 왜 그런지에 대한 구체적인 예측성이 떨어진다는 점, 그리고 우울장애의 중요한 측면(예 : 조증과 만성적 우울증)에 대한 설명을 쉽게 제공하지 못한다는 점에서 제한적이다.

6

어떤 모델들이
우울증의 원인에 대한
이해를 도울까?

과학적인 관점에서 보자면 우울장애를 이해하는 데 있어 가장 중요한 과제는 인구학적 차원과 개인적 차원에서 그 원인을 밝히는 일이다. 인구학적 차원에서의 우리의 과제는 우울장애의 발달에서 어떤 요인과 과정(개인들과 그들의 환경 속에서)이 개인차에 가장 큰 영향을 주는지 알아내는 것이다. 원인을 밝히는 일은 다음과 같은 것을 찾아내는 것을 의미한다. (a) 우울증을 발달시키는 사람들과 그렇지 않은 사람들을 구별하게 하는 요인, (b) 우울증이 발병한 시기와 그 즈음에 발생하거나 변화한 과정이나 사건들, (c) 심각성 수준의 다양성을 설명할 수 있는 요인(예 : 경과, 공병률, 예후). 더 많은 사람들에게 우울증을 발생시키는 요인(즉, 보다 전형적인 원인)과 더 큰 영향을 미치는 요인들(즉, 보다 강력한 원인)이 이런 연구들을 통해 가장 중요한 것으로 부각될 것이다.

모든 종류의 우울증에 하나의 공통적인 원인이 있다는 생각과 우울증을 발생시킨 요인은 우울증의 경과나 결과를 설명할 수 있는 요인과 반드시 동일하다는 생각은 더 이상 유효하지 않다. 우울장애는 병인론적 이질성(etiological heterogeneity)이란 특성을 갖는데 이는 많은 다양한 발생 원인 또는 발생 경로(연쇄 또는 요인의 군집)가 동일한 임상적 결과로 귀결될 수 있다는 것을 의미하는 것으로 매우 중요한 부분이다. 즉, 이는 징후나 증상 수준에서 관찰하는 것들이 하나 또는 일련의 과정과 항상 일정하게 관련되지 않는다는 것과 사람들이 우울하게 되는 경로에도 개인차가 있다는 것을 시사한다. 이런 논리는 몇 가지 함의를 갖는다. 첫째, 우울장애의 징후와 증상에 초점을 두는 임상적 기술은 병인론적 연구를 시작하는 데 있어 유용한 과학적 방법이 아닐 것이다. 관찰할 수 있는 우울장애의 징후나 증상을 유발하는 기저의 (보다 기본적인) 병리적 과정에 대한 대안적인 개념화가 아마도 병인론을 이해하기 위해서는 보다 다루기 쉬운 목표가 될 것이다. 둘째, 병의 원인을 밝히기 위한 연구의 중요한 주제는 우울증으로 가는 보다 동질적인 발병 경로를 밝혀내거나 또는 동일한 우울장애의 발생 경로를 갖는 집단을 밝혀내는 것이다. 병인론적으로 동질적인 집단은 우울증으로 이끄는 특정한 병인론적 요인의 기제에 대해 더 정확한 정보를 상세히 제공하는 것을 목표로 하는 연구의 대상 집단이 될 수 있다. 만일 병인론적으로 동질적인 집단들을 그들의 임상적 양상에 바탕하여 식별할 수 있다면, 이는 우울증은 비슷하나 서로 구별되는 발병 경로를 갖는 상호관련적인 질병군이란 것을 시사한다. 만일 우울증의 상이한 발병 경로를 보이는 집단들이 그들의 임상적인 증상을 근거로 일관성 있게 식별될 수 없다면, 이는 상이한 원인에서 유래하는 많은 발병 경로들이 외부적인 징후와 우울 경험을 하는 사람들의 증상을 발생시키는 시간적으로 더 근접한 상황과 과정으로 집중된다는 것을 시사한다. 이를 **최종 공통 경로**(final common pathway)라 한다. 우울 증상이나 조증 증상을 유발하는 최종 공통 경로가 실제로 존재하는지 여부와, 만일 존재한다면 과연 그 경로의 속성은 어떤 것인지를 밝히고자 하는 연구는 많은 관심을 받아 왔다. 예를 들어, 어떤 연구들(예 : Seiver & Davis, 1985; Stone, Lin, & Quartermain, 2008)은 환경적인 문제, 부정적인 인지, 또는 부정적인 사건에 대한 정서성에서의 유전적 차이와 같이 우울증의 상이한 유발 경로는 모두 궁극적으로 우울 증상과 일치하는 방식으로 감정, 사고, 행동패턴을 변화시키는 뇌의 신경화학적인 변화를 일으킨다고 주장했다. 오늘날까지도 이런 모델들은 병인론 연구에 정보를 제공한다. 그러나 최종적인 공통 경로가 있다고 확실하게 밝히지는 못했다.

병인론적 이질성은 연구에 몇 가지 도전을 제기한다. 첫째, 같은 결과를 발생시키는 상이한 원인들에 대해 어떻게 생각해야 하는가 하는 개념적인 문제가 있다. 둘째, 임상 증후군을 바탕으로 발병 경로가 상이한 사람들을 구별하지 못한다면, 우울증이 있는 사람과 없는 사람을 비교하는 연구 설계는 이 두 집단을 하나의 우울집단으로 묶게 될 것이다. 이렇게 되면 하나의 어떤 특정 발병 원인과 관련된 우울집단의 숫자가 '희석' 될 수밖에 없기 때문에 다수의 다양한 발병 경로들의 소음 속에서 잠재적인 발병 요인의 영향이 보내는 신호를 감지하기가 더욱 어려워질 것이다. 이런 이유로 많은 연구들이 특정 증상군이나 상이한 경과패턴 또는 다른 상관요인들로 정의되는 우울증의 유형을 밝히려고 이루어져 왔다. 연구들의 목적은 특정한 발병 경로와 더 정확하게 맞는 집단을 찾아내려는 것이다.

개인적인 차원에서는 어떤 개인적인 요인과 환경적인 요인 그리고 이 둘 간의 어떤 교류가 궁극적으로 우울장애를 일으키는지 이해하고자 한다. 이런 연구 모델은 치료법의 발달에 의미 있는 기여를 할 수 있는데, 특히 개인의 환경 요인이든 또는 개인의 심리적 요인(즉, 사고나 행동패턴)이든 치료의 대상을 밝히는 일에 초점을 둘 때 그렇다. 병인론적 연구는 우울증으로 이끄는 가장 공통적인 발병 경로들(우울한 사람들에게서 가장 많이 관찰되는)을 알아내는 일을 돕는다. 그러나 한 사례 안에서 이런 경로들의 상대적인 중요성은 밝히지 못한다.

병의 원인을 이해한다는 것은 어떤 의미인가?

병인론적 연구의 가장 중요한 목적은 장애가 유발되는 과정들을 찾아 그 과정들을 기술하는 것이다. 정신병리학적 관점에서 이 과정은 어떤 사람들이 장애를 발달시키게 될 것인지에 대한 그 요인과 발병하게 되는 과정 또는 기제에 대해 알아내는 것을 의미한다. 대부분의 연구는 우울증과 상관관계가 있는(동시적으로 또는 시간 경과에 따라/예측적으로) 요인을 밝히는 것으로 제한될 수밖에 없다. 우울장애의 위험과 관련한 변량(variance)을 더 잘 설명할 수 있는 새로운 상관요인을 알아내는 것은 이런 상관요인이 잠재적인 발병 경로가 된다는 점에서 중요하다. 더 많은 상관요인을 알아낼수록 궁극적으로 어떤 사람들이 우울증을 겪게 될 것인지에 대해 보다 정확하게 식별해낼 수 있다. 그러나 상관요인 모두가 우울증의 발병에 실제적인 원인이 되지는 않는다. 그것들은 어떻게 혹은 왜에 대해서는 알려주지 않으면서 누가 우울증 발병 위험이 있는지를 나타내는 표식의 역할만 한다(Kraener et al., 1997). 우울증은 병인론적으로 이질적이라는 사실을 고려할 때, 우울증 발생 위험이 있는 어떤 과정들은 사실상 전체 인구에서 나타나는 발생 위험 변량의 아주 작은 부분일 수도 있다. 그럼에도 불구하고 어떤 경우에 그런 과정들은 핵심적으로 중요할 수(아마도 필수적일 수도) 있다. 그렇기 때문에, 우울증의 원인에 대해 어떤 하나의 이론적 모델이 이 질환들을 발달시키는 사람들의 대부분의 경우를 설명해주거나, 영향력이 큰 요인 또는 임상적 현상을 나타내는 실제적인 기제를 정확히 밝혀내는 등 모든 해답을 주리라고 기대하는 것은 가능하지 않다. 따라서 우울증의 원인에 대해서 많은 이론적 설명들이 나와 있는데 이들은 다루는 범위(설명하고자 하는 장애와 증상의 범위), 광범위함 대 간단명료함(우울장애의 발병 경로의 설명을 위해 몇 개의 기제에 집중하는 것 대 여러 개의 서로 다른 영향력을 통합하는 것), 그리고 동일한 인과요인을 사용해 정상적인 기분 변화와 우울장애 모두를 설명하려는 정도 등에서 다르다. 비슷하게, 이런 모델들을 검증하기 위해 행해진 실증적 연구들은 어떤 모델이든 그들의 주장을 위한 근거를 제시하는 부분에서 차이가 있다. 연구 대상을 구성하기 위한 특정 연구 설계와 연구 방법은 어떤 주장을 검증하는 데 보다 유용하다. 비교적 제한된 수의 설계와 전략만이 병인론과 관련한 증거를 제공할 수 있다. 즉, 우울증의 위험요인과 실제적인 발병 요인을 구별할 수 있다. 이 장에서는 이런 병인론적 모델들의 주요 패러다임을 중점적으로 다룬다. 그다음, 우울장애의 발병 모델에서 설명되어야 하는 우울장애에 대한 가장 중요한 표식이라고 저자가 생각하는 것이 실려 있다. 마지막으로, 상이한 이론적 설명과 위험 표식(위험 과정 또는 기제에 대비되는)을 구별하는 데 가장 유용한 연구 설계의 종류에 대해 언급한다.

취약성-스트레스 체계

단극성과 양극성 우울장애에 대한 많은 병인론 모델들은 밀(Meehl, 1962)과 로젠탈(Rosenthal, 1963)이 처음 제시했던 개념적 모델인 취약성-스트레스 모델(diathesis-Stress model)을 바탕으로 한다. 이 개념적 체계는 정신병리에 미치는 다양한 영향의 근원을 밝히고, 정신질환의 발달에 있어서 그런 영향의 상대적인 인과적 중요성과 인과적 역할의 속성을 명확히 하려는 철학적인 시도였다. 또한 이 체계는 병리적 과정과 관련한 가설들을 어떻게 모델로 만들고 검증하는가에 대해서 연구자들에게 실제적으로 나아가야 할 방향을 제공했다. 이 패러다임은 정신병리에 영향을 미치는 두 가지 원인을 밝힌다. 즉, 취약성(diathesis)과 스트레스다. 밀의 모델과 로젠탈의 원래 공식에서는 취약성은 특정 질병(주요우울장애나 양극성 장애와 같은)에 취약한 경향성을 나타내는 개인의 타고난 측면(전통적으로 유전적 속성을 지닌다고 여겨지는)을 말한다. 취약성은 세월이 흘러도 지속된다. 사람들은 외부적 환경에서도 취약성을 '갖고 다닌다.' 취약성은 전형적으로 특정 질병에 구체적인 것으로 여겨진다. 따라서 주요우울장애의 취약성은 양극성 장애의 취약성과 다르다고 주장된다.

취약성-스트레스 모델에는 두 가지 종류(version)가 있다. **상호작용**(interactive) 모델(그림 6.1)은 취약성은 스트레스와 통계적으로 상호작용을 한다고 주장한다. 스트레스는 취약성이 장애를 일으키는 환경적 조건을 말한다.

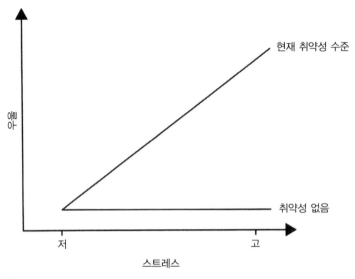

취약성-스트레스 상호작용 모델

따라서 스트레스 상황에서 취약성은 병리를 유발시키게 되는 것이다. 이 공식에서는 취약성이 장애로 이어지는 가장 중요한 인과적 기제를 밝혀 준다는 면에서 인과관계의 우위를 차지한다. 스트레스는 취약성이 있을 때 인과적 영향으로 나타나는 것뿐이다. 따라서 개인이 경험하는 스트레스 수준은 개인이 취약성을 갖고 있지 않는 한 장애의 발병 위험성과는 관련이 없다. 취약성-스트레스 기존 모델에 의하면, 스트레스는 취약성보다 더 일반적인 현상이다. 임상적 현상은 스트레스에 의해 구별이 되지 않는 반면, 개인이 어떤 장애를 갖게 될 것인지에 대한 것은 취약성에 따라 차이가 난다. 이는 이 모델이 장애의 원인에 있어서 취약성의 역할을 중요시하는 또 다른 방식이다. 따라서 개인이 장애를 발달시키는 데는 취약성과 스트레스 모두 필요하다. 사람들은 장애로 이끌 수 있는 취약성을 갖고 있어야만 하며 (범주별로 또는 취약성이 사람들에 따라 수준이 다른 경우라면 어떤 특정 기준치를 넘어서는) 취약성이 활성화될 수 있도록 충분한 스트레스를 경험해야만 한다. 취약성-스트레스 상호작용 모델은 스트레스와 취약성 수준이 높은 사람들만이 장애를 발달시키고 그렇지 않은 사람들은 장애를 발달시키지 않을 것이라고 주장한다. 이 모델은 다음과 같은 시사점을 제공한다. 첫째, 충분한 스트레스를 경험하지 않는다면 우울장애에 대한 취약성을 가진 사람들 중에서도 다수가 우울장애를 발달시키지 않을 것이다. 이는 연구를 통해 취약성을 밝히는 일에 영향을 미치는 몇 가지 현실을 시사한다. 주요우울장애와 같은 우울장애가 있는 사람들은 반드시 취약성과 스트레스 모두를 가지고 있어야 한다. 이 때문에 취약성을 밝히는 일이 쉬울 것이라고 생각할지 모른다. 그러나 (주요우울장애가 있는 사람들과 없는 사람들 간의 차이를 검증하는 연구에서 비교집단을 형성하게 될) 주요우울장애가 없는 많은 사람들(주요우울장애를 발달시키기에 충분한 스트레스를 경험하지 않았더라도) 역시 취약성을 가지고 있을 것이다. 따라서 취약성에 있어서 주요우울장애가 있는 사람들과 없는 사람들 간의 차이보다 장애를 설명하는 데 필요한 실제적인 취약성을 이해하는 것이 더 중요하다.

두 번째 취약성-스트레스 모델은 부가적(additive) 모델(그림 6.2)이다. 이 모델에서는 취약성이나 스트레스 그 어느 것도 범주적(categorical)인 것으로 간주되지 않는다. 그보다는 개인은 각각에서 아주 낮은 수준부터 아주 높은 수준에 이르기까지 어느 지점에 위치할 수 있다고 주장

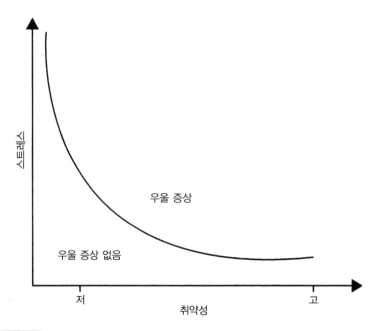

세로축: 스트레스
가로축: 취약성 (저 ... 고)

우울 증상

우울 증상 없음

그림 6.2 부가적인 취약성–스트레스 모델

한다. 취약성과 스트레스에서의 개인차는 장애의 발달 가능성과 고르게 관련된다. 이 모델에는 그 수준을 넘어서면 발병하게 되는 취약성이나 스트레스의 충분한 정도를 나타내는 기준치가 없다. 그보다는 이 두 가지가 합산되어 개인의 발병 위험 수준을 결정한다. 이 모델에서는 취약성 수준이 낮은 사람들이라 하더라도 높은 수준의 스트레스를 경험하면 주요우울장애가 발병할 수 있다. 비슷하게, 높은 수준의 취약성이 있는 사람들에게는 낮은 수준의 스트레스라고 하더라도 장애가 발병되는 데 충분할 것이다. 이 모델은 더 높은 수준의 구체적인 취약성을 가진 사람들은 스트레스에 더 반응적이라는(더 낮은 수준의 취약성이 있는 사람들보다 더 낮은 수준의 스트레스가 발병을 자극한다는) 것을 시사한다. 따라서 환경적 상황이 상대적으로 양호한데도(즉, 더 낮은 스트레스) 장애가 있는 사람들은 더 높은 수준의 취약성을 가질 것이라고 예측한다. 다음장들에서 취약성-스트레스 체계를 따르는 구제척인 병인론 모델들이 이런 모델들의 시사점과 얼마나 잘 맞는지에 대해 살펴볼 것이다.

우울장애의 잠재적 취약성

밀과 로젠탈의 모델은 우울장애에 대한 높은 경향성을 반영하는 개인의 특성을 밝히려는 광범위한 연구에 영감을 주었다(또한 지금까지도 주고 있다). 전형적으로 취약성은 특성과 같다고 개념화된다. 즉, 시간적으로 안정적이라고 여겨진다(즉, 한 시점에서 취약성의 수준이 높았던 사람들은 시간이 지난 뒤에도 높을 것이다). 이는 취약성은 개인이 상황마다 갖고 가는 것이라는 취약성에 대한 초기의 가정을 뒷받침하는 것이다. 그러나 취약성은 시간이 흐름에 따라 변해야 할 필요가 있다는 사실을 인식하는 것 또한 중요하다. 우울장애를 일으키는 어떤 특성적 위험요인들은 발달과 함께 평균수준이 달라지거나 특정 발달 단계에서만 나타난다. 취약성은 스트레스와 상호작용을 하는 것으로 제시됐기 때문에 이 모델들은 또한 어떻게 스트레스가 취약성을 활성화시키는지 또는 어떻게 취약성이 스트레스에 대한 감수성을 증가시키는지에 대해(상호작용적 모델) 또는 취약성과 스트레스가 함께 부가적으로 작용하여 발병하게 되는 과정들에 대해(부가적 모델) 말할 수 있어야 한다.

가장 흔하게 제시되는 우울장애의 취약성은 이 장애의 유전적 부하(genetic loading)이다. 유전적 차이는 개인을 우울증에 취약하게 만드는 심리적 과정의 원인이 되기 때문에 유전적인 개인차는 우울장애의 발병 위험성을 높이는 것으로 주장된다. 제9장에서 보다 상세히 다루었듯, 우울장애의 가족적/유전적 부하는 가장 잘 알려진 위험요인이다. 가족적이거나 유전적 부하를 수량화하는 가장 흔한 방법은 장애를 가진 생물학적 가족 구성원의 숫자이다. 전형적으로 대부분의 연구자들은 가장 높은 유전적 유사성을 가진 구성원들이나 가장 가까운 가족들(부모, 형제, 자녀)의 병력을 측정한다. 부가적 취약성-스트레스 모델(그리고 병인론적 이질성 개념)과 일치하게, 장애를 발달시킨 사람들 모두가 실제적으로 높은 가족적·유전적 부하를 가진 것은 아니다. 예를 들면, 주요우울장애나 기분부전장애나 양극성 장애가 있는 사람들 대부분의 가장 가까운 가족들은 이런 장애가 없다. 따라서 유전적 부하가 높지 않은 사람들과 높은 수준의 유전적 위험성을 가진 사람들을 병인론적인 관점에서 상이한 집단이라고 할 수 있는지 의구심이 들 수 있다. 또한 정확히 어떤 방식으로 유전적 부하가 발병 가능성을 높이는지에 대해 알려져 있지 않다. 예를 들어, 우울장애의 가족적 부하가 낮은 사람들과 비교해 높은 사람들이 사실상 스트레스에 더 민감하다는 연구 결과가 있다(예 : Kendler et al., 1995; Wichers et al., 2007). 가족적 부하는 대리 변인의 훌륭한 예이다. 이는 가족을 통해 전해지는 유전적이고 환경적인 요인을 대표한다. 그러나 가족적 부하는 이런 요인들의 직접적인 측정치가 아니며 또한 유전자에 의해 코드화되거나 장애를 유발하는 가족환경에 의해 영향을 받는 시간적으로 더 근접한 심리적·생물학적 기제의 직접적인 측정치도 아니다. 우울증의 가족력이 없어도 어떤 사람들은 스스로 유전적인 요인에서 유래하는 우울장애를 발달시킨다. 가족적 부하가 높은 어떤 사람들은 가족적 위험요인과는 상관없는 과정들의 결과로 우울장애가 발병한다. 그리고 (상호작용적 취약성-스트레스 모델이 시사하듯) 가족력으로 인한 위험성이 아주 높은 어떤 사람은 한 번도 우울증에 걸리지 않기도 한다. 따라서 가족적 부하가 발병 위험성의 중요한 예측지표이기는 하지만 장애와의 상관관계는 크지 않다는 것은 놀랍지 않다. 제9장에서 더 설명되고 있듯, 우울장애의 위험성을 높이는 특정 유전자들은 아직 확실하게 밝혀지지 않았다. 이런 유전자들을 알지 못한 상태에서는 어떻게 유전자들이 발병 위험성을 높이는지 알 수 없다. 우리는 이런 유전자들의 기능에 대해 모르며, 이런 유전자들의 다양한 변형이 우울장애의 원인과 관련되는 다양한 생물학적·심리적 과정들과 어떤 식으로 관계가 있는지 모른다.

다른 연구자들은 사람들마다 다르게 발병 위험성을 높이는 기제를 정확하게 설명하는 특성적 차이를 밝혀내는 일에 집중했다. 모두는 아니지만 이런 특성의 많은 것들이 유전적인 요인이다. 즉, 취약성은 유전적인 속성을 지닌다는 생각과 일치한다. 예를 들면, 감정 반응성에서의 개인차와 관련되는 성격 특성은(제7장에 보다 상세히 설명되어 있음) 어떤 개인들이 우울증을 발달시키게 되는 과정을 기술하는 것일 수 있다. 또 다른 연구들은 생물학적 차이나 인지 유형과 같은 영역에서의 취약성을 밝혀냈다.

스트레스

초창기에 취약성-스트레스 모델을 개념화할 때는 스트레스를 취약성의 영향력을 강화하는 방출 인자(releasing factor)를 의미하는 일반적인 용어로 이해하였다. 스트레스 상황에서 유발되는 구체적인 특정 장애는 스트레스가 아닌 취약성의 속성에 따라 결정되었다. 그러나 이런 초기 개념화 이래로 스트레스 자체에 대해서 또한 어떻게 스트레스가 우울증의 발달에 영향을 미치나에 대한 이해를 돕는 실증적이고 이론적인 진보가 상당히 이루어졌다. 사실 지금은 개인이 우울증을 발달시킬지 아닐지를 이해하는 데 있어서 개인이 경험하는 스트레스의 **종류**가 확실히 중요한 것 같다. 이에 대한 증거들은 제8장에 상세히 기술돼 있다.

취약성-스트레스 모델에 대한 비판

취약성-스트레스 체계는 많은 연구자들에게 자극을 주어 압도적인 영향을 끼쳐 왔다. 그러나 이 모델의 개념적이고 실제적인 문제점 또한 알려졌다. 첫째, 이 모델은 취약성이 하나 이상인 장애들을(앞에서 언급했듯이 우울장애들은 병인론적으로 이질적이다) 어떻게 이해할 것인가에 대해 알려주지 않는다. 정신병리에 대한 유전적 연구에 걸었던 초기의 기대는—즉, 우울장애의 발달에 필수적인 어떤 특정 유전자(또는 유전자 세트)를 밝힐 수 있게 되리라는 희망은—실증적 연구의 현실과 맞지 않는 것으로 드러났다. 따라서 어떤 한 종류의 우울장애는 상이한 취약성을 가진 사람들 혹은 상이한 취약성의 조합을 가진 사람들 모두를 포함한다. 더욱이 어떤 취약성은 현재의 분류체계에서 서로 다른 것으로 정의되는 장애들에서 공통적으로 나타나기도 한다. 예를 들면, 주요우울장애와 범불안장애는 서로 (다르기보다는) 서로 중복되는 유전자들의 영향을 받는 것으로 보이는데(Kendler, Neale, Kessler, Heath, & Eaves, 1992), 이런 유전자들 중 어떤 것은 신경증/부정적 정서성이란 특성에서 높은 수준으로 나오도록 만드는 유전자를 포함할 가능성이 크다(Fanous, Gardner, Prescott, Cancro, & Kendler, 2002; Herttema, Prescott, & Kendler, 2004). 더구나 취약성-스트레스 모델의 부가 모델과 상호작용 모델 모두의 바탕이 되는 통계적 상호작용 모델은 이 두 영역(취약성과 스트레스)이 서로 독립적이란 점을 (따라서 상호작용을 할 수 있다는 것을) 시사한다. 그러나 반복검증 결과 유의미하게 나타난 우울장애의 취약성(즉, 우울장애의 가족적 부하, 성격 특성)은 스트레스 측정치와 연관되어 있는 것이 확실하다. 즉, 많은 것들이 상이한 종류의 스트레스 요인을 경험할 가능성과 스트레스에 대한 정서 반응성과 유의미한 상관관계가 있다. 이런 연구 결과들이 시사하는 바에 대해서는 제7장과 제8장에 보다 상세하게 기술되어 있다.

취약성-스트레스 모델의 대안

취약성-스트레스 모델의 대안으로서 조셉 주빈(Joseph Zubin)은 보다 일반적인 취약성 모델(vulnerability model)을 제안했다(Zubin & Spring, 1977). 이 체계에서는 어떤 장애(예 : 기분부전장애)에 대한 개인적 경향성은 이 장애의 발병 위험성에 기여하는 모든 요인에서 이 개인이 위치하고 있는 지점의 합산으로 이해된다. 발병 위험성에 기여하는 정도에 있어서 개인의 내부 요인(즉, 취약성)과 외부 요인(즉, 스트레스)은 동등하게 중요하다고 간주된다. 이 체계의 장점은 장애의 위험요인의 예측 타당도를 분석하는 공통적인 방법에 잘 들어맞는다는 것이다. 연구자들은 한 세트의 변인들(예 : 다수의 다양한 위험요인)이 연구 대상인 표본에 미치는 결과(예 : 양극성 장애)의 변량을 설명할 수 있는 수준을 결정하기 위해 흔히 다변량 모델(multivariate model)을 사용한다. 취약성 모델은 취약성-스트레스 모델과는 다르게 상호작용의 효과를 탐색할 필요가 없다. 관련이 있다고 생각되는 예측 변인들은 모두 발병 위험성에 미치는 그들의 추가적인 영향력을 검증할 수 있다. 이런 시도의 목표는 하나의 취약성과 하나의 스트레스 측정치에 대한 구체적인 가설을 검증하려는 것보다는 잠재적인 위험요인 모두의 예측 타당도를 극대화하기 위한 것이다. 연구적인 관점에서 취약성 모델은 잠재적인 위험요인의 여러 상이한 영역들을 측정하는 데 도움이 되며, 병인론적인 이질성을 이용한다(즉, 장애의 여러 경우들을 설명할 수 있는 가능성을 극대화하기 위해 여러 인과적 경로들을 탐색하는 변인들을 동일한 예측 모델에 입력할 수 있다). 그러나 취약성 모델은 장애에 대한 인과적 관계의 설명을 위해 다양한 위험요인이 결합되어 장애를 일으킨다는 궁극적 또는 최종적인 과정에 대한 이론적 근거를 필요로 한다.

취약성-스트레스 모델의 또 다른 대안은 취약성을 버리고 대신 위험 경향성이 있거나 증상의 시작 시점과 근접한 스트레스 요인이나 보다 넓은 환경적 요인들만을 고려하는 것이다. 예를 들어, 몇몇 연구에 의하면 사별이나 중요한 관계의 상실 또는 상실의 위협과 같은 대인관계적 상실을 포함하는 스트레스는 우울증의 발병과 특별히 높은 상관관계가 있다고 밝히고 있다(예 : Paykel, 2003).

병인론적 관점에서 본 우울장애의 공통 특성

우울장애의 원인에 대해서 개연성 있는 어떤 모델에서도 나타나는 반복 검증된 결과들이 있다. 이들은 다음의 현상을 얼마나 잘 설명할 수 있느냐에 따라 타당성 여부가 판가름된다.

1. 여성들은 초기 청소년기에 시작하여 생애 내내 지속되는 우울 삽화의 발생 위험이 더 크다.
2. 단극성 우울장애는 생애의 어느 시점에서라도 발병될 수 있으나 후기 청소년기부터 초기와 중기 성인기까지 이르는 시기에 유병률이 가장 높다. 양극성 장애는 일반적으로 성인기 중기 이전에 발병한다(전형적으로 후기 청소년기와 초기 성인기에). 이 후의 시기에서 발병하는 경우는 드물다.
3. 단극성과 양극성 장애의 보다 심각한 사례들의 특징은 만성적/재발적 경로를 보인다는 것이다(즉, 더 길게 지속되는 삽화들 또는 더 빈번하게 발생하는 삽화들).
4. 단극성과 양극성 장애 모두 흔히 다른 종류의 정신병리와 공존한다. 시간이 경과하면서 전반적으로 심각성이 크고 예후가 좋지 않

을수록 다른 장애와의 동반이환율이 높아진다.

5. 단극성과 양극성 장애 모두 가족력과 관련되는 경향이 있다.

원인에 대한 가설검증을 위한 가장 유용한 연구 설계

병인론적 요인은 발병 이전에 존재한다. 이런 요인은 발병하기 수년 전
부터 또는 바로 전에 명백히 존재할 수 있으며 다양한 시간적 간격에 걸
쳐 영향을 미칠 수 있다. 이들은 단일한 시점에서 측정될 수 있는 변인들
이거나(왜냐하면 시간에 따라 변하지 않기 때문에) 그 자체로 역동적(시
간에 따라 변하는)일 수 있다. 이들은 비교적 쉽게 측정할 수 있는 영역
의 것들이거나(예 : 자기지각) 보다 도전을 주는 것들[예 : 생물학적 검정
(biological assays)이나 시간경과에 따른 반복측정을 필요로 하는 것들]일
수 있다. 우울장애의 발병과 발달에 관해 우리가 아는 지식을 고려할 때
가장 유용한 정보를 제공하는 연구 설계는 다음과 같은 특성 중 하나 또
는 그 이상을 갖는다.

1. 병인론적 요인은 참여자들이 우울장애를 발달시키기 이전에 측정
   된다.
2. 병인론적 요인은 편견을 최소화하는 접근을 사용하여 측정된다.
3. 병인론적 요인은 발달과정을 고려하여 측정된다(즉, 요인의 측정
   은 연구되고 있는 특정한 발달 기간 동안에 그 요인이 어떻게 현상
   학적이고 인과적인 형태로 나타나는지를 고려한다).

4. 성별에 따른 차이에 관심이 있다면 잠재적인 병인론적 요인의 영향은 남녀 모두에게서 측정되고 이 측정치들과 우울장애 간의 관련성은 성별에 따라 통계적으로 비교된다.

5. 병인론적 요인은 가능한 직접적으로 지표화된다(즉, 대리 변인을 사용하지 않는다).

6. 잠재적 교란 요인(potential confounds)을 고려하고 이들을 배제하기 위한 시도를 한다(즉, 우울장애와 잠재적인 병인론적 요인 간 관련성 있는 다른 요인들).

7. 병인론적 요인의 예측 타당도를 밝히기 위해 우울장애를 발달시킬 위험이 높은 전형적인 연령대에 있는 연구 참여자들을 추적 연구한다.

8. 환경적이고 인과적인 병인론적 요인에 대한 가설검증은 환경을 통해 발생하는 기제와 유전적 영향에서 유래하는 기제를 구별할 수 있는 연구 설계를 통해 이루어진다.

9. 변인들을 다양한 차원에서 분석 평가하는(즉, 자기보고, 관찰, 실험실, 뇌 과학, 생물학적 측정) 연구 설계는 결과가 측정 방법에 의해서라기보다는 변인들 자체에서 유래한 것이라는 사실에 대해 더 높은 확실성을 제공한다.

10. 여러 표집에 의해 수집된 효과를 총합할 수 있는 (메타분석과 같은) 연구 설계는 설득력이 더 크다.

어떤 병인론적 모델의 타당도를 확실하게 배제하거나 증명할 수 있는 하나의 연구 설계는 존재하지 않는다. 더구나 시간이나 경비와 같은 실제적인 고려사항, 참여자들의 부담감, 그리고 한 번에 얼마나 많은 요인을 타당하게 측정할 수 있는가 하는 이런 연구의 제한점들은 우리에게 어떤 하나의 특정 가설을 수용하도록 설득할 수 있는 연구는 없다는 것을 보여준다. 밝혀낸 사실이 아무리 중요하거나 설득력이 있다 하더라도 말이다. 대부분의 병인론 모델들은 다양한 표집들과 연구 집단들에게 행해지는 많은 연구들의 성공과 실패의 기록에 따라 그리고 이상적으로는 여러 연구 방법들과 측정치들을 사용하는 것에 근거하여 사라지거나 주목받을 것이다. 다음 장들은 우울장애의 원인에 대한 서로 다른 모델과 가설의 최근 연구 결과들을 기술하고 있다. 앞서 상세히 다룬 요소들은 병인론 모델에 더 많은 증거를 제공하는 것으로 간주되는 것들이다. 따라서 이후의 장들은 이런 요소들에 대한 연구 문헌에 치중하고 있다.

7

우울장애에서 성격은
어떤 역할을 하는가?

정신질환의 현대적인 분류체계를 발달시키기 훨씬 이전에 학자들은 정신질환의 문제 증상들은 사람들에게 무작위적으로 발생하는 것이 아니라는 점을 지적했다. 그보다는 그런 증상들은 증상이 시작되기 이전에 기능에 문제를 보였던 사람들한테서 발달하는 것으로 보여진다. 예를 들면, 히포크라테스와 갈레노스의 네 가지 체액 이론은―건강과 모든 질병의 원인과 적절한 치료법에 대한 모델―신체의 자연적인 요소 네 가지가 개인의 성격 특성을 형성하는 것이라고 보았다. 이 모델은 수 세기에 걸쳐 의학 분야에 (정신질환의 치료를 포함해) 많은 정보를 제공했다. 네 가지 체액은 뇌까지 도달하는 증기를 방출하며, 따라서 이는 사람의 행동과 기질에 영향을 미친다고 여겨졌다. 담즙(bile)이 과도하게 분비되는 사람들, 즉 담즙형(choleric type)은 공격적이고 욕구가 강하다고 여겨졌다. 멜랑콜리형(melancholic type)(흑담즙이 과도하게 분비되는 사람들)은 냉담하고 과묵하며 감상적이라고 여겨졌다. 점액형(phlegmatic type)은 게으르고 소심하며, 다혈질(sanguine temperament)은 긍정적인 정서와 호의적인(agreeableness) 특성이 있다고 여겨졌다. 따라서 네 가지 체액 간의 만성적인 불균형이 우울증과 같은 정서적 문제의 원인이 된다고 생각했다.

기술적 정신병리의 초기 창안자들도 우울장애를 경험하는 사람들은 (심지어는 장애가 발병하기 이전에도) 덜 극단적인 수준이기는 하지만 우울증의 특징과 유사한 부정적인 성격 기능 패턴이란 특성을 보인다는 사실에 주목했다. 예를 들면, 크레펠린(Kraepelin)은 심각한 기분장애는 유전적인 기질 양식이 불안, 과묵함, 자신감과 생기의 부족, 스트레스에 대한 민감성, 절망과 자기비난의 경향성을 보이는 사람들에게 나타난다고 주장했다. 이런 기질 양식은 우울 삽화가 발달하게 되는 바탕 구조였거나, 또는 크레펠린의 용어를 빌리면, 이런 삽화들은 "구조적으로 유사한 고통으로부터 마치 산봉우리처럼 올라온다"(Slater & Roth, 1969). 비슷하게 크레펠린은 또한 조증 기분 상태를 기술하는 데 흥분(excitement)이란 용어를 사용해 양극성 장애의 기질적인 차원을 인식했다. 그는 기질적인(constitutional) 조울증이 환경적 자극의 수준에 비해 지나친 감정적 반응을 포함한 하루 동안에도 현저히 눈에 띄는 기분의 불안정성으로 구성된다고 정의했다. "아침에 우울하고 비관적이었던 기분은 저녁에는 활기차고 고양된 기분으로 바뀐다… 어떤 순간에는 '파티로 점철되는 삶'을 산다고 인식되던 사람이 '또 다른 순간'에는 전형적으로 '분위기를 깨는 사람'으로 바뀐다"(Kraepelin, 1921).

현대의 성격심리학은 체액 이론과 같은 과학 이전의 모델들보다 성격에 대해 훨씬 섬세한 이해를 제공하며, 사람들 간의 핵심적인 개인차의 속성과 분포를 이해하는 데 있어 상당한 진보를 이루었다. 그럼에도 불구하고 우울증의 발병 위험성과 관련되는 현대의 성격 모델들은 고대의 개념들과 공통점이 많다. 여기에는 우울장애로 이끄는 성격과 기질은 생물학적 시스템으로부터 유래한다는 것, 이런 생물학적 시스템의 속성은 사람들마다 다를 수 있다는 것, 이는 중요한 자극들에 대한 기본적인 반응성에 있어서의 차이를 만들어낸다는 것과 같은 생각들이 해당된다. 더구나 현대의 연구에 영향을 주는 기존의 모델과 이론은 모두 우울장애를

경험하는 사람들이나 또는 이 사람들을 잘 아는 사람들에게 자주 관찰되
는 내용을 설명하는 것을 목표로 한다. 예를 들면, 보다 만성적인 형태의
우울증을 앓는 사람들 중 어떤 이들은 우울증의 증상과 자신의 성격 특
성을 구별하기 힘들어할 수 있다. 그들의 증상은 세상에 대한 그들의 경
험에 필수적인 것으로 보여서 그들은 그런 증상이 자신에게 부과된 일시
적인 경험이라기보다는 마치 자신의 한 부분인 것처럼 느끼기 시작한다.
또 다른 경우, 어떤 사람들은 우울해지기 훨씬 이전에 우울증의 증상과
비슷한 모습으로 행동하거나 느꼈다고 여긴다. 즉, 그들은 자신이 아주
어렸을 때도 특성적으로 무망감을 느끼고, 기분이 저조하고, 부정적이었
다고 말한다. 이런 경우에는 우울 증상이 시작된 시기를 정확히 밝히는
일이 무척 어려울 것이다(어쩌면 불가능할지도 모른다). 왜냐하면 우울
증상과 개인의 정상적인 기능수준 간의 차이가 전혀 명확하지 않기 때문
이다. 이런 예들은 우울장애가 특성적 경향성 또는 성격과 관련 있다는
사실을 강조한다.

성격과 기질 모델

성격(personality)은 인간 본성에 대한 진화적 구조 내에서의 개인의 고유
한 변형을 의미하는 것으로, 이는 개인의 발달 과정에 걸쳐 역동적으로
표현되고, 기본적인 성향(dispositions) 또는 특성(traits)(즉, 감정과 사고
와 행동 양식), 특징적인 적응(즉, 목표와 발달과제), 그리고 삶에 의미를
부여하는 개인의 정체성을 이해하고 일관된 삶의 이야기(life narrative)를

창조하기 위한 구조의 형태로 표현된다(McAdams & Pals, 2006). 따라서 성격은 보다 기본적이고 보다 상위수준에서 작용하는 심리적 체계 내에서의 광범위한 개인차를 포함한다. 기질(temperament)이란 용어는 가끔 성격과 같은 의미로 사용된다. 그러나 보다 정확히 이 용어는 개인에게 최초로 나타나는 특성과 감정의 경험, 표현, 조절에 핵심적으로 관련된 개인차를 나타내는 측면이나 차원에 적용된다. 이런 특성은 보상과 처벌 같은 가장 기초적인 자극유인 맥락(incentive context)의 전형적인 자극과 상황들에 대한 개인의 반응을 유도한다. 다른 개인차를 타진하는 데 있어서 기질 특성은 아마도 성격에 비해 생물학적 체계와 더 직접적으로 관련되며, 학습보다는 유전적 특성에 의해 형성된다고 추정한다. 이렇듯 기질은 정서 반응성보다는 대신 대인관계적이거나 주체적인 목표(agentic goals)를 다루거나(예 : 우호성이란 성격 특성은 타인들의 뜻에 기꺼이 따르려고 하는 의지) 또는 그 형성에 있어서 환경의 영향을 더 많이 받는 (개방성이란 성격 특성을 부분적으로 구성하는 정치적 진보 성향의 요인들과 같은) 성격 차원들과 구별된다.

성격과 기질 간의 이런 구별에 대해 실증적인 검증이 얼마나 가능한지는 의심스럽다. 그러나 실질적으로 이런 구별은 이론적 모델 측면에서는 유용하다. 개념적으로 기질 특성은 우울장애와 여러 면에서 뚜렷이 다르다. 첫째, 특성은 보상을 추구하고 처벌을 피하려는 것에서부터 개인들이 만들어낸 복합적인 사회체계 내에서 필수적이고 중요한 상황들을 대처하면서 누구에게나 존재하는 체계적 특성까지 관련되어 있다. 이런 특성이 반영된 행동을 하게 하는 체계는 인간의 생존에 필수적이다.

그러나 생존은 이런 체계 내에서 매우 다른 수준의 행동을 할 수 있는 사람들에게만 가능하다. 따라서 이런 특성에서의 개인차는 진화를 거치면서 향상된 수준으로 발달하였다. 대조적으로 우울장애(증후군)를 특징짓는 행동들은 인간의 생존에 필수적이지 않다(다른 주장을 하는 모델들에 대해서는 제5장에 실려 있다). 둘째, 기질 특성은 인구에서 정상분포를 이룬다. 즉, 이는 개인들은 아주 낮거나 아주 높은 것을 포함해 모든 수준에 위치하는데 다수는 중간 수준을 차지하며 이런 특성들이 표현되는 분산은 매우 크다는 것을 뜻한다. 대조적으로, 증상의 심각성 수준은 단계적 차이를 이루기는 하지만 우울증과 조증의 증상들은 정상분포를 이루지 않는다. 대부분의 사람들은 아주 낮은 수준에 머무르고 소수의 사람들만이 광범위한 증상을 갖는다. 셋째, 특성은 개인의 사고, 감정, 행동에서의 특징적인 패턴을 뜻하며 단기간 동안에만 나타났던 행동은 포함되지 않는다. 만성적 특징은 우울장애에 취약한 사람들에게 비교적 흔하게 나타나기는 하지만 만성적인 우울증이 있는 사람들조차도 기질이나 성격 특성이 나타내는 수준으로 일관성 있는 증상 행동을 보이지는 않는다.

성격 특성과 우울장애 간의 관계는 다양한 방식으로 검증되어 왔다. 그리고 이 둘의 관계에는 하나의 일관적인 패턴이 없다고 하는 것이 정확한 평가일 것이다. 첫째, 패턴은 성격 특성에 따라, 우울장애에 따라 다를 수 있다. 둘째, 여러 종류의 관계들이 다 가능할 수 있다. 예를 들면, 어떤 특성은 우울장애의 발달과 인과 관계를 가질 수 있으며, 이 특성은 또한 장애의 표현 방식을 형성할 수 있다. 다음은 현재 우울장애와의 관련성을 밝히기 위해 성격 특성이 어떻게 정의되고 측정되는지에 대해 강조할 것이다. 그다음, 이 둘이 어떤 식으로 관련되는지에 대한 다양한 모델들을 소개하고 마지막으로, 이 둘 간의 관계에 대한 실증적 연구결과와 소개된 이론적 모델과 관련해 연구 결과를 어떻게 해석할 수 있는지를 설명할 것이다.

성격의 구조 모델

고대 그리스 학자들과는 대조적으로 현대의 성격심리학은 사람들의 기본적인 성향에서의 가장 의미 있는 차이는 종류가 아닌 양의 문제라고 주장한다(또한 설득력 있는 증거도 제공한다). 사람들을 일관적이고 상대적으로 동질한 집단으로 분류하기 위해 다른 체액이나 '유형'에 속하는 것으로 분류하는 일은 최상의 구별 방법이 되지 못한다. 그보다는 개인은 여러 개의 상이한 특징(특성)의 수준으로 이루어진 다차원적인 공간의 어딘가에 위치하는데, 이 각 특성의 수준은 다른 특성에 의해서는 설명될 수 없는 성격 '공간(space)'의 고유한 구역을 갖는다. 성격심리학은 최근 이런 특성의 적정한 숫자를 알아내는 일에 몰두해왔다. 비록 '적정'하다는 의미는 관심 있는 결과에 영향을 주는 성격의 역할을 고려함으로써 이루고자 하는 목표에 달려 있지만 말이다. 최근 이 분야에서 합의된 점은 성격에서 나타나는 개인차의 대부분은 몇 개의 특성으로 설명될 수 있다는 것이다(세 개에서 다섯 개). 5요인 모델(The Five Factor Model; McCrae & Costa, 1999)은 다섯 가지 특성을 포함한다 ─ 신경증, 외향성, 성실성, 우효성, 개방성이다. 3요인 모델(Big Three Model;

Tellegen, 1985)은 신경증[종종 부정적 정서성(negative emotionality)이라고도 함], 외향성[종종 긍정적 정서성(positive emotionality)이라고도 함], 그리고 우호성과 성실성 요인 모두를 포함하는 억제(constraint)를 포함한다. 이렇듯 우울장애의 발달에 작용하는 특성의 역할을 밝히고자 하는 현대의 많은 연구들은 구체적으로 부정적 정서성, 긍정적 정서성, 통제(effortful control) 또는 억제와 같은 기질적 분류에 속하는 소수의 차원에 집중해왔다. 긍정적 정서성과 부정적 정서성은 상이한 기본 감정(긍정적 정서성을 위해서는 기쁨, 행복, 만족; 부정적 정서성을 위해서는 슬픔, 공포, 분노, 불안)을 경험하는 빈도와 강도에서의 개인차와 관련된 인지적 경향(예 : 긍정적 정서성을 위해서는 낙관주의; 부정적 정서성을 위해서는 반추적인 걱정)과 대인관계 행동(예 : 긍정적 정서성을 위해서는 사회성; 부정적 정서성을 위해서는 적의, 대인관계에 대한 민감성, 소외와 같은 특징)에서의 개인차로 정의된다. 통제는 계획과 행동조절을 하게 하고, 목표달성을 위해 어떤 행동은 억제하고 어떤 행동은 시작하는 기제를 포함하는 것으로 행동 반응성을 조절하는 (의식적, 무의식적) 과정을 의미한다. 3요인 모델은 상당한 발달적 지속성을 지니는 특성을 식별할 수 있다는 장점이 있다. 이런 특성들은 아동들에게서도 나타났다 (예 : Rothbart, Ahadi, Hershey, & Fisher, 2001).

3요인 모델의 세 가지 특성은 발달 시기에 따라 구분될 수 있는데, 왜냐하면 이 특성 각각의 측면은 빠르게는 유아기(예 : Gartstein & Rothbart, 2003)에 측정될 수 있기 때문이다. 따라서 이것은 우울장애의 초기 위험요인을 밝히기 위한 연구들의 적정한 주제가 된다. 3요인 모델과 5요인 모델에 의해 밝혀진 포괄적인 성격 특성의 몇 가지 특징은 이것이 우울장애와 어떻게 관련되는지를 이해하는 데 중요하다. 첫째, 이 특성은 오랜 발달 기간에 걸쳐 보통 수준의 안정성을 나타낸다(Roberts & DelVecchio, 2000). 이는 연령이 증가해도 일반적으로 개인들은 또래들과의 비교에서 각각 본래의 특성 수준을 유지한다는 것을 의미한다. 그러나 이 특성들은 시간이 경과해도 일관성을 보이는 반면에, 초기의 성격 모델들과 같이 절대적인 의미로 견고하게 고정되어 있지는 않다. 사람들은 시간이 지나면서 기본 특성의 수준과 표현에서 변할 수 있고 또 사실 변한다. 이런 수준의 변화는 발달적 맥락에 의해 영향을 받는 것처럼 보인다. 왜냐하면 이런 변화에는 규범적인 패턴이 있기 때문이다(Roberts, Walton, & Viechbauer, 2006). 그러나 중요하게도 이런 발달적 변화는 개인에 따라 다르기도 한데, 즉 시간 경과와 함께 나타나는 특성 변화는 누구나 동일한 경로를 밟지는 않는다는 것이다(Roberts & Mroczek, 2008). 둘째, 발달 과정은 시간의 경과와 함께 전체 인구 내에서 이 특성의 평균 수준을 변화시켜 특성이 보다 높게 또는 보다 낮게 표현되는 것이 각 연령 시기에 따라 거의 규범적이게 된다(Caspi, Roberts, & Shiner, 2005; Srivastava, John, Gosling, & Potter, 2003). 구체적으로, 부정적 정서성의 평균 수준은 후기 청소년기에서 초기 성인기에 걸쳐 감소하고 통제의 평균 수준은 같은 시기 동안에 증가한다. 만약 이 특성들이 우울장애와 인과적인 관계가 있다면 이들의 평균 수준이 변하는 시기는 우울장애의 발병 위험성이 같은 방식으로 변화하게 되는 시기에 해당할 것이다. 이런 평균 수준의 변화는 상대적인 안정성 수준을 따라 발생할 수 있다. 즉, 어떤 특성의 평균 수준이 증가함에 따라 이전의 연령에서 보였던 것보다 더 높은 평균 수준을 보인다고 해도 이 특성 수준이 가장 낮은 사람들은 계속해서 또래들보다 더 낮은 수준을 보인다. 셋째, 특성에 미치는 유전적 영향은 일반적으로 어렸을 때보다 성장한 후에 더 크며, 종단 연구들에 의해 특성의 안정적인 요인은 주로 유전적 영향에서 비롯된다는 것이 밝혀졌다(예 : Blonigen, Carlson, Hicks, Krueger, & Iacono, 2008). 이는 유전적 요인이 안정적인 성격 특성에 기여하며, 부분적으로는 이러한 특성이 환경적 상황을 선택하고 반응하는 데 영향을 미친다는 것과 일치한다. 기본 특성이 어떻게 우울장애와 관련되는지에 대한 모델들을 논의한 후, 이런 주장을 다시 다룰 것이다.

성격 특성과 우울장애 간의 관계에 대한 이론적 모델

성격 특성과 우울장애는 여러 방식으로 서로 연관될 수 있다. 이런 관계의 속성은 우울장애의 원인에 대한 이해와 치료법 개발을 위한 시사점을 제공한다. 어떤 모델은 특성과 우울장애는 근본적으로 동일한 것이라고 주장한다. 또 다른 모델은 이 둘은 서로 다른 것이지만 원인을 공유한다고 시사한다. 마지막으로 어떤 모델은 둘 중 하나가 다른 한 가지를 발생시키거나 나머지에게 영향을 미친다고 제안한다. 여러 모델들은 실제의 현상을 보는 관점이 다르다기보다는 현상을 해석하는 개념적 틀이 서로 다르다. 어떤 특성에 대해서도 그것이 우울장애와 관련되어 있는 임상적 근거를 가장 정확하게 설명하기 위해서는 하나 이상의 모델들이 필요하다. 하나의 모델이 모든 특성과 우울장애 간의 관계를 설명할 수 있기보다는 서로 다른 특성들이 각기 다른 모델에 의해 잘 설명될 수도 있다. 마지막으로, 모델들 모두가 연구에서 어떤 결과가 얻어질 것인지에 대해 서로 다른 예측을 하는 것은 아니다. 따라서 이런 모델들을 상호비교하는 것은 모델들을 대조하기 위한 단일연구설계보다는 모델들의 다양한 예측에 관련되는 대규모의 경험적 자료들을 평가하는 문제이다.

스펙트럼(spectrum) 모델은 어떤 특성과 우울장애는 근본적으로 동일한 현상(즉, 차원 또는 특성)인데, 단지 양의 차이로 서열화한 것이라고 주장한다. 이 모델에 의하면 우울 증상군은 특성분포의 극단치를 의미하는데 낮은 특성 수준에서도 동일한 과정이 좀 더 심각하게 나타나며, 높은 수준들에서는 우울증의 진단 기준에 기술된 현상들이 연속선상으로 나타난다는 것이다. 이 모델이 시사하는 바는 이렇다. 특성과 진단/장애는 동일한 기저 차원을 측정하고 있기 때문에 이들은 동일한 외적 상관요인 모두를 함께 가져야 한다는 것이다. 비슷하게, 특성과 증상군은 근본적으로 같은 것이기 때문에 특성을 발생시키는 요인은 어떤 것이라도 증상 또한 유발시켜야 한다는 것이다. 이 모델은 정신장애는 (별개의 범주라기보다는) 그 자체가 광범위한 성격 특성과 관련되는 몇 개의 차원으로 개념화하는 정신병리 모델들(예 : Krueger & Markon, 2006)의 핵심내용이다. 이 스펙트럼 모델이 맞다면 우리는 더 이상 장애 그 자체를 연구하지 않고, 장애가 속하는 더 넓은 영역인 특성이나 차원을 연구하면 될 것이다. 마지막으로, 이 모델이 맞다면 우리는 특성과 우울장애는 상당히 구체적인 관련성이 있을 것으로 기대할 수 있다. 즉, 하나의 단일 특성이 여러 장애들과 관련되기보다는 하나의 특성과 하나 또는 소수의 매우 유사한 장애들이 서로 연관될 것이라는 것이다(Klein, Kotov, & Bufferd, 2011).

전조(precursor) 모델은 특성이 장애의 발병 경로에서 초기 지점을 알려준다고 제안한다. 따라서 특성은 장애 증상의 약한 또는 초기의 특징이 나타나는 것이다. 그래서 이 모델은 장애가 특성 자체라기보다는 그 기저 현상의 심각한 변형을 나타내는 것이라고 가정한다는 점에서 스펙트럼 모델과 비슷하다. 그러나 전조 모델은 본질적으로 발달적인 것이다. 이 모델은 사람들이 어떤 장애 증상을 보이기 전에 높은 수준의 특성(또는 특성에 따라서는 낮은 수준)이 나타나는 시기를 '지나가야'만 한다고 제안한다. 또한 스펙트럼 모델과 비슷하게 전조 모델은 특성과 장애가 동일한 요인 또는 과정에 의해 발생한다는 것을 시사한다. 그러나 스펙트럼 모델과는 대조적으로 전조 모델은 장애 자체의 발병으로 이어지려면 추가적인 과정이 발생해야만 한다고 주장한다. 이는 특성과 장애는 개념적으로나 병인론적으로 정확히 겹치지는 않는다는 것을 암시한다. 왜냐하면 특성을 많이 (또는 적게) 가진 사람들 중 어떤 사람들은 장애가 발생하는 반면에 어떤 사람들은 장애가 발생하지 않는지를 설명하기 위해서는 어떤 부가적인 과정이 있어야만 하기 때문이다. 또한 전조 모델은 양상이 발달적으로 초기에 혹은 특정한 발달 단계의 특징으로 나타난다는 점에서 발달적인 모델로 보인다. 전조 모델의 이런 특징은 특성과 장애가 사실상 동일한 기저 구조이나 진단 기준에 맞는 장애 증상이 나타나지 않도록 억제하는 발달적 요인들이 있음을 시사한다. 그보다는 극치수준의 특성은 장애의 기저 과정이 초기 발달 단계에서 나타나는 방식이다. 전조 모델이 맞다면, 장애의 발달 경로에서 개인을 전조상태에서 질병 상태로 옮기는 인과과정은 극치수준의 특성과 관련없는 장애를 가져올 수 있는 가능성이 있기 때문에 특성의 측정치와 장애의 측정치는 유사한 (그러나 완전히 동일하지는 않은) 외적인 상관요인을 가질 것이다. 전조 모델과 일치하는 연구 결과는 특성이 높은 수준일 경우 발병 속도가 더 빠르거나 증상이 발현되기까지의 시간이 더 짧다는 것을 예측하는 것이다(Fanous, Neale, Aggen, & Kendler, 2007).

전조 모델의 예는 크레펠린(1921)의 저서들에서 찾아볼 수 있는데 그는 순환적(cyclothymic), 조증적(manic), 화를 잘 내는(irritable), 또는 우울적(depressive)이라는 네 가지 전조적인 성격패턴의 한 종류가 양극성 장애에 앞서 나타난다고 주장했다. 유사하게, 슈나이더(Schneider, 1958)는 우울장애의 축소판이라 할 수 있는 성격패턴을 밝혀냈다. 그러나 그는 이 패턴을 우울장애와 구별해야 하는 성격장애로 보았다. 슈나이더의 관찰은 정신질환의 진단 및 통계편람(DSM-IV)의 부록에 (연구가 더 필요한 장애로) 포함된 우울성 성격장애(Depressive Personality Disorder)의 기술을 위한 초석이 되었다. 이런 관찰은 정상적인 성격 특성과 유사한 요소 그리고 우울 인지와 대인관계 양식을 중심으로 하는 요소들을 포함한다. 우울성 성격장애가 있는 사람들은 극단적으로 내향적(수동적이고 비주장적이며 조용한)이고, 종종 가혹할 정도로(자기비판적 또는 자기비하적이기까지 한, 자신의 개인적 결함에 치중하며 부적절감을 느끼는 경향이 있는) 높은 기준(아주 양심적이며 책임감과 자제력이 높은)을 갖는 것으로 묘사된다. 지나치게 높은 기준은 타인들에게도 적용되어(지나치게 회의적이고 비판적이며 엄격한) 대인관계에서 쉽게 화를 내거나 짜증을 낼 수 있다. 이들은 부정적인 사고패턴(계속 투덜대고 걱정하며 부정적인 사건에 몰두하는)과 무쾌감증 특성(지나치게 심각하고 우울하며 재미를 느끼지 못하는)을 갖는다. 우울성 성격장애와 단극성 기분장애와의 관련성에 대한 최근의 연구자료는 이 장애는 가족력이 있으며 특히 만성적인 단극성 우울증의 경우 더욱 그런 특징을 띨 수 있음을 시사한다(Klein, 1999; Klein & Miller, 1993). 종단 연구의 결과는 전조 모델과 일치하는데 왜냐하면 우울장애가 전혀 없었던 사람들에게 나타나는 우울적 성격은 기분부전장애의 발달(Kwon, Kim, Chang, Park, & Kim, 2000) 그리고 아동과 청소년에게서는 우울 증상의 상승(Rudolph & Klein, 2009)을 예측하기 때문이다.

공통 원인(common cause) 모델은 우울장애와 특성이 서로 다른 기저 구조를 반영한다는 점에서 앞의 두 모델과 구별된다. 이 둘 간의 관계는 서로 최소한 몇 가지(아마도 몇 가지 이상의) 원인을 공유한다는 사실에서 비롯된다. 같은 원인이 장애(들)와 특성(들)을 발생시키기 때문에 이들은 서로 상관관계가 있을 것이나 동일한 차원들을 측정할 때와 같이 강력한 상관관계는 아닐 것이다. 이 모델의 가장 주요한 특징은 이 둘은 서로 공통의 원인을 설명하는 것이므로 어떤 직접적인 병인의 인과관계를 갖지 않는다는 것이다. 즉, 외부의 상관요인들 간에 중첩되는 모든 것도 공유하는 병인론적 요인에 의해 설명될 수 있을 것이라고 추정된다.

따라서 위에서 논의된 세 가지 모델(공통 원인, 전조, 스펙트럼) 모두 우울장애와 특성은 서로 공유하는 원인에 의해 나타난다고 주장한다. 그리고 이 공유의 정도는 스펙트럼 모델, 전조 모델, 그리고 마지막으로 공통 원인 모델의 순서로 나타난다. 공통 원인 모델은 특성과 우울장애에 미치는 인과적 영향이 서로 겹친다는 것을 보여주는 쌍생아 연구 결과와 일치한다(예 : Fanous, Gardner, Prescott, Cancro, & Kendler, 2002).

성향(predisposition), 병리 형성(pathoplasty), 수반(concomitants), 그리고 상처(scar) 모델들은 모두 이 둘 사이에 인과관계가 있다는 것을 시사한다. 그러나 각각의 모델에서 사용된 우울장애와 특성 간의 개념에는 차이가 있다. 성향 모델은 특성이 장애에 앞서 나타나며 장애의 발병에 영향을 미친다고 주장한다. 특성을 발달시키는 요인은 장애를 발달시키는 요인과 동일하지 않다(이 둘 사이에는 공통 원인이 없다). 그보다는 특성에서의 개인차(하나의 과정 세트에서 나타나게 되는)가 장애의 발달 위험성을 증가시킨다(예 : 양극성 장애). 이 모델에서 특성은 장애와 병인론적으로 관련된 여러 요인 중 하나이다. 이 모델은 제6장에서 기술된 취약성-스트레스 모델과 가장 유사하다. (스펙트럼 모델과는 다르게 이 모델에서는) 특성과 장애는 표면적인 현상학적 특징을 공유할 필요는 없다. 장애의 궁극적인 발달과 특성 사이의 관계 자체가 복잡한 발병 경로가 되며, 이 경로는 특성을 장애로 이끄는 다수의 매개변인(중재적인 인과변인)과 조절변인(성향과 장애의 발달 가능성 간의 관계를 변화시키는 다른 요인)을 잠재적으로 포함하고 있다. 전조 모델과 마찬가지로 성향 모델은 특성이 장애에 앞서 나타난다는 점에서 발달적 특성을 갖는다. 그러나 이 모델은 특성이 시간의 경과에 따라 전개되어 궁극적으로는 장애라는 종착점으로 이어지는 인과적인 경로 과정의 출발점이라는 점에서 (특성은 단순히 이런 경로의 진행을 나타내는 초기 표식이라는 주장에 반해) 발달적 특성을 더 많이 내포한다.

병리 형성 모델에서는 특성이 장애를 유발하지 않는다. 그러나 일단 발병하게 되면 특성은 시간이 지나면서 병의 증상이나 진행 과정에 영향을 미친다. 특성은 증상 패턴이나 장애의 심각성 또는 증상의 지속기간과 치료 반응성에 영향을 미친다. 성격 특성은 사회관계나 업무기능(Roberts, Kuncel, Shiner, Caspi, & Goldberg, 2007)과 같은 어떤 기능들을 형성하거나 변화시킬 수 있는 만큼 장애의 특징적인 스타일도 만들 수 있다. 특성은 또한 병리 형성적인 영향 때문이 아니라 (스펙트럼 모델이 시사하듯이) 단지 장애가 더 심각한 사람들에게서 그 수준이 높아졌기 때문에 치료의 예후를 예측할 수 있다는 것에 주목할 필요가 있다. 이 경우 특성은 장애 자체에 미치는 인과적인 영향이라기보다는 심각성의 점진적 현상(epiphenomenon of severity)이다. 병리 형성적 효과의 한 예로 우울성 성격장애는 단극성 기분장애에서 더 심각한 결과와 더 나쁜 치료 반응성을 예측한다는 것이다(Laptook, Klein, & Dougherty, 2006; Ryder, Quilt, Vachon, & Bagby, 2010).

상처 모델은 다른 인과적 순서를 제시한다. 우울장애의 발생은 성격을 변화시켜 장애로 발달된 뒤에는 특성이 달라지며 장애가 호전된 뒤에도 달라진 상태로 남는다. 이 모델은 만성적이지 않고 삽화적인 것이라 하더라도 임상적 현상이 개인의 성격을 근본적으로 변하게 할 수 있다고 제시한다는 점에서 흥미롭다.

수반 모델은 특성과 우울장애 간의 관련성이 측정교란(confound of measurement)이라고 주장한다. 이 모델은 우울 증상의 영향은 특성에 실제적인 변화가 없을 때에도 개인이 자신의 특성에 대해 어떻게 생각하고 보고하는지를 변화시킨다고 주장한다. 이는 급성적인 우울 증상은 더 부정적인 자기지각과 관련이 있다고 하는, 인지에 미치는 우울증의 영향에 대한 문헌들이 제시하는 증거와 일치한다. 수반 모델은 특성을 자기보고 방법으로 측정하여 수집한 자료들이 보여주는 특성–장애 간의 상관관계와 가장 관련이 깊다.

성격과 우울 간의 상관관계에 대한 평가

지금까지 설명된 모델들은 성격 특성과 우울장애 간의 관계의 속성에 대한 비교적 이상적인 개념들을 기술하고 있는데 이런 개념들은 실증적 비교를 할 수 있는 검증가능한 가설들을 발생시키는 데 유용하다. 그러나 이 모델들에는 몇 가지 중요한 제한점이 있다. 첫째, 이 모델들 중 몇몇은 아주 유사한 가설들을 내놓기 때문에 어떤 모델은 지지하지만 또 어떤 모델은 지지하지 않는 증거를 가려낼 수 있는 중요한 검사를 시행하는 일이 어렵다. 둘째, 이들은 어떤 면에서 부정확하다. 예를 들면, 전조 모델은 전조를 보인 어떤 사람은 우울장애를 발달시킨다고 하는 인과적인 영향의 속성을 기술하지 않으며, 스펙트럼 모델은 시간이 흐름에 따라 변동하는 (또는 어떤 시간에만 나타나는) 증상들이 어떻게 시간이 경과해도 변하지 않는 지속적인 특성 표현들과 연속선상에 같이 놓여지는

지 분명히 밝히지 않는다.

　더구나 이들 모델 대부분은 성격은 인생 전반에 걸쳐 정상적인 발달 (또한 어떤 경우에는 정상적이지 않은 발달)을 거친다는 것을 보여주는 데이터가 나타내는 현실을 적절히 통합하지 않는다. 클라인 등(Klein et al., 2011)이 주목했듯이, 이는 이런 변화의 정상적인 발달패턴을 고려하는 좀 더 역동적인 모델 유형들이 성격 특성과 우울장애 간의 복잡한 관계의 현실을 그리고 성격 발달에 영향을 미치는 복잡한 힘들을 보다 잘 설명할 수 있음을 시사한다. 예를 들어, 만일 특성이 우울증의 전조이기는 하지만 특정한 발달 기간 동안에 인구 전체에서 증가하는 것이라면, 그 기간 동안에 특성의 수준이 증가한 사람들 모두가 우울장애의 초기 징후를 보이는 것인가? 아니면 그 발달 기간 이전에도 특성 수준이 높았던 사람들만이 그런 것인가? 특성과 우울장애 모두를 발생시키는, 즉 이 둘의 공통 원인은 그 특성에 발달적으로 미치는 영향들과 중복되는가? 우울장애의 위험요인으로서 특성을 탐색할 때 특성의 역동적인 발달을 고려하기 위해서 연구는 어떤 식으로 설계돼야만 하는가?

모델들을 지지하거나 지지하지 않는 데 필요한 증거

이 모델들의 가설들을 검증하는 데 있어서 몇 가지 유형의 연구들이 특별히 유용하다. 첫째, 특성과 우울장애의 병인론적인 영향을 밝혀낼 수 있는 연구들은 공통 원인, 스펙트럼, 전조 모델의 가설들을 검증하는 데 유용하다. 예를 들어, 쌍생아 연구들은 긍정적 정서성과 주요우울장애 사이의 약한 수준과 비교해, 부정적 정서성과 주요우울장애는 상당한 정도로 유전적 영향이 서로 겹친다는 것을 기록하고 있다(Fanous et al., 2007; Kendler, Gatz, Gardner, & Pedersen, 2006; Kendler, neale, Kessler, & Heath, 1993). 가장 효과적인 연구 설계는 특성과 우울증에 미치는 유전과 환경 영향들의 역할에 대한 증거를 제공할 수 있는 쌍생아나 입양아 연구와 같이 원인에 관한 정보를 제공해주는 것이다. 이런 관점에서 한 가족 구성원에게 있는 우울장애가 우울장애가 없는 다른 가족 구성원의 특성과 관계가 있는지 여부를 탐색하는 가족 연구 또한 유용하다. 그러나 유전적 영향과 환경적 영향이 보다 확실하게 분리될 수 있는 쌍생아나 입양아 연구보다는 덜 확정적이다. 우울장애가 발병하기 이전에 특성을 측정하고 발병 위험이 높은 연령 시기 동안에 참여자들을 추적하는 종단 연구는 전조 모델과 성향 모델의 주장이 맞는지를 가려내는 데 유용하다(즉, 이전에 측정된 특성 수치가 우울장애의 새로운 발병을 예측한다는 것). 우울장애의 발병 이전, 발병 중, 그리고 회복 후에 사람들을 측정하는 종단 연구는 상처 모델과 수반 모델뿐만 아니라 전조 모델과 성향 모델을 지지하는 유용한 증거를 제공한다. 구체성 문제(특성과 다른 종류의 정신병리 간의 관련 정도와 비교한 특성과 우울증 간의 관련 정도) 또한 스펙트럼 모델을 전조 모델과 성향 모델로부터 구별하는 데 중요하며, 여러 개의 장애들을 측정하는 설계를 필요로 한다.

연구 설계 이슈에 더해, 각각의 구성요인(특성, 우울증)과 (환경 요인과 같은) 조절변인과 매개변인을 어떻게 측정할 것인지에 대한 결정 또한 이 모델들을 명확하게 검증하고 그 결과를 해석하는 데 있어 중요하다. 첫째, 이 두 영역을 인위적으로 교란시키는 측정치는 어떤 것이라도 이 둘 간의 공통 부분에 대한 추정치를 부풀릴 것이다. 따라서 어떤 모델들(예 : 스펙트럼, 공통 원인)의 지지 수치는 거짓이 된다. 예를 들면, 우울장애와 성격 특성 간의 관련성을 검증하는 광범위한 연구들에서 이 두 구성요인을 측정하기 위해 자기보고(질문지)를 사용해왔다. 두 요인을 동일한 방법으로 측정하는 것은 두 요인 간의 관련성 정도를 부풀리는 결과를 초래한다. 왜냐하면 두 변인 모두 동일변량(the same method variance)(즉, 동일한 시각을 가진 사람이 각각의 구성요인에 대해 정보를 제공하는 데서 유래하는 측정치의 구조와 편향에서의 유사성)으로 포화되기 때문이다. 따라서 특성과 우울장애 간의 관련성 정도에 대한 연구 결과들은 과도하게 높은 수준을 나타낼 수 있다. 이런 관련성의 효과 크기는 확실히 다른 방법보다는 질문지를 사용하여 두 구성요인 모두를 측정했을 때 가장 크다. 더구나 정신병리를 갖고 있는 사람들은 자신의 행동에 대한 낮은 통찰력이나 부정적인 기분으로 인한 해석적 편견 때문에 자기보고 방식에 영향을 미칠 수 있다. 특성(예 : 부정적 정서성)과 우울 증상을 측정하는 질문지들의 항목 내용들은 상당히 겹친다. 이 또한 두 변인 간의 관련성의 크기를 증가시킬 것이다. 둘째, 전조 모델과 같은 몇몇 모델들은 측정 시기와 증상의 존재 여부에 대한 높은 민감성을 필요로 한다. 셋째, 특성의 예언 타당도를 탐색할 경우 종단 연구 자료를 대치할 수 있는 것이 없다. 그러나 이들 모델들을 위한 가장 설득력 있는 검증은 적절한 측정 간격뿐만 아니라 특성과 우울 증상이 가장 분명하게 드러나는 연령을 고려하는 것 또한 필요로 한다.

다양한 우울장애의 특성

부정적 정서성

앞에서 언급했듯이, 부정적 정서성은 처벌과 비보상(nonrewards)과 같은 혐오 자극에 대한 반응과 관련되는 기초적인 정서체계에서의 개인차를 포함한다. 부정적 정서성에 대한 대부분의 모델들은 공포, 불안, 슬픔, 그리고 분노의 감정 상태뿐만 아니라 이런 상태를 더 강하게 더 자주 경험하는 것과 관련되는 걱정, 반추, 자기비하, 그리고 적대적 귀인(hostile attributions)의 인지 양식을 포함한다. 부정적 정서성은 사회경제적 지위와 인지 능력(Roberts et al., 2007)과 같은 다른 중요한 개인적 특징 이외에도 건강, 관계, 직업적 기능과 같은 영역에 작용하는 다양한 측정치들에 광범위하고 일관성 있게 반복된 영향을 미친다. 주목할 것은 이런 외부적 상관요인들의 다수는 우울장애와 관련되는 것과 동일하다는 사실이다(이에 대해서는 제4장에 보다 상세히 기술되어 있다). 따라서 놀랄 것도 없이, 부정적 정서성은 우울장애의 거의 모든 개념들(예 : 분류나 차원)과 주요우울장애, 기분부전장애, 그리고 양극성 진단뿐만 아니라 기준치 이하의 우울 증상(예 : Clark, 2005)을 포함하는 우울장애와 관련되어 있다. 이 모든 증후군들은 높은 부정적 정서성 수준과 관련되며 이런 관련성은 비단 성인들뿐만 아니라 보다 초기 발달 단계와 아동기(예 : Muris & Ollendick, 2005)에도 나타난다고 알려져 왔다. 이런 영향은 부정적 정서성과 우울증과의 관련을 측정하는 횡단 연구 설계에서 가장 두드러지게 나타난다. 이들 중 많은 연구에서 이 관련성은 아주 크게 나타나 스펙트럼 모델을 지지하는 결정적 증거로 해석되어 왔다(예 : Tackett, Waldman, Van Hulle, & Lahey, 2011). 이런 연구 결과에 근거하여 어떤 사람들은 부정적 정서성과 우울증은 실제로 서로 구별되지 않는다고 주장했다(예 : Griffith et al., 2010). 그러나 이 연구 결과들은 부정적 정서성과 우울 간에 인과관계가 있다고 주장하는 모델들을 상호비교하거나 또는 다른 종류의 인과관계를 제안하는 모델들을 분석하기 위한 연구들에는 정보를 제공해주지 못하였다. 그러나 부정적 정서성은 넓은 범위의 다양한 정신병리와 광범위하게 상관관계가 있다는 것(Ormel, Rosmalen, & Farmer, 2004)을 주목하는 것은 중요하다. 이런 점에서 본다면 부정적 정서성이 우울장애에만 특이한 것은 아니어서 스펙트럼 모델의 가정(presumption)과 일치하지 않는다.

이 마지막 증거는 사실상 스펙트럼 모델을 선택하지 않을 주요 이유가 된다. 왜냐하면 이 모델은 특성과 우울증 간의 관련성은 특이성이 존재한다고 주장하기 때문이다. 부정적 정서성은 스펙트럼 모델의 주장과 일치할 수 있다. 그러나 부정적 정서성은 서로 그리 많이 겹치지 않는 너무나 많은 다양한 장애들(예 : 내현적 장애와 외현적 장애 모두)과 관련되기 때문에 이들 모두가 하나의 연속선상에 있다고 생각하기 어렵다. 부정적 정서성에 분명히 나타나는 특성-장애 관련성을 단순화하기 위해서는 서로 아주 다른 장애들을 그 구성요소들로 분해하여 그것들을 서로 다른 차원에 재할당해야만 할 것이다.

높은 부정적 정서성은 양극성 장애의 조증 삽화와 우울 삽화 모두와 관련된다는 몇몇 증거가 있기는 하지만(Quilty, Sellborn, Tackett, &

Bagby, 2009) 부정적 정서성은 일반적으로 양극성 장애보다는 단극성 기분장애와 더 크게 관련되어 있다. 한 메타분석 연구(Kotov, Gamez, Schmidt, & Watson, 2010)는 단극성 기분장애(주요우울장애와 기분부전 장애 모두)가 아주 높은 수준의 부정적 정서성과 관련되어 있는데 주요 우울장애보다는 기분부전장애의 경우 더 극단적인 수준의 부정적 정서 성과 관련되어 있음을 보여주었다. 이런 높은 수준의 관련성은 스펙트럼 모델과 전적으로 일치하지 않는 수준의 특이성을 반영해주는 것이지만, 부정적 정서와 불안장애 간 측정되는 관련성보다는 그 효과가 더 작다는 것을 언급하는 것은 중요하다. 또한 부정적 정서성은 아마도 우울장애에 수반되는 요인일 것이라는 주장과 일치하는 증거도 있다. 주요우울장애 의 경우, 부정적 정서성은 사람들이 우울하지 않을 때보다 우울할 때 증 가한다(예 : Ormel et al., 2004). 그러나 우울증의 병력이 있는 사람들(현 재에는 완화된)은 한 번도 우울증을 겪지 않은 사람들보다 여전히 더 높 은 수준의 부정적 정서성을 보이는 경향이 있다. 이는 수반 모델만으로 는 이런 관련성들을 설명할 수 없다는 것을 시사한다.

부정적 정서성은 우울증에 영향을 미치는 유전적 위험성의 많은 부 분을 설명할 수 있는 요인이다(Fanous et al., 2007; Kendler et al., 2006; Kendler et al., 1993). 켄들러 등(Kendler et al., 1993)은 부정적 정서성과 주요우울장애가 병행하여 나타나는 이유는 서로 공유하는 유전적 요인 들 때문이라는 것을 발견했다. 비록 여자들이 부정적 정서성의 측정치들 이 더 높은 수준을 보이기는 하지만(예 : Costa et al., 2001) 부정적 정서 성과 주요우울장애 간의 유전적 공변량(covariation) 수준은 남자가 여자

이상으로 높게 나타난다(Fanous et al., 2002). 높은 수준의 부정적 정서성은 남자들의 경우 병리를 나타내는 지표가 될 가능성이 더 크다. 왜냐하면 보통 부정적 정서성은 남자보다 여자에게서 더 높게 나타나기 때문이다.

부정적 정서성으로 인하여 우울증이 있는 사람들의 병의 진행 경과와 치료 예후가 좋지 않을 것으로 예측된다(예 : Quilty et al., 2009; Tang et al., 2009). 이는 부정적 정서성이 정상적인 수준에서부터 병리적인 수준에 걸쳐 광범위한 영향을 미친다는 것과 일치한다. 이는 또한 특성으로서의 높은 부정적 정서성은 보다 심각한 종류의 우울증의 표식이 된다고 주장하는 모델의 주장을 뒷받침한다.

한 연구는 상처 모델을 지지하는 증거를 찾았는데, 주요우울장애는 발병시점 이전의 부정적 정서성보다는, 이후에 나타나는 높은 수준의 부정적 정서성을 예측했다(Fanous et al., 2007). 또 다른 연구 두 가지는 부정적 정서성에 대해 상처 모델을 지지하는 근거를 제시하지 못했다(Duggan, Sham, Lee, & Murray, 1991; Zeiss & Lewinsohn, 1988). 파누스(Fanous)와 동료들의 동일한 연구(2007)는 주요우울장애 상태가 부정적 정서성에 미치는 영향에 대한 강력한 근거를 시사하였다. 더구나 이 효과는 연쇄적으로 나타난 기분부전장애에 미치는 부정적 정서성의 영향보다 그리고 연쇄적으로 나타난 부정적 정서성에 미치는 주요우울장애의 영향보다 컸다. 이는 부정적 정서성과 주요우울장애 간의 횡단적 관련성은 장기적 관련성보다 훨씬 크다는 주장과 일치한다. 이런 연구 결과는 인과관계를 함축하는 모델들보다는(예 : 성향, 전조) 스펙트럼 모델과 수반 모델을 지지하는 것이다.

긍정적 정서성

낮은 수준의 긍정적 정서성은 단극성 우울장애에 대한 다양한 이론적 모델들의 중요한 요인인데(예 : Clark, Watson, & Mineka, 1994) 이 모델들은 이 특성이 불안장애와 우울장애를 구별할 수 있게 한다고 주장한다. 그러나 실증적 연구들은 긍정적 정서성은 부정적 정서성보다 단극성 기분장애와의 관련성이 적다는 것을 보여준다. 관련 문헌들에 나타나는 이 특성의 영향은 일반적으로 크지 않으며 더 비일관적이다. 한 가지 예외가 있다면 기분부전장애인데 이는 주요우울장애보다 낮은 긍정적 정서성과의 상관관계가 더 크다. 한 메타분석이 불안장애가 주요우울장애보다 낮은 긍정적 정서성과 상관관계가 더 크다는 것을 발견한 일은 주목할 만하다(Kotov et al., 2010). 낮은 긍정적 정서성과 단극성 우울장애와의 관계에 대해 일관적이지 않은 연구 결과들은 아마도 연구마다 긍정적 정서성을 모두 다르게 개념화하여 우울증과 관련되는 하위 구성요소들을 다르게 사용했기 때문일 것이다. 긍정적 정서성의 긍정적 기분 요소는 사회성 측면보다 우울증에 더 핵심적인 것으로 보인다(예 : Naragon-Gainey, Watson, & Markon, 2009). 대규모로 진행된 두 편의 종단 연구에서 어린 아동들을 대상으로 낮은 긍정적 정서성의 구성요인을 측정했는데 이것을 이후 발달과정에서의 우울장애를 예측하는 것으로 나타났다(Caspi, Moffit, Newman, & Silva, 1996 ; Van Os, Jones, Lewis, Wadsworth, & Murray, 1997). 높은 수준의 긍정적 정서성은 양극성 장애와 조증의 상관요인이 되며(예 : Quilty et al., 2009; Bagby et al., 1997) 조증 삽화와 경조증 삽화를 예측한다(예 : Kwapil et al., 2000). 이런 결과는 조증에서 보상과 관련한 뇌 과정의 역할을 강조하는 이론적 모델들의 주장과 일치한다(예 : Depue & Iacono, 1989). 따라서 관련 문헌은 적지만 긍정적 정서성이 단극성과 양극성 장애 모두를 위한 전조 또는 성향을 나타낸다고 하는 근거가 어느 정도는 있다.

억제

코토브 등(Kotov et al., 2010)이 행한 메타분석은 낮은 수준의 성실성(conscientiousness)이 주요우울장애와는 중간 정도로 그리고 기분부전장애와는 크게 상관관계가 있다는 것을 밝혔다. 충동성 수준은 양극성 장애가 있는 사람들에게서는 조증 삽화를 경험하거나 증상이 완화된 시기 동안 모두 증가했으며(Peluso et al., 2007; Swann, Dougherty, Pazzaglia, Pham, & Moeller, 2004) 일반 표집에서는 경조증적 경향과 상관관계가 있었다(Schalet, Durbin, & Revelle, 2011). 우울장애의 위험성과 관련해 억제에 대한 개인차의 연구는 상대적으로 적기 때문에 이 특성과 관련해 앞에서 논의된 모델들을 상호비교할 수 있는 자료가 거의 없다.

기타 특성

성격 특성과 정신병리 간의 관련성에 대한 최근의 이론적 · 실증적 모델들은 이 두 가지 구성요인 모두를 동일한 개념과 실증으로 보려는 시도를 해왔다(예 : Markon, Krueger, & Watson, 2005). 이 연구들은 가장 포괄적 의미의 특성과 가장 흔한 장애에 주력하며, 양극성 스펙트럼에 속하는 장애들을 제외시켰다. 이 모델들을 검증하는 데 사용된 표본들은 전형적으로 대학생들이나 임의추출된(unselected) 지역사회 사람들로 이들은 당연히 양극성 스펙트럼 장애의 유병률이 매우 낮게 나올 것이다. 그러나 몇몇 연구들은 위에서 논의된 구조 모델들을 사용해 양극성 장애를 설명하려고 시도했다. 두 가지 연구에서 양극성 장애와 조증은 높은 수준의 개방성(openness to experience)과 관련된다는 것을 발견했다(Meyer, 2002; Tackett et al., 2008).

개방성과 관련된 구성요인은 창의성이다. 창의성과 양극성 스펙트럼 장애 간의 관련성은 일반 대중들도 많이 알고 있는 내용으로 뛰어난 예술가와 지성인에 대한 전기물의 핵심 내용이며 가끔 실증적 연구의 주제이기도 하다. 창의적인 업적의 기록을 통해 창의성이 높다고 알려진 사람들 중에는 심각한 우울장애 유형보다는 경도의 양극성 스펙트럼 장애(예: 양극성 장애 II 또는 순환성 장애)와 양극성 스펙트럼 상태와 관련한 가족력이 더 많은 것 같다(Johnson, Murray, et al., 2012). 또한, 양극성 장애 I의 창의성이 높은 사람들은 증상이 없는 건강한 시기 동안에 최고의 창의성을 발휘한 것일 수 있다. 또 다른 근거들은 심각하지 않은 경도의 양극성 상태(또는 양극성 스펙트럼 장애를 위한 높은 가족력 부하)는 창의성과 관계가 있다는 해석을 지지한다. 여기에는 직업으로 창의적인 일을 추구하는 것, 일생 동안 창의적인 업적을 이룬 것, 그리고 높은 수준의 확산적 사고를 하는 것 등을 발견한 연구 결과들(Johnson, Murray, et al., 2012)이 포함된다. 양극성 스펙트럼 장애가 있는 사람들은 또한 욕구와 야망 수준이 높은 것으로 보이며, 이런 동기적 특징이 우울장애와 창의적인 업적 간의 관련성을 높이는 것으로 추정된다(Johnson, Edge, Holmes, & Carver, 2012).

성격 특성과 우울장애 사이에 인과관계를 유발하는 과정은 어떤 것인가?

부정적 정서성의 경우—긍정적 정서성의 경우에는 그 정도가 덜하지만—이 특성에서의 개인차는 단극성 또는 양극성 우울장애의 발병 위험성과 관련이 크다는 주장을 더 탐색할 필요가 있음을 시사하는 종단 연구 결과가 많다. 그러나 단극성 또는 양극성 우울장애를 나타내는 사람들 중 일부만이 성격과 관련한 경로를 통해 발병하게 되며, 비만성적 우울장애보다 만성적 기분장애의 발병 위험성은 성격/기질과 훨씬 밀접하게 관련된다는 사실 또한 분명하다(Klein et al. 참조). 따라서 우울장애의 발병에 특성이 관련되는 만큼, 우울증의 발병 경로를 밝히는 데 있어서 병인론적인 정보를 제공할 수 있는 집단을 구별하기 위해서는 현재 사용되고 있는 진단적 구별보다 특성이 더 나은 방법이 될 수 있다. 또한 특성은 가족력과 관련되거나 관련되지 않는 우울장애들에서 각기 다른 역할을 할 가능성도 있다. 긍정적 정서성, 부정적 정서성, 그리고 억제를 포함하는 성격 특성에 미치는 유전적 요인의 기여도에 대한 근거들과 특성과 우울장애의 유전자들이 서로 중첩된다는 연구 결과들을 고려할 때(예 : Kendler et al., 2006), 우울장애는 유전적으로 전해지는 성격 특성의 개인차에 의해 발생하기 때문에 유전적이라고 주장하는 모델은 타당성이 있다.

우울장애의 성격적 위험요인은 다른 중요한 병인론적 요인과 독립적이지 않을 수 있다. 예들 들면, 특성에서의 개인차는 환경적 위험요인에의 노출을 증가시키거나 환경적 노출의 영향을 조절할 수 있다. 예를 들어, 부정적 정서성은 스트레스가 많은 생활 사건들을 경험하는 것과 관련되는데(예 : Magnus, Diener, Fugita, & Pavot, 1933) 이는 아마도 높은 부정적 정서성으로 인한 행동은 다양한 영역에 걸쳐 기능에 부정적인 영향을 미쳐 스트레스 요인을 발생시키기 때문으로 추정된다. 더구나 높은 부정적 정서성은 스트레스로 인한 주관적인 고통을 더 유발함으로써 스트레스 요인이 영향력을 발휘하게 할 수 있다(예 : Bolger & Schilling, 1991). 연구 결과 부정적 정서성이 높고 스트레스가 많은 생활 사건들을 경험하는 사람들은 부정적 정서성이 낮은 사람들에 비해 주요 우울 삽화를 겪게 될 위험성이 더 높다는 것을 시사한다(예 : Kendler, Kuhn, & Prescott, 2004; Van Os & Jones, 1999). 이와 같이 인생 초기에 나타나는 부정적 정서성은 개인을 역경적 환경으로 계속 향하게 하여 우울발생적(depressogenic) 과정을 겪게 할 수 있다.

긍정적 정서성이나 억제가 우울장애를 유발시키는 기제에 관한 근거는 많지 않다. 낮은 긍정적 정서성은 대인관계와 사회적 지지의 질에 영향을 미치고, 보상을 얻기 위한 행동적 노력에 관여되기 때문에 우울발생적 과정이라는 결과가 초래될 수 있다. 높은 긍정적 정서성은 보상 그리고 보상을 향한 노력을 과하게 또는 부적응적으로 과대평가하며, 또한 보상을 얻은 뒤에도 만족할 줄 모르는 것과 관련되기 때문에 조증의 위험성이 있다(Johnson, Edge, Holmes, & Carver, 2012). 이런 인지적·행동적 과정들은 환경적 수반조건(environmental contingencies)과 상호작용하여 조증적 행동패턴을 발생시킬 수 있다.

낮은 수준의 억제가 우울 삽화나 조증 삽화의 발생 위험을 높일 수 있는 기제에 대해서는 거의 알려진 것이 없다. 조증과 경조증은 정의 자체로 탈억제적 행동(disinhibited behaviors)과 관련된다. 그러므로 특성은 증상들의 연속선상에 있을 것이다. 탈억제적 행동은 우울 삽화의 특징이 아니다. 그러나 낮은 수준의 억제의 다른 요소들(계획하고 실천하는 일을 잘하지 못하는 것, 낮은 근면성과 같은)은 우울 행동의 결과일 수 있다. 다른 형태로는 습관적으로 탈억제적 행동을 하는 사람들은 스트레스가 더 많은 사건들에 노출되어(예 : Compas, Connor-Smith, & Jaser, 2004) 결과적으로 우울증이 발병할 위험성이 커진다고 할 수 있다.

결론

성격 특성은 우울장애의 핵심적인 상관요인이다. 그리고 풍부한 전통과 방대한 실증적 문헌들에 의하면 기초적인 정서 상태와 관련된 특성들(긍정적 정서성과 부정적 정서성)은 우울장애의 발병 위험성을 예측할 수 있다고 한다. 그러나 특성이 직접적으로 조증이나 우울증을 일으켜서 그런 것인지, 환경과 상호작용을 해서 그런 것인지, 아니면 우울증이나 조증과 공통 원인을 가져서 그런 것인지 그 여부에 대해서는 아직 완전히 밝혀지지 않았다. 그러나 우울 증상이 시작되기 전에 확실하게 나타난 부정적 정서성에서의 개인차와 그리고 아마도 긍정적 정서성에서의 개인차는 우울증 발병 위험성의 표식이 될 수 있다는 확실한 근거들은 있다. 이는 특히 보다 만성적인 우울증의 경우에는 더욱 확실하다. (우울장애의 유병률이 그렇듯) 이런 특성은 발달과 함께 변할 수 있다는 근거들을 고려할 때, 특성에서 개인차를 가져오는 원인과 특성의 영향력을 잠재적으로 매개하는 변인들을 통합하는 종단 연구 설계는 특성–우울증 간의 관련성의 기저 속성을 이해하는 데 도움이 된다.

8

스트레스와 환경은 어떻게 우울에 영향을 주는가?

일반인들이 보기에는 스트레스가 우울증의 핵심 원인 중 하나이다. 주위의 지인이 우울증을 앓고 있다는 사실을 알게 되면 대개는 우울증의 증상을 설명할 만한 주변의 정황을 이유로 여기곤 한다. 누구나 자신과 가까운 사람이 문화적 맥락에서 심각하다고 여겨지는 스트레스 상황을 겪는 경우라면, 혹시라도 있을지 모를 우울증을 막아주기 위해 염려의 눈으로 대하게 된다. 예를 들면, 사랑하는 사람의 사망이 여기에 해당된다. 이러한 현상은 우울증, 특히 단극성 우울증은 주변 환경에 대한 반응이라고 보는 것이 일반인들의 통념이라는 것을 보여준다.

우울증의 원인을 분석하는 모델들도 스트레스의 과정에 대한 개념이 덜 정립되어 있고 이론적으로는 더 핵심적인 병인 과정을 초래하는 다른 요인들과 비교하여, 스트레스가 병인 과정에 어느 정도까지 영향을 미치는지에 대해 이론들도 서로 다른 이야기를 하고 있는 경우가 많다. 게다가 우울증 측정에 대한 연구들도 대부분은 스트레스와 우울증에 대해서만 나와 있고 이마저도 초기 단계에 있는 것들이 대부분이다. 심리적 디스트레스를 묘사할 때 쓰이는 스트레스라는 개념은 누구나 일상 언어로 쉽게 사용하고 이해되는 것이지만, 사실 이것은 과학적 연구 주제로 측정하고 모델을 만들기에는 다소 복잡한 구조를 지니고 있다. 연구자들은 디스트레스를 야기하는 스트레스원의 실질적 구성요소들을 무엇으로 결정할지, 어떻게 이 요소들을 측정할지(즉, 주어진 사건 또는 정황의 스트레스 강도를 나타내는 객관적 지표를 참조할 것인지, 혹은 특정 사건 때문에 발생한 위협에 대한 개인의 지각을 참조할지), 과거의 사건들을 회상할 때 발생하는 편견을 어떻게 회피할지, 스트레스의 효과가 작용하는 시간 프레임을 어떻게 구성해야 할지, 그리고 다양한 종류의 스트레스들을 묶어서 볼지 여부, 그리고 그렇게 한다면 어떻게 해야 할지에 대해 논쟁할 필요가 있다.

스트레스 측정 방법론과는 별도로, 병인 모델의 핵심 부분으로서 스트레스와 우울장애의 인과관계를 밝혀내는 것이 필요하다. 우울증을 발달시키는 스트레스로 인한 생물학/심리학적 과정, 또는 이러한 스트레스 경험은 어떤 인과 고리로 연결되어 있는가? 스트레스는 '심리적 디스트레스의 예측 변수'라는 당연하게 여겨지는 개념마저도 그 구조를 어떻게 결정해야 할지는 아직도 논란의 대상이다. 뒷부분에 우울증과 가장 연관 있는 것으로 보이는 스트레스에 대해 알려진 사실들을 기술하였다. 스트레스가 어떻게 심리학적 · 생물학적 측면에 영향을 주는지, 그리고 스트레스와 우울증의 관계에서 개인별 차이를 설명할 수 있는 요인들을 기술하고자 한다.

스트레스 측정하기

우울증에 영향을 미치는 스트레스의 역할을 알아보는 데 적합한 연구 설계의 수는 많지 않다. 스트레스와 우울증을 측정한 연구 결과들이 많이 존재하지만 이 중 소수만이 스트레스의 역할에 대한 가설을 판단할 수 있는 방법과 구조를 제공한다. 이러한 연구를 수행할 때 마주하는 첫 번째 이슈는 어떤 방법을 선택해서 스트레스의 핵심 요소들을 정확하고 타당한 방법으로 파악할 것인가이다. 가장 널리 사용되는 평가방법은 설문지인데, 이는 특정 기간에 설문 참여자들에게 일어난, 가장 많은 스트레스를 유발하는 사건들을 표시하라는 형태로 만들어져 있다. 안타깝게도 이 방법은 정확하지도 않고 타당성도 결여되어 있다(Monroe, 2008). 가장 정확한 측정 방법은 직접 인터뷰 평가로, 인터뷰 조사자는 참여자가 경험한 잠재적 스트레스성 사건의 맥락, 시점, 의미를 통틀어서 정보를 수집할 수 있다. 두 번째 이슈는, 예측 변수로서의 스트레스와 우울증이라는 결과를 명확히 구분해야 한다는 점이다. 일반적으로 사람들은 특정 사건이 일어났을 경우 그 내용이나 시점을 부정확하게 기억할 확률이 높기 때문에 과거의 일을 회상하게 하는 구조는 약점이 있을 수밖에 없다. 우울증을 겪는 사람들은 대개 우울증과 관련이 있다고 여겨지는 사건이 우울증 발생 이후가 아닌 이전에 일어난 것으로 잘못 기억할 수가 있는데, 사람들이 이렇게 하는 이유는 전후관계를 이렇게 설정하면 우울증이 발생한 이유가 쉽게 설명되기 때문이다. 이렇게 의미를 찾으려는 노력은 사람들로 하여금 스트레스와 우울 증상 사이의 어떤 관계가 존재한다고 믿게 만들지만 실제로는 이러한 인과관계가 존재하지 않을 수도 있다.

세 번째 이슈는 개념 및 측정 기준의 관점에서 스트레스가 정신병리학적 발달 과정에서 갖는 의미를 고려하여 특정 사건이나 정황이 심리적 고통에 영향을 미치는 범위와 이유를 파악하는 것이다. 이때는 스트레스 측정에서 개인에게 초점을 두는 접근이 필요하다. 이 관점에서 스트레스를 볼 경우 스트레스는 두 가지 요소로 구성되는데, 이들은 서로 상이한 방법으로 측정될 수 있다. 그 하나는 해당 사건의 객관적 특성이고, 또 하나는 고통을 야기하는 사건에 대해 반응하는 심리학적 과정이다. 이 문제에 대해 가장 잘 접근하는 방법은 인터뷰를 통해 사건이 발생한 맥락에 비추어 사건의 의미를 평가함으로써 스트레스의 강도를 알아내는 것이다. 이는 스트레스를 파악하기 위해 설문지 방법을 사용하는 것과 대비된다. 자주 사용되는 또 다른 방법은 설문 참여자에게 지난 달, 또는 지난해 등과 같이 특정 기간에 걸쳐서 통상적으로 스트레스를 야기하는 사건 중 어떤 것을 겪었는지 체크리스트에 표시하도록 하는 방법이 있다. 체크리스트를 통한 방법은 참여자 개개인의 정황을 파악할 수 없고, 따라서 각 개인마다 해당 사건들이 동일한 방식으로 스트레스를 준다는 가정을 하게 된다. 이혼의 경우를 예를 들면, 이혼은 각 개인이 처한 상황에 따라 다르게 경험된다. 어떤 이들에게 이혼은 그 결과로 재정적 어려움을 겪게 되거나 아이를 돌보는 역할을 공유할 새로운 인간관계를 찾아야 하는 하나 또는 그 이상의 문제들을 겪게 한다. 하지만 다른 이들에게 이혼은 부부간에 계속적으로 진행된 갈등과 폭력을 종료시키는 사건일 수도 있다. 이렇듯 조사 응답자에게서 맥락 정보를 수집할 수 있어야 사건마다 다른 시나리오들을 구분할 수가 있다.

조지 브라운(George Brown)은 개인에게 일어난 사건의 스트레스를 확인할 수 있는 방법을 개발하였다. 스트레스원의 심각성을 맥락을 통해 평가하는 이 방법은 조사 응답자와 동일한 환경에 처한 타인이 해당 사건에 대해 얼마나 위협적이고 얼마나 스트레스를 겪을지 점수로 평가할 수 있도록 해준다. 따라서 이혼의 경우, 맥락 정보에는 조사 응답자가 이혼을 청구했거나 혹은 이를 바랐는지, 이혼 이후 응답자의 사회적 · 개인적 · 재정적 배경은 어떤 변화가 생겼는지 등이 포함된다. 이러한 맥락적 요소는 조사 응답자의 환경에서 해당 사건이 '객관적으로' 스트레스를 얼마나 주는지를 생각할 수 있도록 한다. 이것은 조사 응답자가 해당 사건이 얼마나 스트레스를 주는 경험이었는지 점수로 평가하게 하는 방법과는 다른 것이다. 한 개인이 지각하는 스트레스의 강도나 개인이 처한 상황에 주안점을 두는 방법들이 실제로 우울증과 관련이 있는데 그 이유는 자신의 삶에 스트레스가 많다고 평가하는 사람들에게 우울증이 더 심각하게 나타나기 때문이다. 그러나 이 방법은 또 우울증과 스트레스 사이의 관계를 비논리적으로 보여줄 수 있는데, 그 이유는 개인의 기분 상태나 우울 증상이 사건 혹은 그 시점을 회상하는 데 오류를 일으킬 수 있기 때문이다. 사건 발생과 사건 시점에 대한 정확한 자료를 수집할 때 맥락적 위협을 알아보는 인터뷰와 같은 객관적 측정 방법들이 설문지 체크리스트보다 더 효율적이라는 것은 실제 사례들이 잘 보여주고 있다. 객관적 방법들은 조사 참여자의 기분에 의해 편향될 확률이 적고 예측에 있어서도 더 유효한 결과를 보여준다(Monroe, 2008 참조).

어떤 종류의 스트레스가 우울증과 관련이 있는가?

'스트레스'라는 꼬리표는 다양한 종류의 경험에 붙여질 수 있다. 스트레스는 부정적인 상황에 의해 개인이 압도당하는 주관적인 경험, 한 개인의 세계관을 뒤흔드는 사건의 발생, 혹은 한 개인을 완전히 녹초로 만드는 일상의 평범한 일들을 지칭할 수도 있다. 우울증과 관련된 경험적 연구에는 스트레스에 대한 개념화가 이와 같이 다양한 수준으로 반영되어 왔다. 여러 종류의 스트레스가 합쳐져서 심리적 자원을 고갈시켜 우울한 상태가 되면, 여러 스트레스들의 누적된 효과를 측정하는 것이 우울증에 대한 가장 강력한 예측 변수일 것이다. 그러나 현재까지의 자료에 의하면 우울증 시작을 예측하는 가장 중요한 요소는 스트레스를 일으키는 사건의 유형이며, 한 개인이 일반적으로 경험하는 스트레스의 누적된 효과는 아닌 것으로 보인다.

위협과 상실

조지 브라운과 티릴 해리스(Tirril Harris, 1978)는 스트레스를 예민하게 측정하는 방법을 개발하여 우울증 고위험군에 속한 여러 명의 영국 여성들에게 사용하여 그 타당성을 보여줬다. 그들의 인터뷰 방법은 '생활 사건과 문제 일정표(Life Events and Difficulties Schedule : LEDS)'로 불리며, 스트레스원의 발생을 평가하고 스트레스원들의 의미를 정리하는 것이다. 인터뷰가 끝나면 이 사건들은 인터뷰 참여자가 현재 처한 상황과 삶의 과정을 고려하여 분석되고, 유사한 정황에 처한 일반적인 개인에게 해당 사건들이 얼마나 위협적일지 점수로 평가된다. 정황적 위협에 대해 이렇게 점수로 평가한 결과는 해당 사건이 스트레스로 지각될지에 대한 좀 더 객관적인 측정법이 된다. 관찰한 결과 해당 개인에 대해 장기적으로 위협이 되는 사건들이 있은 지 몇 주 후에는 우울증이 시작하는 일이 빈번함을 알 수 있었다(Brown, 1993). 여기서 위협이 되는 사건들은 상실, 위험, 혹은 실망과 깊은 관계가 있는 것들이었다. 특히 헤어나기 어렵거나 상실의 가능성이 있는 사건들이 우울증을 가장 잘 예측해 주었다. 상실은 넓은 분야의 사건들을 포함하는데, 여기에는 가까운 사람의 상실, 직업 등과 같은 역할의 상실, 이상적으로 생각했던 부모가 범죄 행위에 가담했다든가 하는 등의 소중히 여겼던 것의 상실이 있다. 미래의 상실을 암시하는 위험한 사건들은 불안장애와 더 연관 있어 보인다. 가장 치명적인 손실은 중요하게 여기고 물심양면으로 투자한 분야에서 일어난다(Brown, Bifulco, & Harris, 1987). 예컨대 연인과 결혼할 생각으로 승진의 기회를 버리고 타지로 이사를 한 여성이 자신의 애인에게 다른 사람이 생겼다는 사실을 알게 되었을 경우 훨씬 더 스트레스를 받게 된다. 우울증의 시작과 관련된 사건에는 두 가지 종류가 더 있는 것으로 보인다(Taylor, Gooding, Wood, & Tarrier, 2011). 그것은 사회적 지위와 관련된 패배, 그리고 난관을 타파할 자원과 능력을 심각하게 제한시키는 사건 및 정황들이다. 조증 삽화와 관련해서, 수면패턴이나 식사패턴에 변화를 주는 사건들이 조증을 예측하게 해준다는 증거들이 존재한다(예 : Ehlers, Kupfer, Frank, & Monk, 1993; Malkoff-Schwartz et al., 2000, 1998).

스트레스를 일으키는 원인에 따라 우울 증상은 다르게 나타난다. 특히 스트레스성 생활 사건이 어떤 것이었느냐에 따라 다른 증상들이 나타난다. 켈러 등(Keller, Neale, & Kendler, 2007)에 따르면 사랑하는 이의 죽음이나 연인 관계의 상실은 상당한 식욕 상실과 더불어 슬픔 및 무쾌감증 등 두 가지 핵심 우울 증상을 동반했지만 만성 스트레스와 실패의 경험은 심한 피로와 과도한 수면, 낮은 수준의 슬픔, 무쾌감증, 식욕 상실을 동반했다. 이 연구의 참여 대상 중 우울 삽화 전에 특정 사건이 터지지 않았다고 했던 이들은 더 많은 피로감, 식욕 상승, 자해에 대한 생각, 낮은 수준의 슬픔, 집중력 장애 등의 문제들을 보였다. 연구자들은 특정 증상의 발현은 각 개인별 특성에 따라 다르게 일어나기보다는 스트레스를 받는 사람의 정황에 따라 결정이 된다고 주장했다.

'스트레스 연구의 아버지' 중 한 사람으로 여겨지는 한스 셀리에(Hans Selye)는 스트레스에 의해 각종 질환이 일어나는 이유는 스트레스원에 의해 행동의 변화가 일어나기 때문이라고 주장했다. 이는 결혼이나 취업처럼 긍정적인 변화로 여겨지는 사건들마저도 질환을 유발할 수 있다는 것을 시사한다. 몇몇 연구들(Brown, Lemyre, & Bifulco, 1992; Tennant, Bebbington, & Hurry, 1981)에서 만성 스트레스나 계속된 박탈(deprivation)이 끝나거나 혹은 끝날 수 있는 희망을 의미하는 긍정적 사건들이 우울에서 회복되는 것과 관계가 있을 수 있다는 것을 밝혀냈다. 이는 스트레스원을 제거하거나 새로운 사건을 통해 스트레스원을 해결하면 우울 증상으로부터 회복된다는 것을 보여줌으로써 우울 삽화에 스트레스가 어떤 역할을 하는지를 보여주는 증거이다. 브라운은 현재의 문제에 성공적 해결이 있을 것이라는 희망을 주는 사건이나 일상에서 반복되는 패턴에 변화를 가져다주는 사건, 혹은 새로운 환경과 기회에 노출되는 사건, 예를 들면 취업이나 안전한 지역으로 이사하는 것과 같이 안정감을 향상시키는 사건들을 '새로운 시작(fresh start)'이라고 명명했다. 목표 성취와 관련된 긍정적 사건들은 조증을 일으키는 위험요소로도 보인다. 가족의 자살, 실직, 이혼, 결혼 등 긍정적 및 부정적 유형의 사건들이 모두 조증과 관련되어 있다는 것을 보여주는 증거도 있다(Kessing, Agerbo, & Mortensen, 2004).

종속적 및 독립적 생활 사건

스트레스성 생활 사건들이 우울증을 유발하는 것을 고려할 때 구분해야 할 중요한 것은 주어진 사건이 생활 사건들과 독립적인지 혹은 종속적인지를 확인하는 것이다. 독립적 생활 사건들은 운명적 사건으로도 불리는데, 이 유형의 발생은 사건을 겪는 사람의 잘못도 아니고 그 사람의 행동에 간접적으로라도 상관이 없다. 예를 들면, 지진을 겪는다거나 가족이 교통사고로 사망했지만 그 사고 원인에 아무런 원인을 제공하지 않았다거나 하는 경우이다. 종속적 사건들은 독립적 사건들보다 더 빈도가 높고 정신병리학적으로 해석하기가 더 까다롭다. 우울이나 조증 삽화 중의 행동들은 종속적 스트레스원을 야기할 수 있고, 이러한 사건들이 우울/조증 삽화와 시간상 가까운 시점에서 일어났다는 이유로 원인이라고 해석되면 안 되는데, 그 이유는 정반대 방향의 인과관계가 성립될 수도 있기 때문이다. 종속적 사건들은 조증이나 우울증을 일으키는 성격적 위험요소에 의해서도 일어날 수 있다. 예를 들면, 자제력이 부족한 사람(low on constraint : CON)은 자신의 무책임한 행동 때문에 직업과 관련된 스트레스원을 경험할 수 있다. 높은 수준의 부정적 정서성(negative emotionality : NE)과 과거 우울 삽화들, 그리고 우울증에 취약한 유전적 배경이 있는 사람은 종속적 생활 사건들을 더 많이 겪을 수 있다(예 : Hammen, 1991 ; Kendler, Gardner, & Prescott, 2003, Kendler & Karkowski-Shuman, 1997). 따라서 종속적 생활 사건들의 위험요소들은 우울증 위험요소들과 겹치기 때문에 종속적 생활 사건들의 인과관계를 결정하는 것을 어렵게 만든다.

제3장에서 기술한 대로, 우울증과 조증은 삶의 주요 영역에서 정상적으로 기능하는 것과 관련이 있다는 상당한 증거가 존재하기 때문에 종속적 사건들이 우울증이나 조증의 결과가 아닌 원인이라고 밝히려면 상세한 조사와 세밀한 장기적 연구 설계가 필요하다. 독립적 사건들은 이렇게 까다롭지 않으며, 특히 유년기의 종속적 사건들보다는 주요 우울 삽화(major depressive episode : MDE)를 더 잘 예측하게 해준다는 증거들이 존재한다(Harkness, Bruce, & Lumley, 2006). 그러나 연구자들은 종속적 사건의 역할에 계속 관심을 갖고 있으며, 혼란스러운 요소들을 배제할 전략들을 개발해왔다. 이런 맥락에서 캔들러와 가드너(2010)는 일란성 쌍둥이 중 한 명만 심각한 종속적 생활 사건을 겪은 경우 그에게서 주요 우울 삽화가 더 빈번하게 나타난다는 것을 보고하였다. 이들의 연구 설계는 종속적 생활 사건들이 우울증과 관련되어 치명적이지는 않지만 인과관계가 있다는 것을 보여주었다.

원초적 상실의 증거 : 사별 후의 애도

사별 후의 애도(bereavement)는 가까운 사람의 사망 후에 나타나는 슬픔과 우울의 경험으로, 문화적으로 용인되는 흔히 볼 수 있는 일이다. 죽음으로 인해 가까운 사람을 잃는 것은 일반적으로 큰 스트레스와 고통을 주는 것으로 인식된다. 이러한 인간의 경험은 유인원과 같은 다른 동물에서도 유사한 사례들이 관찰되어 왔다(Anderson, 2011). 정신질환의 진단 및 통계편람(Diagnostic and Statistical Manual of Mental Disorders, third edition, DSM-III)의 앞부분에는 사랑하는 이와의 사별 후 우울증이 나타나고 그 증상의 발현이 '정상적' 애도(grief)와 유사한 경우에 대해서는 단순한 애도라고 지칭함으로써 사별에 대해서는 특별한 지위를 부여했다. 따라서 우울증이 2개월 이내의 기간 동안 지속되어 상대적으로 그 지속기간이 짧고 유의미한 손상을 초래하지 않으며, 자살 성향과 같이 다른 심각한 증상을 보이지 않으면 주요우울장애(Major depressive disorder : MDD)로 진단하지 않는다. 이러한 배제의 근거는 정상적이고 또 적응적일 수 있는 반응을 겪는 사람이 정신질환 진단을 받는 것을 방지하기 위해서였다. 또 우리의 정신과적 용어 체계가 인간이 겪는 일반적 경험에 대한 정상적 반응을 마치 질병의 하나인 것 같은 인상을 줄 수도 있다는 우려도 이러한 배제의 사유 중 하나였다. 하지만 *DSM*은 그 중간 단계의 정의인 복합 애도(complicated bereavement)를 하위 유형의 하나로 인정하고 있다. 이 복합 애도 유형은 2개월 이상 장기간 혹은 특히 중증의 애도를 경험하는 사람들을 위해 사용된 용어였다. 여기에는 병적으로 무가치함에 집착한다거나, 자살을 생각하거나, 정신운동지체(psychomotor retardation), 정신병적 증상, 혹은 현저한 기능 손상이 포함된다. 장기간의 애도 기간이나 심각한 병리적 증상을 여기에 포함하는 이유는 기저의 정신병리학적 문제에 대한 증거 혹은 정상적 애도라기보다는 주요 우울 삽화에 가까울 것이라는 추측 때문이다. 이 복합 애도 하위 유형은 초기에는 정상적 반응이지만 차후에 문제성이 있는 정신의학적 질환으로 발전한 것으로 생각되었다. 자주 있는 일은 아니지만 실제로 상실 후에는 지속적이고 심각한 우울증이 발생하는 경우가 있다. 이와 발맞추어 길먼 등(Gilman et al., 2012)의 연구에서 애도 사례는 사별과 무관한 주요 우울 삽화의 사례들보다 상실로 인해 주요 우울 삽화로 분류되지 않은 사례들이 그 경과가 덜 병리적이었다는 것을 밝혀냈다. 주요 우울 삽화를 겪는 이들과 비교할 경우, 애도 경험이 있는 사람들은 생애 전반에 걸쳐 우울증 발생 횟수도 적고 심리사회적 장애도 적으며 치료를 받을 확률도 낮다. 주요우울장애 사례와 비교할 경우, 복합 애도의 사례는 생애에 걸쳐 주요 우울 삽화 횟수, 심리사회적 장애 및 치료를 찾는 횟수가 더 적었다. 애도와 복합 애도 사례는 가족 내력이나 장기적 결과 측면에서 일반적으로 서로 다른 측면이 없었다.

애도 사례를 배제하는 것은 특정 스트레스원을 지목하여 배제한다는 문제점이 있다. 더욱이 이 문제는 우울증의 병인론적 측면에서 우울 증상들이 상실에 의해 생긴다고 가정한다는 것이다. 이 가정은 병인론에 대해 관여하지 않는다고 알려진 DSM의 입장과는 일치하지 않는 것이다. 전통적으로 DSM은 징후와 증상에 기반한 질환 식별 방식을 채택했지 병인론에 기반하지 않았기 때문이다. 여기서 생각해야 할 중요한 질문들은, 한 개인에게 질환이 있다고 결정할 때 그 원인의 성질들을 고려해야 하는지, 발생 후 어떤 반응들이 정상적인 것이라고 결정짓는 것이 가능한 일인지, 그리고 어떤 반응들이 질환을 식별할 수 있게 하는 것인지 하는 것들이다.

우울장애와 관련 있을 수 있는 다른 유형의 스트레스원들과 비교했을 때 사별 후 애도는 특별한 치료가 당연한 것인지를 많은 학자들이 질문해왔다. 항우울제와 심리사회적 치료가 사별과 관련된 우울증 치료에 효과적이라는 증거가 있으며(예 : Reynolds et al., 1999; Zisook & Schuchter, 2001), 이는 사별과 관련된 우울증들은 다른 주요 우울 삽화와 동일한 개입에 반응한다는 것을 시사한다.

게다가 최근의 여러 연구들은 다른 스트레스로 발생하는 우울장애와 사별 이후의 우울증이 임상적 차원에서 유의미한 차이가 있는지 의문을 제기했다. 예를 들면, 켄들러 등(Kendler, Myers, & Zisook, 2008)은 사별 맥락에서 발생한 주요 우울 삽화와 다른 스트레스원의 맥락에서 발생한 주요 우울 삽화를 비교했다. 후자의 경우에는 이혼, 별거, 연인과의 이별을 포함한 관계의 상실; 질병, 사고, 심각한 건강 관련 사고를 포함하는 질환; 그리고 실직이 포함되었다. 사별 관련 집단과 다른 스트레스 관련 집단들은 전체적 맥락에서 유사성을 보였다. 이 두 집단은 주요 우울 삽화 지속기간, 이전 삽화 횟수, 주요 우울 삽화 증상, 생애에 걸친 동반이환 진단, 혹은 추후 주요 우울 삽화 발생 확률에서 차이를 보이지 않았다. 또 이 두 집단은 정상적 애도(grief)의 징후인 증상들의 발생 패턴 확률에도 차이가 없었다. 즉 단기간에 발생하며, 주요 장애는 일어나지 않고, 자살 징후가 없었으며, 정신운동지체가 있다거나 하는 등의 측면에서 다르지 않았다. 마찬가지로, 웨이크필드 등(Wakefield, Schmitz, First, & Horowitz, 2007)은 대량의 역학 표본 자료를 활용하여 주요 우울 삽화 사례들을 스트레스원 기준으로 단순 사별 원인, 복합 사별 원인, 기타 단순 상실 원인, 기타 복합 상실 원인의 네 가지 분류로 구분하여 비교하였다. 사별에 의한 단순 사례들과 기타 상실 원인으로 인한 단순 사례들은 멜랑콜리아(역자주 : 경미한 기분 저하), 우울증 지속기간 등과 같은 대부분의 임상 지표에서 차이가 없었다. 사별에 의한 복합 사례들과 기타 상실 원인으로 인한 복합 사례들은 사별에 의한 단순 사례들과 기타 상실 원인으로 인한 단순 사례들과 비교했을 때 그 정도가 좀 더 심하고 병리학적으로 이슈가 있었다는 점에서 차이가 있었다. 즉, 이들은 심각도, 멜랑콜리아, 자살시도, 치료 모색, 약물 투여 등이 더 두드러졌다. 이들은 이 관찰을 토대로 단순 사별과 복합 사별의 구별은 타당하다는 쪽으로 무게를 실었지만, 동시에 다른 종류의 상실 유형에 대해서도 구별해야 할 필요가 있다는 것으로 해석했다. 이 배제 규칙을 기타 상실에 적용하면 주요우울장애(MDD) 평생 유병률은 15%에서 11.3%로 떨어진다. 이러한 자료들 때문에 *DSM-5*는 주요 우울 삽화 진단에서 사별 후 애도를 배제하는 규칙을 철회할 것이다. 주요 우울 삽화의 증상 기준에 맞는 이들은 상실 직후에 증상이 즉시 나타난다 해도 주요 우울 삽화 진단을 받게 될 것이다.

사별 후 애도가 우울증과는 근본적으로 인과관계가 다르다 하더라도, 사별 후 애도는 사랑하는 사람을 상실한 후에 슬퍼하는 것이 일반적으로는 문화적으로 용인된다는 것을 잘 보여준다. 사별 후 한 동안 슬픔, 철수, 활동 감소, 상실과 사랑했던 이에 대해 몰두하는 것은 정상적으로 볼 수 있는 것들이다. 따라서 실직처럼 주변의 이해가 없는 다른 여러 형태의 상실 후에 우울증을 겪는 사람들에게는 사별의 경우와는 달리 타인들이 다른 유형의 반응을 보일 확률이 높다. 이는 다른 유형의 상실 이후에 일어나는 우울증의 발달에 영향을 미칠 수 있다.

스트레스가 영향을 미치는 시간 프레임

스트레스가 어떻게 우울증에 영향을 미치는지를 이해하기 위한 중요한 부분 중 하나는 스트레스가 영향을 미치는 시간 프레임(time frame)이다. 어떤 스트레스원이 우울증을 초래하기까지 얼마나 시간이 걸리며 이는 스트레스원의 속성에 따라 차이가 있는가? 어떤 스트레스원이 증상을 초래하기 전에 그 스트레스원의 효과가 얼마나 오랫동안 잠재적으로 존재하는가? 스트레스원이 위험을 높이는 데 작용하는 심리학적 및 생물학적 구조에 대해 시간 프레임은 무엇을 알려줄 수 있는가? 주요 스트레스성 생활 사건들의 영향은 상대적으로 단기적이라는 것이 여러 사례들을 통해 제시되고 있다. 주요 스트레스성 생활 사건들이 우울증을 초래한다면 사건 후 1~3개월 사이에 그렇게 될 확률이 높다(예 : Brown & Harris, 1978; Harkness & Monroe, 2006; Kendler, Karkowski, & Prescott, 1999).

스트레스 노출과 스트레스 반응성 예측 변수

스트레스원이 우울증 유발 과정에 어떤 역할을 하는지 알아보려면 스트레스 노출과 스트레스원에 대한 반응성의 개인차를 반드시 고려해야 한다. 스트레스원은 사람들 사이에 무작위로 퍼져 있지 않으며, 사람들은 동일한 스트레스원에 대해 똑같이 반응하지도 않는다. 스트레스 노출 및 스트레스에 대한 반응성과 관련된 요인들은 우울증과도 관련이 있다. 예를 들면, 유전적으로 우울증에 대한 위험이 높은 사람들은 스트레스에 대해 더 많은 반응성을 보인다. 여기서 반응성은 주어진 스트레스원에 대해 우울증이 발생할 확률을 뜻한다(Kendler et al., 1995; McGuffin, Katz, & Bebbington, 1988). 여성이 우울증에 걸릴 확률이 높다는 사실과 일관되게, 여성은 특정 스트레스원에 대해 특히 더 반응성이 있는 것으로 보이며, 이는 대인관계 영역에서 그 경향이 더 두드러진다(예 : Nazroo, Edwards, & Brown, 1997). 여성은 또 우울증을 유발시키는 낮은 수준의 사회적 지지에 더 민감하다(Kendler, Meyers, & Prescott, 2005). 여성은 대인관계 영역의 스트레스원에 더 노출되어 있는 것으로 보인다. 켄들러 등(Kendler, Thornton, & Prescott, 2001)의 연구에 따르면 여성은 가까운 친구의 상실, 가까운 이와의 갈등, 가까운 이의 질병, 거주 문제 등 대인관계로 인한 스트레스를 경험할 확률이 더 높다고 한다. 이와 반대로 남성은 실직, 직장 문제, 도난, 법률적 문제 등과 같이 직업 및 법률적 문제를 겪을 확률이 더 높았다. 이렇게 남녀별로 다른 성질의 사건들을 겪을 확률이 차이가 나는 이유가 성별에 따른 행동양식의 차이 때문인지, 성별에 따라 이런 상황에 놓일 확률이 다른 것인지, 혹은 대인관계 또는 직장의 맥락과 같이, 어떤 특정 영역에서 부정적인 일이 일어났느냐에 따라 남녀가 스트레스를 받는 정도가 다르기 때문인지는 명확하지 않다. 이 스트레스원들의 발생에 대한 성차와 별도로, 켄들러 등(2001)의 연구에서는 남성과 여성은 우울증 유발 원인에 대해 영향을 받는 정도에 차이가 있다고 보고했다. 구체적으로, 가까운 타인들과의 문제는 여성의 우울증에 영향을 주는 반면, 이혼 및 별거, 직장 문제는 남성의 우울증에 더 영향을 주었다. 끝으로, 특정 유전자는 스트레스 반응성과 유관하다는 가설은 상당한 관심을 끌어 왔고, 이들 유전자 중 특정 형태(폴리모피즘)는 스트레스원에 따라 우울증 발생 확률을 증가시킨다고 여겨졌다(예 : Caspi et al., 2003). 유전자와 환경의 상호작용에 대한 연구 결과는 제9장에서 더 자세히 다룬다.

우울증에 걸릴 위험이 높은 사람들은 이 위험이 낮은 사람들에 비해 더 많은 스트레스원에 노출되어 있을 확률이 높은데, 그 이유는 우울증 위험과 상호 관계가 있는 많은 요소들은 전체 스트레스 노출과도 역시 관계가 있기 때문이다. 특히 사회경제적으로 불리한 조건에서 생활하는 사람들은 가난과 관련 있는 부정적인 급성 사건 혹은 만성 스트레스 경험(실직, 위험한 거주 환경, 차별 등)에 더 많이 노출되어 있다. 끝으로, 우울증에 걸릴 확률이 더 높다고 생각되는 성격 특징이 바로 스트레스 노출과 상관관계가 있다는 증거가 있다(이는 제7장에서 자세히 설명하였다). 선택 효과(selection effects)는 개인이 자신의 환경을 선택하는 데 미치는 과정들을 지칭하는 것이다. 예를 들면, 부정적 정서성이 높은 개인은 심리적으로 덜 건강한 사람들을 연애 상대로 선택할 확률이 높고, 따라서 대인관계 스트레스원에 스스로를 노출시킬 확률이 증가하게 된다. 부정적 정서성 수준이 높은 성인일수록 스트레스성 생애 사건들에 노출될 확률이 높다는 근거가 있다(예 : Kendler et al., 2003). 두 편의 종단 연구에서 이러한 선택 효과에 대한 더 강력한 증거를 제시한다. 이 두 연구들은 연구 대상자를 아동기부터 추적하였는데, 일찍부터 행동 및 정서 문제가 나타나는 것(Champion, Goodall, & Rutter, 1995)과 아동기의 높은 부정적 정서성(Van Os & Jones, 1999)은 성인기에 더 많은 스트레스원에 노출될 것이라는 예측을 보여주었다. 당연히 이런 자료들은 취약성–스트레스 패러다임의 명확성에 의구심을 갖게 한다(제6장 참조). 연구 결과들에 따르면 이 두 영역은 서로 독립적이지 않기 때문에 유의미한 상관이 있는 취약성과 스트레스 변수의 상호작용에 대한 통계적 해석을 어렵게 만들어준다.

스트레스 생성

스트레스원에 대한 노출은 우울증 위험이 있는 사람들이 가진 몇 가지 특성에 의해 결정되는 것일 수도 있다. 함멘(Hammen, 1991)은 우울증은 스트레스 생성(stress generation) 과정으로 특정지어질 수 있는데, 이 과정에서는 우울증이 우울증 환자의 삶에서 종속적 생활 사건 발생 증가와 같은 형식으로 스트레스를 만들어내거나 스트레스성 경험을 심화시키는 역할을 한다고 주장하였다. 이는 특히 대인관계 영역에서 더 두드러진다. 이미 언급한 대로, 이러한 과정은 현재 우울증을 보이고 있지 않지만 우울증 이력이 있는 사람들의 특징으로 보이는데, 이 스트레스 생성은 우울 증후군 자체에서 오기보다는 우울증 위험이 있는 사람들이 이미 가지고 있는 특성에서 그 원인을 찾아볼 수 있다. 구체적으로 보면, 우울증 이력이 있는 이들은 우울증 완화기에 있는 경우에도 높은 비율의 대인관계 스트레스원을 경험하고 있다는 것이다(예 : Hammen & Brennan,

2001). 스트레스 생성은 우울증에 대한 종속적 대인 사건들의 예언 타당도를 설명할 수 있다(예 : Kendler et al., 1999). 끝으로, 높은 수준의 부정적 정서성은 우울증과 이후 생애 스트레스원 노출을 일부 설명해준다는 것을 보여준 연구가 있다(Uliaszek et al., 2012).

스트레스 민감화

스트레스 생성은 스트레스성 환경 조성에 밀접하게 관련된 성격 및 행동 측면에서의 개인차를 설명한다. 스트레스 민감화(stress sensitization)는 생애 동안 스트레스 노출이 누적되면서 스트레스의 힘에 의해 다른 우울성 반응을 이끌어내는 가설적 과정을 지칭한다. 스트레스 민감화 개념은 주요 스트레스원과 우울증 발생의 관계에 대해 로버트 포스트(Robert Post, 1992)가 소개한 것으로, 시간이 지날수록 우울증은 스트레스와 관계가 멀어진다고 주장했는데, 그는 이 과정을 '점화(kindling)'라고 명명하였다. 따라서 심각한 스트레스원은 이후의 우울 삽화(재발)보다는 최초 우울 삽화에 더 중요하다고 했다. 점화와 민감화 이론에 관한 연구들은 다소 상반된 내용들을 보여주고 있다. 일부 연구들은 예측이 가능하다고 보는 반면 다른 연구들은 그 반대를 제시한다(Hammen, 2005). 특히 몇몇 연구들은 낮은 심각도의 생활 사건들은 주요 우울 삽화, 특히 재발과 관련성이 있는 것으로 나타났고(예 : Hammen, Henry, & Daley, 2000; Harkness et al., 2006; Monroe et al., 2006), 이러한 결과는 스트레스 민감화 예측과 일치한다. 스트레스 민감화는 우울증을 겪는 사람들 중 일부만의 특성일지도 모른다. 예를 들면, 켄들러 등(2001)의 연구에서 유전적으로 우울증 위험이 있는 이들에서는 스트레스와 우울 삽화 사이의 상관성이 약했다. 유전적으로 우울증 위험이 적은 이들은 우울 삽화 횟수가 늘어나면서 스트레스 민감화를 뒷받침하는 많은 증거들을 보여주었다. 이후의 이론적 연구들은 이 모순되는 관찰들을 설명해줄 수 있는 두 가지 개념(스트레스 민감화 및 스트레스 자율성)에 주안점을 두었다. 스트레스 민감화 모델은 우울 삽화가 나타나면서 점점 더 조그만 사건에도 우울증이 일어날 수 있게 된다고 제시한다. 따라서 시간이 지날수록 심각한 사건들 자체와 우울 삽화와는 거리가 생기는데, 그 이유는 점점 더 사소한 사건들도 결정타가 되어서 우울 삽화를 유발할 수 있게 되기 때문이다. 심각한 사건들보다 사소한 사건들이 더 자주 일어날 확률이 높다는 것을 기억하자. 최초 우울증의 시작은 사랑하는 이의 상실과 같은 심각한 생활 사건과 관련될 수 있지만 재발하는 우울 삽화들은 심각성이 덜한 사건에 의해서 일어날 수 있다. 예를 들면, 크레펠린(Kraepelin, 1921)의 유명한 관찰 사례에서 그의 환자는 처음에는 "남편의 사망으로 우울증을 겪었고, 그다음에는 키우던 개의 사망으로, 그리고 그다음에는 비둘기의 사망으로 우울증을 겪었다."고 한다(p. 179).

스트레스 자율성(stress autonomy)은 포스트의 점화 모델과 일치한다. 스트레스 자율성은 우울 삽화가 스트레스와는 관계없이 시작한다고 제시한다. 따라서 심각도의 경중과는 상관없이 스트레스원과 우울 삽화의 관계는 시간이 지날수록 약화되며, 나중에는 스트레스원이 없어도 우울 삽화가 발생할 수 있다고 한다. 점화 모델의 두 가지 변형인 스트레스 민감화 및 스트레스 자율성 개념에 대한 설명에는 심각한 스트레스원이 시간이 경과하면서 영향력이 감소하는지, 이 두 가지가 우울 삽화 이전에는 발생할 확률이 적은지, 주요우울장애 진행 과정 중에 덜 심각한 생애 사건들이 영향력이나 발생 횟수가 증가하는지 등에 대해 장기간에 걸친 자료가 필요하다. 기존 자료들을 살펴보면 이 두 모델 모두 완벽하지는 않지만 스트레스 자율성 모델보다는 스트레스 민감화가 더 지지를 받고 있다. 예를 들어, 스터드 등(Stroud et al., 2010)의 연구에서 이어지는 주요 우울 삽화들은 시간이 지날수록 심각한 생애 사건들과 관련이 적어졌지만 덜 심각한 생애 사건들은 점점 더 우울증에 더 많은 영향을 준다는 것을 발견했다. 특히 관계의 상실과 관련이 있을 경우 더 두드러졌다.

덜 심각한 사건들은 우울증 진행 과정 중에, 즉 재발하는 경우에 유관 빈도가 증가하지는 않았는데, 이는 덜 심각한 사건들에 의해 유발되는 스트레스 생성 과정들은 우울 증상이나 우울 삽화 자체에 의해 발생하지 않는다는 것을 시사한다. 처음에는 스트레스가 어떻게 양극성 장애에 기여하는지에 관한 모델로 개념화되었지만 스트레스의 역할이 감소한다거나 약한 스트레스원이 양극성 장애 과정에서 삽화를 촉발시킬 수 있는지에 대해서는 근거가 미약한 자료만 존재한다(Bender & Alloy, 2011).

만성 스트레스

대부분의 병적 취약성-스트레스 연구와 우울/조증 삽화에서 스트레스원의 역할에 대한 임상 실험은 어느 정도 식별가능한 시작과 종결이 있는 사건 혹은 급성 스트레스원에 주안점을 두어 왔다. 하지만 몇 주 혹은 몇 달 동안 장기간 지속되거나 혹은 시작과 끝이 명확하지 않은 스트레스성 상황은 우울증의 진행 과정에서 원인 제공을 하기도 한다. 이는 대개 만성 스트레스라 불리는데, 이러한 명명은 건강 문제, 장애, 빈곤 등 폭넓은 상황에 적용되어 왔다. 만성 스트레스원과 우울증은 유관하다는 증거가 있으며(Brown & Harris, 1978), 일부 자료들은 사건들이나 급성 스트레스원들보다 훨씬 밀접한 관계가 있다고 제시하기도 한다(McGonagle & Kessler, 1990). 물론 이러한 조건들은 만성적이기 때문에 우울증 발생과 그 기간이 겹칠 확률이 높고, 이러한 조건들이 우울증 발생 이전부터 존재했던 것인지는 판단하기가 더 어려울 수 있다. 급성 및 만성 스트레스원들은 서로 상호작용할 수 있다. 급성 스트레스원은 동일 영역의 만성 및 지속성 스트레스원의 맥락에서 경험될 경우 훨씬 강력하게 작용할 수 있으며, 지속된 스트레스는 우울증을 발생시키는 급성 사건의 영향력을 감소시킬 수도 있다(Hammen, 2005). 우울증 위험요인들을 이해하는 데 중요할 수 있는 다양한 만성 스트레스원 중에서 생애 초기에 발생하는 것들이 이론적/실증적 관심을 더 받아왔다.

생애 초기 역경과 우울장애

초기 역경은 성장 과정 중 생애 초기에 일어나는 여러 가지 힘든 경험과 맥락을 지칭하는데, 생애 후기에 우울증 위험을 증가시키는 심리 과정 형성에 영향을 주기 때문에 정신병리학적 위험을 증가시킨다고 생각된다. 예를 들면, 생애 초기의 부정적 경험들은 해당 아동의 삶에 대한 기대에 영향을 주는데, 여기에는 타인으로부터 기대되는 자신에 대한 대우도 포함된다. 이 기대들은 대인관계 특성 중 위험요소를 가중시키는 부적응적 패턴의 발달에 기여하게 된다. 이러한 경험들은 만성 우울증으로 발전하는 사람들에게 특히 더 빈번할 수 있다. 맥컬러우(McCullough, 2003)는 만성 우울증 환자들 사이에 흔히 발견되는 초기 가정환경 내 스트레스원들은 다른 사람들이 자신에게 상처를 줄 것이라는 예상을 하게 한다고 주장했다. 그는 학대를 경험한 이들에게 빈번하게 나타나는 네 가지 주제를 기술했다. (a) 초기의 가족 환경은 아이의 신체적/정서적 요구에 대한 대응에 실패했고, (b) 가족 환경은 아이와 다른 이들에게 위험을 주는 특성이 있었으며, (c) 아이는 긴장감, 불안, 두려움/공포를 느끼게 하는 만성적인 신체적/정서적 고통을 경험했고, (d) 아이가 돌보는 이의 정서적 요구를 맞춰줘야 했다. 이러한 사건들의 결과는 자기 자신에 대한 가치와 타인과의 관계를 특징짓는 부적응적 도식을 발달시킨다는 가설이 있다. 영(Young, 1999)은 이러한 부적응적 도식을 무능감, 불안정감, 취약성, 자기비난, 특권의식, 부족한 자기통제, 융합, 불신 혹은 소외 등으로 정의하였다. 이러한 도식들은 부정적 자기 인지를 확인시켜 주는 타인과 관계를 형성하는 등의 선택 과정들을 통해 혹은 스트레스원과 상호작용을 하면서 우울증을 유발할 수도 있다. 이 모델의 실험 결과에서는 특별히 만성 우울증을 겪는 이들 중에서 초기 역경의 여러 측면이 빈번하게 관찰되며, 초기 역경이 부정적이었을수록 우울장애의 경과도 부정적이라는 결과를 보여주었다. 즉 초기 역경은 우울증 위험을 증가시키는 대인 행동 특성 중 부적응적 패턴의 발달에 기여한다.

이러한 경험은 만성적 우울증이 발달하는 사람들 사이에 특히 빈번할 수 있다. 예를 들면 맥러플린 등(McLaughlin et al., 2010)은 부모의 정신질환, 물질 사용 장애, 범죄 성향, 가정 폭력, 신체적/성적 학대, 방임과 같은 부정적인 초기 가정환경 요소는 장기간에 걸친 기분장애의 지속과 관련이 있다고 보고하였다. 신체적 학대 및 성적 학대와 같은 초기의 환경적 역경은 양극성 장애의 조기 발병과 심각성(급속 순환, 긴 지속기간, 높은 자살경향성, 다른 축I장애와의 높은 동반이환율), 그리고 치료 저항적 경과와 관련되어 왔다(예 : Garno, Goldberg, Hamen, & Hitzler, 2005; Leverich et al., 2002). 초기 역경의 영향은 해당 환자의 추후 스트레스원에 대한 반응의 변화(민감화)에 의해 매개될 수 있다. 구체적으로 보면, 디엔스 등(Dienes et al., 2006)은 양극성 장애 환자들을 약한 수준의 스트레스에 노출시킨 후 1년간 추적 관찰하는 동안, 초기 역경의 경험이 심각할수록 재발 확률이 더 높다는 것을 발견했다.

덜 극적인 역경은 특히 대인관계 영역에서는 우울증 위험의 증가와 관련될 수 있다는 증거가 있다. 예를 들면, 여러 가지 부정적 양육은 아이의 우울증과 관련이 있다. 그 영향은 작지만 부모에게 거절당하는 경험에 노출된 어린이들은 더 높은 우울증 위험이 있다는 것을 일관되게 제시하고 있다(McLeod, Weisz, & Wood, 2007). 단극성 및 양극성 우울증이 있는 성인의 대인관계 특성은 질환의 경과에 중요한 역할을 한다는 많은 증거 자료들이 존재한다. 가까운 이들이 높은 수준의 '감정 노출'을 하는 환경에 노출된 환자들이 장기간에 걸쳐 가장 경과가 나쁘다. 높은 수준의 감정 노출이란 우울증에 걸린 사람에게 가까운 이들이 표현하는 비판적 태도를 가리킨다. 인터뷰 결과, 이러한 환경은 우울장애 외에도 알코올 중독과 조현증을 포함한 다양한 질환의 악화를 예측하게 해준다 (Butzlaff & Hooley, 1998).

스트레스가 우울증을 초래할 수 있는 생리학적 과정

지난 20년간 스트레스원이 실제로 어떻게 의학적/정신과적 건강에 영향을 미치는지에 대한 생리학적 과정을 밝혀내는 데 관심이 증가해왔다. 스틸링과 아이어(Sterling & Eyer, 1988) 그리고 맥이웬(McEwen, 1998, 2003)은 스트레스원에 대한 반응으로서의 단기적 및 장기적 적응을 묘사하는 과정에 대한 이론적 모델을 제시하였다. 이 모델은 새로운 상황에 대한 기능적 반응을 생성하는 우리의 내부 체계들의 변화를 통해 크고 작은 삶의 도전들에 대해 효과적으로 반응하도록 하는 적응 과정(생체적응, allostasis)을 강조한다. 이 과정들은 적응적이기는 하지만 개인에게 부담이 되는 것도 사실이다. 만약 내부 변수들이 계속 변화를 강요받으면, 특히 그렇게 강요하는 과정들이 극적이거나 비능률적이면 신체에 무리가 오게 된다. 이것을 생체적응 부하(allostatic load)라고 부른다. 생체적응 부하는 스트레스원에 의해 유발된 적응 과정으로부터 누적된 결과를 지칭한다. 생체적응 부하는 노화, 의학적 질환 및 심리적 장애에 어떤 역할을 하는 것으로 여겨진다.

만성 코르티솔 생산은 생체적응 과정들의 표식 중 하나이다. 코르티솔 분비는 인간의 스트레스 반응 중 핵심 반응의 일부인데, 반복된 스트레스 노출이나 비정상적 스트레스 반응에 의한 코르티솔 분비는 문제가 있다. 실제로 이것은 다양한 의학적 문제와 관련이 있으며, 단극성 우울증 환자들 중 소수에게 이것이 분명하게 드러난다. 코르티솔이 심리적 건강에 부정적 영향을 준다고 보는 이유 중 하나는 이것이 우울증에 중요한 두뇌 과정에 영향을 주기 때문일지도 모른다. 코르티솔 생산과 전두엽, 해마, 소뇌 편도체, 시상하부를 아우르는 두뇌 회로의 활동은 양방향으로 관계가 있다. 이 두뇌 부분들은 감정과 감정 관리에 중요하다. 스트레스는 해마에 나쁜 영향을 주는 것으로 보이며, 이는 해마 구조에 변화를 일으킬 수 있다(예 : Wooley, Gould, & McEwen, 1990). 3년에 걸친 한 연구에서 건강한 통제집단과 비교했을 때, 주요우울장애를 겪는 이들은 해마, 전방대상피질, 좌측 소뇌 편도체의 회질 밀도가 감소한 것을 보여주었다(Frodl et al., 2008). 연구들은 초기 역경에 의해 향후 우울증 위험이 증가하는 기제는 이러한 부정적 경험들이 미래의 스트레스원에 대해 민감하게 만들도록 생리학적 스트레스 반응 체계를 조성하기 때문이라고 제안하였다(Heim & Nemeroff, 2001).

우울증과 우울증 위험에 대한 임상 연구에 생물학적 정보를 제공하는 방법들을 점점 더 많이 활용하는 추세이다. 여기에는 장기적 스트레스 노출을 반영한다고 여겨지는 코르티솔 수준, 급성 스트레스원에 대한 코르티솔 반응을 보여주는 반응 코르티솔이 포함된다. 이러한 연구들은 긍정적 결과를 기대하게 하는 것들이지만 아직까지 연구 속도는 더디다. 아마도 이것은 코르티솔 과다 분비가 우울증 환자 전부에 해당하지 않을 수 있기 때문이기도 하고, 또 반응 코르티솔을 가장 잘 측정할 최적의 기준이 정리되어 있지 않기 때문일 수도 있다. 이와 유사하게, 텔로미어 길이가 짧아지는 현상 등을 포함하여 노화와 관련된 생체적응 유지에 필요한 부하 측정이 크게 주목을 받고 있다. 텔로미어는 크로모솜의 가장 바깥 부분인데, 유전자 복제와 산화 스트레스가 일어나면서 계속 짧아지게 된다. 텔로미어 길이가 짧아지는 것은 빠른 노화의 표시이다. 텔로미어 길이가 짧아지는 것과 우울증이 상관관계가 있다는 증거들이 보고되고 있다(Simon et al., 2006; Wikgren et al., 2012). 따라서 스트레스 개선과 관련된 생물학적 과정을 측정하여 우울증 발달 과정에 스트레스가 작용하는 기제와 우울증이 신체 건강에 미치는 영향에 대해 새로운 관점을 제공할 수 있을 것이다.

결론

스트레스에 대한 신체 반응의 생리학적 지표 측정 방법이 새로이 개발됨에 따라 심리 과학의 다른 기법들과 결합될 것으로 기대된다. 이 기법들에는 심리사회적 스트레스원에 대한 다양한 평가 기법들, 스트레스원에 대한 인식과 반응의 개인차를 예로 들 수 있다. 특히 이 모델들을 전부 검증하기 위해서는 스트레스-반응 체계의 성숙과 여러 연구 내용들을 연결하기 위해 생애에 걸친 스트레스의 심리적 누적 효과를 고려한 심도 있는 종단 연구들이 필요할 것이다. 현재 이 분야를 고려할 때 주의해야 할 점은, 생리학적 측정법이 정교하다 할지라도 이는 인간의 스트레스와 스트레스에 대한 반응을 설명하는 심리 과정, 그리고 이 반응들이 정신병리학적 위험에 영향을 미치는 환경과 어떻게 상호작용하는지를 측정하고 이해하는 지속적 노력을 대체할 수 없다는 것이다. 이 심리학적 과정과 생리학적 과정 사이의 연결 고리들은 복잡할 것으로 생각되며, 따라서 다양한 패러다임들을 적용해보며 스트레스 모델들을 발전시키도록 꾸준한 노력이 필요할 것이다.

스트레스는 우울증이나 조증을 유발하는 요인이고 우울증이나 조증에서 회복하기 어렵게 만든다는 다소 단순한 개념은 이 절차들이 서로 연관되는 임상적 현실을 충분히 반영하지 못한다는 것이 입증되었다. 그럼에도 불구하고, 사람들이 환경에 부딪히고 환경을 지각하면서 서로 어떻게 상호작용하는지를 보여주는 연구 결과들은 우울증이 발달하는 잠재적 기제에 관한 여러 가설을 세울 수 있게 해주는 좋은 자료들이다. 현존하는 스트레스 역할에 대한 증거들은 우울장애에 병인론적으로 여러 가지 원인이 있음을 보여준다. 일부 사례들은 스트레스가 없이도 발달하고, 또 어떤 사례들은 스트레스가 주 원인이 된 것이기도 하고, 가장 영향을 많이 미치는 스트레스원의 종류는 사람에 따라 다르다. 스트레스는 우울증의 결과일 수도 있고, 또 스트레스는 우울장애의 발달 이전에 나타나서 이를 예측하게 해주는 행동 과정의 지표일 수도 있다.

9

어떤 유전자와 생리학적 체계가 우울증에 영향을 주는가?

과학에서는 빈번히 일어나는 일인데, 이론 연구자들은 기술 발달의 한계 때문에 실험 결과가 나오기까지 오랫동안 기다려야 하는 경우가 있다. 우울증에 대한 체액 이론과 같은 중세시대의 모델들은 우울증에 대한 생리학적 뿌리를 강조했었다. 그러나 수 세기 동안 두뇌와 두뇌의 작동 원리에 대한 인류의 지식은 부족할 뿐이었고, 관련된 생리학적 과정들을 관찰할 수 있는 직접적 수단도 존재하지 않았기 때문에 우울증의 생리학적 뿌리를 좀 더 정교하게 기술하려는 시도들이 별로 일어나지 않았었다. 우울 증상을 개선시키는 화학 물질이 우연히 발견되기 전까지는 우울증의 생리학적 연구가 거의 일어나지 않았었다. 이 발견으로부터 발생된 최초의 주요 이론은 카테콜라민 가설(Schildkraut, 1965)이었다. 이 이론에 따르면, 우울증은 신경 화학물질 중 카테콜라민의 수준이 비정상적일 때 일어난다고 하였는데, 이는 모노아민 산화효소 억제제(MAOI)와 노르에피네프린 흡수 억제제 등의 신경화학물질에 영향을 미치는 약은 상당한 항우울 효과를 보여준다는 관찰에 근거를 두었다. 여기서 주지할 것은, 이 증거도 간접적인 것이었다는 점이다. 특정 신경화학물질 수준을 증가시키는 약들이 우울 증상을 줄여주었기 때문에, 우울 증상의 원인은 이 신경화학물질 수준의 감소였을 것이라는 논리적 추론에 이 이론은 그 근거를 두었다. 이 논리적 모델의 가장 간단한 버전은 현재 부정확한 것으로 알려져 있지만, 이 이론은 우울증과 관계있는 생리학적 과정을 알아내기 위한 새로운 가설, 접근 방법, 연구 설계 등을 창의적으로 고안해내는 데 큰 자극을 주었다. 우울증이 일어나는 과정들에 대한 현재의 연구들은 두뇌 회로, 신경화학, 자율신경계 과정, 유전자 등과 같이 다양한 종류의 요인들을 연구하고 있으며, 이 연구를 위한 기술적 요구 수준이 상당하기 때문에 연구 진척 또한 느리다. 이는 이질적 연구 영역을 통합하는 과정에서 특히 두드러진다. 그러나 이들 중 여러 연구들은 반복측정 가능한 연구 결과들을 내놓았고, 이들은 우울증에 대한 심리사회적 및 정신의학적 측면에서 깊이 있는 설명을 해줄 수 있는 가능성이 있다. 다음은, 신경화학적·신경해부학적·두뇌 기능적 수준에서의 두뇌 작용, 호르몬의 역할, 그리고 유전자의 역할에 대해 지금까지 밝혀진 점들을 소개한다.

신경화학적 과정

항우울제의 발견은 우울증과 조증에서 나타나는 신경화학적 과정들에 대한 많은 연구들을 시작하게 했고 이는 지금까지도 이어지고 있다. 이러한 연구들은 우울증에 대한 이해를 도울 뿐 아니라 응용 측면에서도 가치가 있다. 신경전달물질이 우울증과 관련되어 어떤 역할을 하는지 더 이해할 수 있다면 효과적인 항우울 특성을 지닌 신약 개발을 이끌어낼 수도 있을 것이다. 기초과학적 측면에서도, 이 지식은 기분 및 행동과 관련된 분자 수준의 메커니즘에 대해 우리에게 더 많은 것을 알려줄 것이다. 관련된 대부분의 연구들은 다음과 같은 특징을 지닌 소수의 신경전달물질에 주안점을 두었다 ─ 두뇌의 여러 공간에 넓게 퍼져 있는 신경전달물질의 수용체, 이 신경전달물질 수준에 작용하거나 수용체 위치에서 다른 과정에 영향을 미치는 약리학적 물질, 인간 외의 동물이 모델링할 수 있는 모든 메커니즘(동물에서의 모델링은 전반적 구조에 대해 더 정확한 정보를 얻게 해주는 외과적 측정 방법을 가능하게 한다).

항우울제와 양극성 질환에 사용되는 리튬의 도래는 정신의학 치료에 매우 성공적이었기 때문에 과학자나 비과학자 모두 이 질환들을 생리학적으로 보는 관점으로 많이 바꾸어 놓았다. 그래서 대중의 일상대화에서도 우울증은 두뇌에서 '화학적 불균형'에 의해 초래된다는 식으로 묘사되곤 한다. 이 비유적 표현은 매우 매력적이어서 많은 사람들이 이 표현은 우울증에서 신경전달물질의 역할을 정확하게 묘사하지 않는다는 것을 모르고 있다. 우울증이나 조증과 직접적으로 선형적 인과관계를 보이는 단일 신경전달물질 혹은 신경전달물질의 조합은 없다. 단순히 두뇌에 있는 신경전달물질의 양을 늘리거나 줄이는 것이 우울 증상을 초래하거나 회복시키는 핵심 인과 과정이라고 보이지는 않는다. 효과적인 항우울제도 효과가 나타나기까지 약 3주 정도의 시간이 걸리는 편이며 두뇌의 신경전달물질 수준을 늘리는 것과 관계가 있다고 보기에는 훨씬 시간이 더 걸린다고 볼 수 있다. 이것이 시사하는 것은 항우울제가 작용하는 메커니즘은 천천히 일어나고, 따라서 수용체 밀도, 시냅스 후부과정, 두뇌 연결 구조의 장기적 변화의 형태로 일어날 확률이 높다. 따라서 신경전달물질들이 우울증 및 정상적 두뇌 활동과 생리학적으로 어떤 과정을 통해 관련되는지 아직 잘 설명되지 않고 있으며, 본질적으로는 복잡한 구조일 것이라고 받아들여지고 있다. 이러한 어려움에도 불구하고, 동물 및 인간을 대상으로 하는 연구들은 이 과정들이 어떠한 것인지 더 많이 밝혀내고 있으며, 이것은 우울증과 조증에 동반되는 정서 및 행동의 중요한 요인이라는 것을 확인시켜 주고 있다. 다음은 몇 가지 신경전달물질들이 우울증에 어떤 역할을 하는지 그 근거를 제시한다.

세로토닌

복수의 연구에서 나온 여러 가지 자료들은 신경전달물질인 세로토닌이 우울증과 관계가 있음을 보여준다. 이 주장과 부합하는 실험적 증거들은 세로토닌 체계를 조작하는 연구들에서 찾아볼 수 있다. 구체적으로 보면, 두뇌에서 순환하는 세로토닌을 증가시키는 SSRI(선택적 세로토닌 재흡수 억제제)는 효과적인 우울증 처방이라는 것을 복수의 치료 연구에서 보여주고 있다. 이것은 화학구조적으로 다양한 여러 약에서도 적용된다.

SSRI, MAOI, 노르에피네프린 흡수 억제제 등과 같은 모든 종류의 효과적인 항우울제들은 두뇌에서 세로토닌 분비를 증가시키고(Mongeau, Blier, & DeMontigny, 1997), 세로토닌 수용체의 밀도를 증가시킴으로써 두뇌 내부에서 세로토닌이 작용할 수 있는 더 많은 대상들을 제공한다(Haddjeri, Blier, & DeMontigny, 1998). 더욱이, 우울 증상들은 세로토닌 분비를 감소시키는 트립토판과 같은 물질을 투여함으로써 악화될 수 있다. 이를 종합하면, 이러한 연구 결과들은 세로토닌이 부족하게 되면 우울 증상이 나타나게 되는 과정과 인과관계가 있다는 것을 시사한다. 세로토닌은 양극성 및 단극성 우울증에서 동일한 역할을 하는 것으로 보이지만, 조증에서의 역할은 그다지 명확하지 않다(Mahmood & Silverstone, 2001). 이 논리와 일관되게, 세로토닌은 정상적 기분, 수면, 성기능을 포함하는 넓은 영역에서 어떤 기능을 하고 있으며, 충동성/낮은 자제력(CON), 부정적 정서성(NE)의 일부 측면 등을 비롯한 우울증과 관련된 여러 성격 측면과 관계가 있는 것으로 보인다(Carver, Johnson, & Joorman, 2008; Carver & Miller, 2006).

도파민

여러 출처들의 증거 자료들은 도파민(dopamine) 양이 줄어들거나 전달이 덜 되면 단극성 우울증, 특히 쾌락과 동기부여가 사라지는 등의 결과와 관계가 있다는 것을 시사한다(Dunlop & Nemeroff, 2007). 도파민은 쾌락, 보상을 바라는 행동, 동기 부여, 집중력 및 수행 속도 등과 같은 일부 인지 기능과 관련된 두뇌 기능에 매우 중요하다. 예를 들면, 쥐 실험에서 보상과 관련된 두뇌 영역에서 도파민의 감소는 보상을 얻으려는 노력의 감소와 관계있는 것으로 나타났다(Salamone, Aberman, Sokolowski, & Cousins, 1999). 인간의 경우, 극심한 우울증은 자극제들의 보상 효과에 대해 크게 반응할수록 두드러진다는 증거가 있는데(예 : Tremblay, Naranjo, Cardenas, Herrmann, & Busto, 2002), 즉 도파민 분비의 감소로 인해 시냅스 후부의 도파민 수용체가 통제되지 않게 하는 보상 과정을 초래하게 된다는 가설적 기제로 설명할 수 있다. 양극성 우울증의 초기 생리학 모델은 조증은 도파민 과다가 원인이라고 생각했었지만, 현존하는 자료에 의하면 이 모델은 지나치게 단순한 관점이라고 보인다. 자극제 약물은 조증과 유사한 행동을 유발할 수 있는데, 이는 아마도 자극제가 보상을 바라고 충동적 행동을 하게 하는 두뇌 회로를 활성화시키기 때문이라고 추측된다(Seamans & Yang, 2004). 조증에서 도파민의 역할을 보여주는 결과들을 보면, 항조증제는 항도파민이라는 것을 보여주는 연구들과, 양극성 우울증 환자들은 도파민에 의해 활성화되는 신경회로가 정상적이지 않을 수 있음을 기능적/구조적 두뇌 영상 스캐닝을 통해 보여준 연구들이 있다(Cousins, Butts, & Young, 2009).

뇌-유래 신경영양인자

뇌-유래 신경영양인자(Brain-derived neurotrophic factor : BDNF)는 해마체, 대뇌 피질, 전뇌기저부를 비롯한 특정 두뇌 부위에 작용하는 단백질인데, 기존 뉴론의 생존, 분화를 돕고 새로운 뉴론의 성장을 돕는다. BDNF는 신경 생성, 신경 발달, 장기 기억에 매우 중요한 역할을 한다(Post, 2007). 이 단백질에 대한 관심은 반복적이고 지속적인 스트레스 노출로 인한 신경 감소, 둔화된 신경 세포 발달, 신경 소모증 등의 이슈에서 신경 유연성(neuroplasticity)이 어떤 역할을 하는지 주안점을 두는 우울증 이론들과 일치하는 부분이 있다(예 : Kuma et al., 2004). 이러한 감소는 전두엽과 해마체의 기능에 부정적 영향을 끼치는 것으로 생각되며 이는 우울증에 특징적으로 나타나는 감정 조절, 기억력, 학습에 나타나는 비정상적 증상들을 유발하는 것일지도 모른다. 일부 항우울제와 전기충격 치료법 등 단극성 우울증을 위한 일부 효과적 치료법들은 우울증과 관련된 두뇌 내부(해마체 및 전두엽) 구역에서 BDNF mRNA 표현을 증가시킨다는 동물연구 자료들이 있다(Nibuya, Morinobu, & Duman, 1995; Russo-Neustadt, Beard, Huang, & Cotman, 2000). 게다가 낮은 수준의 BDNF는 높은 수준의 부정적 정서성과 관련이 있는 것으로 알려져 있다(Lange et al., 2005). 끝으로, 다음에 묘사하겠지만 BDNF 촉진 유전자들의 다양한 형태들은 양극성 우울증, 특히 빠른 극성 전환과 관련된다고 하는데(Green et al., 2006), 다른 연구 결과들은 이 관계를 아직 입증하지 못한 상태이다.

우울증과 유관한 두뇌 내 영역과 두뇌 회로

우울증과 조증이 남기는 큰 정서적 · 인지적 · 행동적 후유증 때문에, 우울증과 조증은 두뇌가 정상적 혹은 비정상적으로 작동할 때 관련된 두뇌의 여러 영역에 영향을 미치는 것으로 보인다. 당연한 이야기이지만, 우리의 모든 인지, 동기, 정서 체계가 두뇌 활동에 의해 일어난다는 점에서 우울증과 조증은 두뇌의 질환이라는 것이다. 하지만 두뇌의 정확한 작동 방식을 발견한다는 것은 상당히 까다로운데, 그 이유는 두뇌가 수행하는 활동에 대한 우리의 이해가 매우 기초적이기 때문이다. 게다가 두뇌에는 여러 가지 모습의 진화 흔적이 남아 있다는 것이 분명한 사실이기도 하다. 구조와 기능면에서 보더라도 두뇌를 어떤 측면에서 분석해도 개인차가 분명하다. 두뇌 구조와 기능을 우울증 위험에 대한 개인차와 우울증 발생으로 연결 짓는 것은 두뇌와 행동의 관계 그 어디에든 적용할 수 있는 규칙과 더불어 우울증 위험이 있는 사람들 사이에서 이 규칙이 어떻게 다른 모습으로 나타나는지를 발견해야 하는 상당한 노력이 요구되는 것이다.

연구자들은 두뇌의 다양한 표식들에 주안점을 두어 왔는데, 여기에는 여러 두뇌 영역의 크기나 모양과 같은 구조적 차이, 두뇌 영역과 회로의 기능(예 : 우울증이 생기면 나타나는 비정상적인 패턴이 활동을 하도록 피험자에게 지시했을 때 두뇌 내부 활성화 패턴이 어떻게 나타나는지 등), 그리고 신경화학물질과 같은 분자 구성요소들이 이에 해당한다. 이 분야의 연구 중 상당수는 주요우울장애와 같은 질환이 있는 집단과 그렇지 않은 집단을 비교하는 것이었다. 소수의 연구만이 이러한 신경생리학적 측정과 우울증 사이의 관계의 이해를 도울 수 있도록 설계되어 있다. 따라서 여러 측정 지수들이 우울증이나 조증의 부수 현상인지, 질병 과정의 결과인지, 혹은 우울증이 발생할 사람들과 그렇지 않을 사람들을 구분 지어 주는 위험 지표인지 알지 못한다. 그럼에도 불구하고 이 연구 주제들은 우울증과 조증의 특징적인 생리학적 기제를 좀 더 정확하게 이해할 수 있게 해줄 것이라는 기대가 있다. 두뇌에서 질환의 위험과 질환의 발달 과정이 어떻게 되는지 점점 더 알려짐에 따라, 우리는 질환과 관련된 일반적 두뇌 기능들이 무엇인지, 그리고 행동 및 심리 수준에서 관찰되는 질환의 징후들이 어떻게 초래되는 것인지를 알게 될 가능성이 생기게 된다. 이 지식은 우울증과 조증의 병인론을 이해하게 해주고, 치료 및 예방에 대한 연구 분야를 제시할 수도 있을 것이다.

두뇌 구조의 차이점

양극성 우울증 환자들과 통제집단의 두뇌 영역별 구조적 차이 연구들을 메타분석한 결과, 현재 연구들에서는 소수의 구조적 차이만이 검증가능한 것으로 보이는데, 이는 아마 양극성 우울증이 있는 사람과 없는 사람의 차이가 두드러지지 않기 때문일 수도 있고, 따라서 실제 차이를 식별하기 위해서는 상대적으로 더 큰 표본이 필요해 보인다. 이는 구조 영상 연구에서 종종 일어나는 일이기도 하다. 양극성 우울증을 겪는 이들은 뇌실이 더 크고, 소뇌 구조가 비정상적일 수 있다(Stoll, Renshaw, Yugelun-Todd, & Cohen, 2000). 또 이들에게서는 두뇌 깊은 곳에 백색 물질(심부백질)이 과집중될 확률이 높다. 이 백색 물질에서는 주변 조직에 비해 신호 강도가 세다. 이는 나이가 어리거나 정신병리학적으로 건강한 사람들에게는 거의 일어나지 않는 일이지만, 노인들이나 뇌혈관 질환자들에게는 좀 더 자주 나타나는 것이다(Kempton, Geddes, Ettinger, Williams, & Grasby, 2008). 현존하는 자료로는 이러한 차이점들이 드러나는 시점이 질환 발생 이전인지, 질환이 발생한 시점인지, 혹은 완화가 된 상태에서도 그러한지는 아직 명확하게 밝혀지지 않았다. 주요우울장애와 양극성 우울증 둘 다 전방대상피질(ACC)의 구조적 이상과 관계가 있는 것으로 제시되어 왔다(Coryell et al., 2005).

메타분석 결과에 의하면 주요우울장애는 거대 뇌실, 다량의 중추신경 액체, 크기가 작은 해면체, 전두엽, 안와 전두 피질, 시상, 그리고 기저핵과 관련된 것으로 보인다(Kempton et al., 2011). 해마체 크기의 감소는 회복한 주요우울장애 환자들보다 현재 우울증에 걸린 이들에게서 더 현저하게 나타났다. 주요우울장애 환자들과 양극성 우울증 환자들 사이의 구조적 차이에 대한 증거가 존재하는데, 예를 들면 주요우울장애 환자들에게는 심부백질 과집중이 덜하고, 해면체와 기저핵의 부피가 작다는 것이다. 이 두 질환들은 통제집단과는 차이가 있기는 했지만 서로 유사했는데, 측뇌실 부피의 증가와 피질 하부 회백질 과집중이 더 컸다는 점이다. 그러므로 두뇌 구조의 어떤 이상은 단극성 및 양극성 질환에서 유사한 면이 있으나, 어떤 부분은 고유의 특징이 있어서 조증의 원인을 설명할 수 있는 가능성을 기대할 수 있다.

두뇌 활성화 및 기능 차이

EEG와 fMRI 등을 사용한 두뇌 내부 구간들의 기능 영상을 통해 뇌파 활동, 글루코스 신진대사, 뇌 혈액 흐름 등의 두뇌 활동 패턴과 여러 종류의 자극, 고급 정보 해석, 정서 유발 자극에 대한 반응 등 관찰 대상 활동을 이끌어내는 작업 수행을 연결시키는 작업이 이루어진다. 우울증과 우울증 위험을 나타내는 지표들은 여러 두뇌 영역의 기능적 차이와 관계가 있는 것으로 제시되어 왔다.

편도체. 편도체는 매우 다양한 분야의 정서 관련 과정과 관계있는 것으로 알려져 있다. 변연피질 안에 있는 이 두뇌부분은 의식과 무의식의 수준에서 주어진 자극에 대한 정서적 특징을 결정짓는 데 중요한 역할을 하는 것으로 보인다. 주요우울장애를 겪는 사람들은 회복 후에도 편도체에 혈류량이 많은 것으로 나타나며, 편도체 활성화는 우울증의 심각성과 정적 관계가 있다(Drevets & Raichle, 1992). 단극성 우울증을 겪는 이들은 슬퍼하거나 두려워하는 표정에 대해 과장된 편도체 활동이 있다는 증거가 있다(예 : Surguladze et al., 2005; Victor, Furey, Fromm,

Ohman, & Drevets, 2010). 우울증을 겪지 않는 사람들은 긍정적 편향이 있는 것으로 보인다. 우울증에 걸린 사람들과 비교했을 때 우울증을 겪지 않는 사람들은 슬픈 표정보다는 행복한 표정에 대해 편도체 반응이 더 강하게 나타난다(Killgore & Yurgelun-Todd, 2004). 이 부정적 정서 편향은 가려진 자극에 대한 편도체 반응에도 명백하기 때문에, 이러한 편향들은 의식 수준보다 더 기저에서 일어난다는 것을 시사한다(Victor et al., 2010). 더욱이, 부정적 표정에 대한 이러한 편향된 과정들은 우울증의 위험이 있는 사람들에 대한 특징적 지표일 수 있는데, 그 이유는 이러한 현상이 완화된 주요우울장애 환자들에게서 발견되었기 때문이다(예 : Neumeister et al., 2006 ; Victor et al., 2010). 끝으로, 우울증에 대한 효과적인 치료는 편도체의 활동 감소를 유발하는데(예 : Mayberg et al., 2005), 이는 우울증에서 편도체 기능이 인과적 역할을 한다는 증거이다.

우울증에서 편도체의 역할에 대한 추가적 연구 결과는 두려움과 관련된 두뇌 회로를 평가하는 다른 방법들로부터 나온 것들이다. 긍정, 혐오, 중립 자극을 통한 눈깜빡임 반사 연구는 두려움 민감성에 대한 개인차를 보여주는 지표로 알려졌는데, 이는 방어 반응과 관련된 두뇌 회로의 작동에 의한 것으로 생각된다. 놀래킴 눈깜빡임 반사는 갑자기 나는 큰 소음과 같이 갑작스럽고 격렬한 자극을 만났을 때 나타나는 보호 반응이다. 이 보호적 눈깜빡임 강도는 피험자가 혐오 자극을 보고 있으면 강해지고, 긍정적 자극을 보고 있으면 약해진다. 긍정 및 혐오 자극은 서로 다른 동기부여 상태를 활성화시키기 때문에 이러한 반응이 발생하는 것으로 생각되고 있다(Lang, Greenwald, Bradley, & Hamm, 1993). 만약 사람들이 혐오 자극에 노출되어 방어적으로 동기가 부여된 상태에 있다면 이 사람들의 눈깜빡임 강도는 갑작스러운 자극에 노출될 때 증가될 것이다. 생쥐 실험을 통한 자료(예 : Davis 1998)에 따르면, 편도체의 두 영역은 이러한 놀래킴 반응과 관련되었음을 보여주었고, 놀래킴 반응에 대한 개인차는 편도체 반응에 나타나는 민감성 지수의 차이일 수도 있다는 것을 시사한다. 부정적 자극이 주어졌을 때 놀래킴 반응은 불안장애가 없는 사람들에 비해 상대적으로 불안장애가 있는 사람들이 대개 높은 반응으로 나타나지만, 단극성 우울증을 앓는 사람들에게는 효과가 감소되는 것으로 나타난다. 긍정적 자극 노출로 인한 놀람 억제는 단극성 우울증 환자들에게는 약한 것으로 보이며, 특히 무쾌감증의 경우에 더 두드러진다(Vaidyanathan, Patrick, & Cuthbert, 2009).

끝으로, 편도체는 스트레스 호르몬인 코르티솔과 상호작용하는 두뇌 회로의 부분이기도 하다. 예를 들면, 코르티솔은 편도체에서 두뇌의 다른 영역으로 정서적 기억을 기록하는 것을 향상시킨다(McGaugh, 2004). 즉 두뇌 체계 반응들이 이러한 반응을 조직하도록 도움으로써 코르티솔 관련 스트레스 시스템이 스트레스 반응을 견고하게 해주는 기제일 수 있다.

해마. 해마는 정서 자극이 위치하는 맥락 정보를 기록하고 정서 자극을 처리하는 데 중심 역할을 하며(Phillips & LeDoux, 1992), 학습과 장기기억 처리 과정과 관련이 있다(예 : Bremner et al., 2000; Sheline, Shanghavi, Mintun, & Gado, 1999), 단극성 우울증은 해마의 부피 감소와 관련이 있는데(예 : Bremner et al., 2000; Sheline, Shanghavi, Mintun,

& Gado, 1999), 우울증에서 볼 수 있는 기억 결함에 어떤 역할을 하는 것이라고 추측된다(제3장 참조). 이러한 구조적 변화는 우울 삽화 재발의 결과일 수도 있고(Sheline et al., 1999), 또는 해마의 신경조직을 죽이는 유년기의 만성적 스트레스에 의한 것일 수도 있다(Campbell & MacQueen, 2004). 이러한 구조적 결함은 기억 손실과 관련되지만 (Sheline, Mittler, & Mintun, 2002), 실제 이것이 일어나는지 그 구조를 보여주는 기능영상 연구 자료는 별로 없는 편이다.

보상 관련 두뇌 체계 : 중엽변연 회로, 전전두엽 회로, 편도체 회로. 보상 관련 행동에서 나타나는 결함은 앞서 우울증의 원인에 대해 언급된 내용 (예 : Depue & Iacono, 1989)과 일관되게, 두뇌의 여러 부분인 중격 의 지핵과 복측 피개부에서의 보상 결과 처리와 관련이 있는 것으로 보인다 (Pizzagalli et al., 2009).

우울증은 전전두엽 활동의 감소와 관련이 있는 것으로 보인다. 전전두엽 활동은 조증과 우울증 환자가 어려움을 겪는 계획 수립, 목표 설정, 여러 행동에 대한 정서적 결과 예측 및 행동 가이드 등을 포함하는 고급 지능 행동에 중요한 것이다. 주요우울장애 및 양극성 장애 환자들의 우울증이 활성화되었을 때 전방대상피질 활동이 늘어나고, 성공적인 약물 치료의 결과로 회복되었을 경우 정상 수준으로 돌아온다는 자료가 있다 (Drevets & Price, 2005). 더욱이 우울증의 심각도, 편도체 회로의 신진대사, 전방대상피질, 복내측 전전두엽 사이에는 정적 상관관계가 존재한다 (Drevets, Savitz, & Trimble, 2008 ; Hasler et al., 2008).

우울증에 대한 유전자의 영향

우울증에 대한 유전자 연구는 우울증 발달 위험에서 개인차를 초래하는 인과 구조를 밝혀내는 것이다. 우울증 발달 위험을 증가시키는 생물학적 및 심리학적 체계를 생성하는 유전자를 이해하기에는 아직 갈 길이 멀지만, 우울증 위험요소가 개인마다 다르게 나타나는 데 유전자가 그 역할을 한다는 것은 의심의 여지가 없다. 현재 우리가 명백하게 파악한 것은, 어떤 사람들은 우울증에 걸리고, 또 어떤 사람들은 우울증에 걸리지 않는 중요한 이유는 개개인의 유전자 차이라는 것이다. 이는 제6장에서 다룬 취약성–스트레스 모델과 전체적으로 일치하는 것이다. 유전자의 중요성을 보여준 연구와 동일한 설계로 진행한 연구들은 어떤 환경 요소가 우울증 발달과 관련이 있는지, 그리고 어느 유전자가 활성적 역할을 하게 되는지 우울증 발생의 과정을 밝혀 주었다. 이러한 과정과 관련된 유전자들을 식별하고 우울증 발달 과정 기저의 생물학적 및 심리학적 과정을 밝히려는 폭넓은 노력이 있었다. 그러나 입양된 쌍둥이들을 대상으로 하는 연구들은 우울증에서 유전자의 중요성을 확정적으로 보여주었지만, 어느 유전자가 원인이 되는지 탐색 범위를 줄여가는 최신 기술들은 이것을 확정짓지 못하게 하는 결과를 낳게 해주었다. 우울증과 관련된 유전자는 다수가 식별되었지만, 이들 중 대부분은 연구 결과에 확신을 줄 만큼 반복 측정되지 못했다는 문제가 있다.

이 영역에 명쾌한 답을 구하기 어렵게 하는 부분은 연구 구조의 특성에 있다. 다수의 연구자들은 **정신질환의 진단 및 통계편람**에서 정의된 질환의 복잡성은 이 질환들을 특정 유전자에 명쾌히 연결 짓기 어렵게 한다는 점을 지적했다. 이 진단들은 다수의 생물학적/심리학적 체계상에서 다양한 징후와 증상을 알아내는 활동들을 통해 다차원적으로 판단되는 것이어서 소수의 유전자로부터 초래된다고 여겨지는 질병 전개 과정들을 식별하게 해주지는 않는다. 제6장에서도 언급했듯이, 우울장애는 그 원인이 다양하고, 유전자가 우울장애의 전체가 아닌 일부 측면에만 관여할 가능성도 있고, 우울장애의 각각의 측면과 다양한 수준에서 영향을 미칠 가능성도 있고, 또 어느 유전자가 어느 측면과 관여하는지 그 연결이 다양할 수가 있다. 우울증에 어느 측면이 있는지를 알지 못하는 것은 이렇게 중요한 질문에 대한 진보를 막는 큰 장벽이다.

우울증을 발달시키는 유전자 연구가 초기 단계라는 것에 우리는 아쉬워할 수도 있지만, 우울증과 유전자의 관계를 연구하면서 알게 된 지식들의 중요성 또한 가볍게 볼 수는 없다. 첫째, 우울장애는 유전된다는 명백한 근거가 존재한다. 예를 들어, 주요우울장애 환자의 직계가족들은, 직계 가족 중 주요우울장애 병력이 없는 경우에 비해 발병 확률이 두 배에서 네 배가량 높았다(예 : Rice, Harold, & Thapar, 2002; Sullivan, Neale, & Kendler, 2000). 따라서 우울증 고위험군에 속한 이들을 식별할 때 가족력을 보는 것은 성별을 보는 것만큼 중요하다. 쌍둥이 비교 연구는 유전자에 따라 위험 확률이 증가할 수 있다는 더 강력한 근거를 제시한다. 이 연구들에서는 청소년과 성인의 주요우울장애 발생에는 유전자가 영향을 주며 개인에 따라 30%에서 40%에 이르는 변량을 설명해준다(예 : Rice et al., 2002; Shih, Belmonte, Zandi, 2004). 또 쌍둥이 연구 설계는 환경의 영향이 어떤지에 관한 자료를 보여줄 수 있는데, 쌍둥이 연구들은 각자가 처한 환경이 주요우울장애 발병에 영향을 준다는 것을 보여준다. 입양 연구는 가족 및 쌍둥이 연구의 부족한 부분을 적절히 채워주지만 우울증을 주제로 한 연구들은 극히 그 숫자가 적다. 툴리 등(Tully, Iacono, & McGue, 2008)의 입양 연구에서, 모친의 우울증은 아이의 정신과적 평가 결과에 부정적인 영향을 미치는 것으로 나타났다.

둘째, 연구 결과들이 일관되지는 않지만, 메타분석 연구들은 주요우울장애에 대한 유전자의 영향이 성별에 따라 다르게 나타나지 않는다는 주장을 하고 있다. 이는 주요우울장애의 유전자 차이가 성차를 설명하지는 못한다는 것을 시사한다.

셋째, 우울증은 그 원인이 다양하다는 현재의 이해와 일치하는 내용인데, 우울장애는 그 하위 유형에 따라 유전성도 차이가 있다는 근거가 있다. 구체적으로 보면, 가족력 연구에서 나타난 자료들은 유년기/청소년기에 발생하거나 재발된 주요우울장애의 경우는 성인이 되어서 발생하는 주요우울장애와 단일 삽화의 경우보다 유전의 영향이 크다는 것을 보여주고 있다(Sullivan et al., 2000; Weissman et al., 1984; Zubenko et al., 2001).

넷째, 우울장애에 대한 유전자의 영향은 생애 주기에 걸쳐 변화할 수 있다. 일반적으로는 유전 가능성은 청소년기와 성년기에도 별 차이가 없다(Rice et al., 2002). 아주 이른 발병, 즉 어린이에게 일어나는 우울증 연구들은 좀 다른 그림을 제시한다. 어린이에게 일어나는 경우는 유전자의 영향이 적고 환경의 영향이 크다는 자료들이 있다(예 : Kendler,

Gardner, & Lichtenstein, 2008; Scourfeld et al., 2003). 발달 단계 및 유전자의 영향은 장기간에 걸쳐서 우울증에 미치는 영향에 큰 변동이 없지만, 환경의 영향은 우울증의 발달 및 변화와 관계가 있다(Lau & Eley, 2010; O'Connor, Neiderhiser, Reiss, Hetherington, & Plomin, 1998).

다섯째, 어떤 유전자가 단극성 우울증에 영향을 준다 하더라도, 이 유전자들의 영향은 우울증으로만 나타나는 것이 아니다. 다시 말해, 유전자들은 우울증과 관련된 다른 임상적 증상이나 특질에도 영향을 주는 것으로 보인다. 단극성 우울증에 대한 유전자의 영향은 범불안장애 (generalized anxiety disorder : GAD)와 부정적 정서성에 미치는 영향과 상당히 공통된 부분이 많다. 이는 불안과 우울증이 동반이환하도록 하는 유전적 영향이 있음을 시사한다. 양극성 우울증과 조현병은 공통된 유전의 영향을 받으며, 양극성/단극성 우울증 또한 공통된 유전의 영향을 받는다(예 : Huang et al., 2010). 현대의 분자유전학은 흔히 발생하는 질병들을 설명할 수 있는 공통된 유전자 변이를 발견하겠다는 패러다임에서 벗어나서, 흔한 질병들은 드물게 발생하는 유전자 변이가 합쳐져서 일어난다는 시각을 갖게 되었다. 어느 특정 유전자 하나가 변이해서 발생하는 위험은 매우 작기 때문에 이러한 단독 유전자가 발견될 가능성은 희박하다고 보인다. 이는 상당히 큰 규모의 표본을 사용하는 초대형 연구 및 최첨단 유전자-매핑 기술 연구에서도 그러하다(Gershon, Alliey-Rodriguez, & Liu, 2011). '여러 개의 드문 변이들'에 초점을 두는 가설은 각각의 희귀한 변이가 해당 질병에 대해 강한 영향을 미친다고 주장한다. 각각의 변이는 고유한 것이기 때문에 표본의 크기가 초대형 규모(수만에서 수십만 단위의 참여자 규모)가 아니라면 탐색적 연구 설계에서 각 변이의 영향을 찾아내기는 어려울 것이다. 그러나 각각의 희귀 변이들은 그 영향력이 합쳐져서 일반적으로 잘 나타나는 질병을 초래하게 된다.

여섯째, 우울증에 대한 유전자의 영향과 잠정적 환경 요인은 서로 독립적이라고 보기가 어렵다. 유전적 요소와 환경적 요소가 어떻게 상호작용하여 질환의 위험을 고조시키는지에 관해 초점을 맞추는 것이 바람직한 선택으로 보인다. 이러한 과정들을 통틀어서 유전자/환경의 상관관계 및 상호작용이라고 부른다. 우선, 우울증과 관계있는 환경에 대한 측정을 통해 우울증이 유전적 요소에 의해 영향을 받는다는 사실이 알려져 있다. 예를 들면, 스트레스를 받는 생애 사건들에 대한 감정, 결혼생활 만족도, 부모-자녀 관계 만족도, 그리고 사회적 지지는 모두 유전적 차이에 의해 영향을 받는다는 것을 두 연구가 밝혀냈다(예 : Kendler & Baker, 2007; Plomin & Bergeman, 1991). 이러한 요인들이 우울증과 관계가 있는 이유는 주어진 환경이 우울증의 위험을 결정했다기보다 오히려 처음부터 이러한 요인들을 발생시키고 우울증 위험을 증가시키는 것은 유전자의 영향일 수도 있다는 것이다. 따라서 우울증과 관련이 있는 것으로 생각되는 성격 특성을 초래하는 유전자들이 우울증 자체의 원인이 될 수도 있고 우울증을 초래하는 환경을 만들도록 기여할지도 모른다. 유전적 취약성은 질병 위험을 증대시키는 환경에 더 잘 노출되도록 할지도 모른다. 즉, 유전자의 영향을 받는 어떤 특징들은 타인들에게 일정한 반응을 유발할 수도 있고 혹은 우울증을 유발하는 환경을 선택하도록 이끌지도 모른다. 또 유전적 취약성은 타인에 비해 특정 환경에 더

격하게 반응하게 할 수도 있다. 끝으로, 유전자는 사건들에 대한 반응성의 개인차를 조절할 수 있다. 예컨대, 유전적으로 우울증 위험이 높은 사람들은 스트레스원들의 영향을 매우 크게 받는다는 결과가 존재한다(Kendler et al., 1995; Silberg, Rutter, Neale, & Eaves, 2001). 이러한 연구 결과들은 취약성-스트레스 모델(제6장)과 일치하는데, 스트레스원들은 우울증에 대한 취약성이 있는 사람에 대해서만 영향을 미친다는 것을 의미한다.

우울증과 연결된 특정 유전적 다형성

하나 이상의 연구에서 몇 가지 특정 유전자들은 주요우울장애 또는 양극성 우울증과 연결 고리를 갖는다고 주장했지만 이들 중 소수의 연구들만이 검증가능했다. 식별된 유전자들 중 몇 건의 검증된 연구들은 세로토닌 체계와 관련된 유전자들을 대상으로 했다. 앞서 밝힌 대로, 세로토닌의 부족은 우울증을 유발한다는 근거가 존재한다. 이와 일치하는 내용으로, 세로토닌 전달과 관련 있는 유전자들 또한 우울증과 연결고리가 있어 보인다. 그러나 우울증과 연결된 유전적 다형성(genetic polymorphism)과 우울증에서 세로토닌의 역할이라는 두 분야는 접점을 찾기 어려울 수 있다. 예컨대, 세로토닌 전달 유전자, 특히 이 유전자를 촉진시키는 구간에 대한 연구가 폭증한 적이 있다. 이 유전자는 시냅스상에서 전달체 분자 감소를 초래하는 형태(활동 억제)와 전달체 분자를 증가시키는 형태(활동 강화) 등 크게 두 종류로 구분될 수 있다. 활동 억제를 유발하는 종류는 단극성 및 양극성 우울증 환자 사이에서 잘 발견되지만 이들의 영향은 극도로 미미하다(Lotrich & Pollock, 2004). 그러나 이것은 다소 놀라운 사실이다. 활동 억제를 유발하는 유전자는 세로토닌이 많이 분비되도록 해야 할 것이고, 항우울제의 효과에 대한 연구 결과에 비춰보면 이것은 우울증 위험을 낮춰야 할 것이다. 좀 더 최근의 연구 결과들은 뇌-유래 신경영양인자와 관련된 유전적 다형성에 좀 더 집중하였다. 뇌-유래 신경영양인자 유전자의 여러 형태들은 뇌-유래 신경영양인자 단백질이 소량 또는 다량으로 분비되게 하는데, 이 유전적 다형성은 주요우울장애와 양극성 장애와 관련이 있는 것으로 추측된다(Schumacher et al., 2005; Sklar et al., 2002).

지난 10년간 정신유전학에서는 크게 두 가지 발전이 있었다. 그 첫째는 유전자 변이를 알아낼 수 있는 강력한 기술들이 발명되었다는 것과 이 결과들을 분석할 수 있게 되었다는 것이다. 이를 통해 유전자 전체에 관한 연구[전장유전체 연관 분석 연구(genome-wide association study)]와 유전자 각각(개인의 게놈)에 대한 딥-시퀀싱이 가능해졌다. 이러한 발전을 통해 알게 된 결과들은 아직은 미미한 수준이지만 일반적인 유전자 다형성은 우울증을 비롯한 여러 정신질환에 미치는 유전자 영향이 미미할 것이라는 결론과 일치하는 것이다. 이에 따라 유전체학에 대한 최근 연구들은 희귀한 유전자 변이의 발견과 좀 더 자세한 수준에서 유전자를 탐색할 수 있는 데이터 마이닝에 초점을 두고 있다. 이 연구 노력들의 주제는 아직 탐색 단계라고 보아도 무방하다. 두 번째 발전은, 특정 환경에 노출이 되면 유전자 다형성의 영향이 발생한다는 연구 결과로 인해 환경의 역할에 대해 다시 관심이 증가했다는 것이다. 극심한 부정적 생애 사건과 같은 환경 스트레스에의 노출, 또는 아동 학대와 같은 환경적 맥락에서 환자가 특정 유전자를 지니고 있을 경우에 정신병리학적 위험 상승과 관계가 있다는 것을 여러 연구에서 밝혔는데, 이는 전통적 취약성-스트레스 모델에서 주장하던 것과 일치하는 것이다. 이러한 발견들은 일반적 유전자 변이가 우울증과 같은 질환에서 중요한 역할을 할지도 모른다는 근거로 받아들여졌지만 유전자 변이의 역할은 그 자체로 질환의 위험을 증가시키는 것이라기보다 환경 요소와 조합이 되어야만 영향을 끼치는 것이었다. 이 주장은 매력적인 것이었는데, 그 이유는 이러한 질환들에 대해 이미 알려진 환경적 위험요소와 심리적 과정에 영향을 주는 유전자들 사이의 상호작용을 검증함으로써 우울증의 유전적 기원에 대한 중요한 발견이 가깝다는 것을 시사했고, 따라서 어떤 주어진 유전자가 어떤 역할을 하는지 구체적이면서도 이론에 근거한 실험을 할 수 있을지도 모른다는 가능성을 보여주었기 때문이다.

안타깝게도 이러한 연구 결과들이 가져다준 흥분은 검증이 어려운 것들이었고, 이는 이전에 특정 유전적 다형성을 특정 질병과 관계가 있다고 했을 때의 흥분과 비슷한 것이었다. 유전자와 환경의 상호작용이라는 현실은 논문들을 통해 상당한 토론이 있어 왔지만 전체를 놓고 본다면 지금까지 알려진 사실들의 패턴은 논문으로 보고된 대부분의 유전자-환경 상호작용들은 실제 효과라기보다 그릇된 확신일 확률이 높은데 (Duncan & Keller, 2011), 그 이유는 다음과 같다. 긍정적 결과를 보여준 대부분의 연구들은 유전자와 환경의 상호작용을 검증할 통계적 능력이 미흡하며, 유의미한 영향을 보여줄 수 있는 대규모 표본을 동원한 연구들은 정신병리학적 측면에서 유전자-환경 상호작용 유무의 근거 자료를 별로 만들어주지 못했다. 따라서 유전자와 환경의 상호작용은 우리가 목격하는 우울장애의 유전성을 설명해줄 기제에 대한 최종적 답을 줄 것으로 기대되지 않는다.

유전적 경로 정의를 위한 우울장애 표현형 재정의하기

우리의 진단 분류는 정신병리학의 유전적 구조를 발견하도록 고안된 것이 아니다. 또한 현재 우리가 가지고 있는 진단 분류는 그다지 정밀하지 못한데, 그래서 기초 정신병리학 연구에서는 좀 더 정밀한 목표 정의가 필요하다는 생각들이 오랫동안 있어 왔다. 이러한 접근법의 목표는 (a) 우울증을 원인에 따라 분류하거나 혹은 더 좁은 의미로 분류하고, (b) 유전자와 증상 사이의 중간 고리들을 정의함으로써 유전자들이 영향을 미칠지도 모르는 생물학적 과정을 지목할 수 있도록 취약점 지표를 정의하는 것이다. 그 결과로 얻게 되는 지표들은 '내적 표현형(endophenotype)'이라고 부르기도 하는데, 이것의 의도는 유전자와의 연결을 좀 더 명백하게 보여주는 특성이나 과정을 식별하고 이를 통해 병의 원인이 더 유사한 하위분류들을 정의할 수가 있게 된다. 내적 표현형의 정의는 우울증에 대한 임상 연구들이나 신경화학 및 행동 분야에서 기본 감정 과정 등을 비롯한 기능의 정상적 변형으로부터 시작할 수 있다. 이 접근법은 내적 표현형과 유전자들 사이의 연결 고리를 찾기 위한 것이라는 가정이 그 기저에 있는데, 그 이유는 내적 표현형들이 기본 감정 과정과 같은 유전자와 연결된 인과적 고리에 더 가깝다고 여겨지기 때문이다.

후성유전학

흥미롭기도 하고 잠재력이 있는 연구 분야 중 하나는 환경에 의해 어떻게 유전자 기능들이 영향을 받는지를 알아보는 것이다. 유전자의 기능을 관리하는 과정들은 유전자 산출물의 분량, 시점, 혹은 위치를 변화함으로써 작동한다. 호르몬, 세포 요소, 일부 환경적 구조들은 유전자 표현에 영향을 미칠 수 있는 것으로 알려져 있다. 쥐의 생육 환경 연구 자료(Meaney, 2001; Meaney & Szyf, 2005)에 따르면 어미가 새끼를 잘 돌보게 하거나 혹은 어미와 새끼를 장기간 격리시키는 등의 환경적 차이는 비정상적 스트레스 반응성 혹은 새로운 것에 대한 반응성 등 새끼의 행동적 차이와 관련이 있는 것으로 나타났다. 이렇게 새끼에 대한 양육 환경의 영향은 시상하부 뇌하수체 부신 축(hypothalamic-pituitary-adrenal : HPA)의 스트레스 반응성과 관련된 유전자 표현의 변화를 통해 매개되는 것으로 생각된다(Caldji, Diorio, & Meaney, 2000). 시상하부 뇌하수체 부신 축의 장기 과활성화는 만성 스트레스의 결과이고, 따라서 이는 우울증과 관계가 있다는 점에서 이러한 연구 결과는 많은 주목을 받았다(예 : McEwen, 2003).

동물 모델에서의 우울증

우울증과 관련된 생물학적 기제를 찾아내는 좀 더 직접적인 방법은 생물학적 기제를 직접 확인하고 통제할 수 있는 동물을 대상으로 연구를 하는 것이다. 동물 모델을 사용하면 우울증에 대한 진화론적 모델을 직접

검증할 수 있다는 부가적 장점이 있다(제5장). 우울증과 관련된 행동들이 얼마만큼의 하등동물에게서도 나타나는지를 확인한다면 우리가 진화하던 과거 중 어느 시점에서 우울증을 유발하는 체계가 나타났는지를 알 수 있게 될지도 모른다. 예를 들면, 쥐 실험을 통해 우리는 생물학적 기제를 탐색하기 위한 다양한 패러다임들을 활용할 수 있었다. 강제 수영 실험에서, 쥐는 물로 채워진 탈출 가능한 원통에 놓인다. 일반적으로 쥐는 처음에는 탈출하려 하다가 그다음에는 움직이지 않는 자세를 취한다. 이러한 행동 프로파일들은 각 쥐마다 다양하게 나타나는데, 이 실험이 행동에 미치는 영향은 항우울제로 감소시킬 수 있다. 이 행동은 자포자기 행동(behavioral despair)이라는 용어로 정리하였다(Porsolt, Bertin, & Jalfre, 1978). 이 모델은 제5장에서 거론한 우울증의 진화 모델들과 유사한 점이 있다. 이 접근의 타당성은 이 동물들이 보이는 징후들과 인간의 우울증에서 나타나는 행동적/표현적 유사성, 그리고 이미 알려진 생물학적 치료에서 이 행동에 대한 민감성이 유사하다는 것에서 확인되고 있다. 구체적으로, 우울증에 대한 이상적 동물 모델은 인간의 우울증과 표면적으로 유사한 특징들로 정의할 수 있는데, 이러한 특징들은 다시 인간 대상의 항우울제 치료로 확인할 수 있다(여기서 짚고 넘어갈 점은, 대부분의 동물 모델들은 전자보다는 후자에 무게를 두었기 때문에 이들은 우울증의 원인보다는 항우울제 활동에 대한 더 좋은 모델일 확률이 높다). 생물학적 조작은 유전자 변형, 선택적 번식, 두뇌 활동에 영향을 미치는 약품 처방, 혹은 두뇌 부위의 직접적 손상 등을 통해 이루어진다. 일반적으로, 중독이나 불안과 같은 다른 정신병과 비교해보면, 쥐 실험에서 우울증과 연결시킬 수 있는 행동 결과를 정의하는 것은 상당히 어려운 일이었는데, 그 이유는 우울증의 증상이 너무나 다양하다는 점이 크게 기여했고, 자살 성향, 죄책감/무가치함 등과 같은 여러 주요 우울 증상들은 타 동물과 연결 지을 수 있는 부분이 없기 때문이기도 했다. 좋은 결과를 낳을 것으로 보이는 패러다임들은 사회적 철수, 에너지 결여(수영, 달리기, 에너지 소모, 집짓기 행동 등으로 파악), 인지적 결함(단기 기억 및 공간 기억 등을 통해 파악), 그리고 학습된 무기력 과제 등으로 알 수 있는 쾌감 상실 행동을 평가한다. 동물 모델의 제약점으로는, 동물 모델들은 거의 수컷 동물들을 대상으로 실험이 이루어졌기 때문에 우울장애에서 잘 검증된 성차 모델을 검증하는 데 유용하지 않다는 것이다. 역설적으로, 스트레스원에 동물을 노출시키는 쥐 우울증 모델 중 다수가 수컷 동물보다 암컷 동물들이 이러한 조작에 덜 반응한다는 점을 보여주었다(Cryan & Mombereau, 2004).

전통적 동물 우울증 모델은 개들을 반복적이고 통제불가능하고 피할 수 없는 충격에 노출시키는 것으로부터 출발한다(Overmier & Seligman, 1967). 레버를 누름으로써 통제할 수 있는 충격에 노출된 개들과 비교해 보면, 통제불가능한 충격에 노출된 개들은 벗어날 수 있는 충격들을 회피하는 것을 학습하지 못했다. 대신, 이 개들은 수동적으로 행동했고, '어쩔 수 없다'는 듯이 무기력하게 충격을 회피하려 하지 않았다. 이 모델은 나중에 쥐 실험으로도 확장이 되었고, 행동 결과는 항우울제로 대처할 수 있다는 것을 보여주었다. 중요한 것은, 이 패러다임에서도 모든 동물들이 학습된 무기력을 나타내지 않았다는 것은 피할 수 없는 충격에 대한 반응을 통제하는 체계에도 객체별 차이가 있다는 것을 시사한다. 흥미롭게도, 이 패러다임의 효과는 암컷 쥐보다는 수컷 쥐에서 더 두드러진다(Caldarone, George, Zachariou, & Picciotto, 2000).

우울증에 대한 다른 동물 모델들은 우울증과 유사한 행동결과보다는 우울증의 가설적 원인에 집중한다. 예를 들면, 우울증의 영향을 흉내내는 다수의 패러다임들이 고안되었는데 이들은 만성 스트레스와 같은 기분장애의 발달에 중요할 수 있다. 쥐에게 적용한 만성적인 가벼운 스트레스 모델은 장기간 (5~7주)에 걸쳐 예측불가능하지만 가벼운 스트레스원에 노출시키는 것이다. 충격의 영향은 쥐 내부의 여러 체계에 걸쳐 나타나는데, 스트레스 노출이 종료된 지 장기간이 지났어도 행동, 신경내분비, 신경화학, 신경면역 변화가 관찰된다. 두 가지 결과가 우울증과 상당히 관계가 있는 것으로 보인다. 이러한 스트레스에 노출된 동물들은 강화물인 먹이(자당) 소비에 대해 낮은 선호도를 보이고, 두뇌-보상 기능이 감소된 것이 관찰되는데, 이는 둘 다 무쾌감증의 가능성을 보이는 것이다. 이 결과들은 항우울제 치료로 회복가능하다.

동물 모델들은 인간에 대한 신경과학 또는 유전적 접근의 대상이 되는 우울증의 내적 표현형을 식별하게 해줄 잠재력이 있다. 동물 모델의 매력은 인간에게서 조절하거나 측정하기 불가능한 많은 변수들을 직접 통제할 수 있게 해준다는 점인데, 그러나 이러한 접근법들은 결국 동물에게서 즉시 인지할 수 있는 우울증들에 대해서만 모델을 제공할 수 있다는 점에서 제약이 있다.

결론

우울장애의 원인에 대한 주요 이론 모델들은 모두 정서적 자극에 대한 반응 또는 스트레스 반응과 같은 생물학적 과정에 의해 설명되는 구조를 사용한다. 따라서 우울장애에 대한 임상적 지식과 우울장애의 위험을 인간의 생물학적 관점에서 해석하는 것이 매우 중요하다. 여기에는 인간의 기본 성향과 기술을 활성화시키는 신경계의 작동, 그리고 이러한 체계에서 개인차를 만들어내는 유전자가 포함된다. 그러나 심리적 기제는 생물학적 특징으로 요약해서 볼 수 없다는 것을 주목해야 한다. 심리학적 과정이 특정 생물학적 과정과 관계가 있다거나 혹은 매개됨을 보여주는 것은 여러 가지를 밝혀줄 수 있고 또 중요하지만, 이것이 심리 과정에 대한 궁극적 설명으로 받아들여져서는 안 된다. 이는 신경학적 과정을 설명할 때 물리학적 요소들을 거론하는 것이 어떤 한계를 보여주는지와 유사할 것이다. 우울증의 원인을 과학적으로 규명하기 위해서는 생물학적 수준에서 해석할 수 있는 인과 과정, 그리고 생물학적 과정에 나타나는 심리적 기제를 파악하는 노력이 수반되어야 할 것이다.

10

우울장애는
어떻게 치료하는가?

우울장애 응용 연구의 궁극적 목표는 우울장애 치료의 발전을 도모하고 그 효능을 평가하는 것이다. 정신건강 돌봄 체계의 역할은 이러한 치료법에 대한 접근성을 돕는 것인데, 여기에는 증상 개선에 집중하는 개입과 발병을 방지하는 예방적 접근이 있다.

치료 원리

우울장애에 대한 치료법들은 어떤 것이 있을까? 대부분의 치료법들은 대상 질환(주요우울장애, 기분부전장애, 양극성 장애)의 증상을 완화시켜 주는 것에 그 우선 목적을 두고 있다. 따라서 치료의 효능을 알 수 있는 확실한 지표는 치료를 받기 시작하면서 얼마나 증상이 완화되었는가 하는 것이다. 이는 완전히 증상이 사라졌거나 혹은 감당할 만한 수준이 된 상황이라고 볼 수 있다. 그러나 제4장에서 기술했듯이, 이러한 질환들은 증상을 넘어서서 삶의 여러 분야에서 정상적 기능을 하지 못하게 하는 것일 수도 있다. 따라서 대부분의 치료법들은 증상 완화 방법에만 제한되지 않으며, 삶의 여러 영역에서의 기능 저하를 막거나 혹은 직접 개선시키는 방법들을 포함한다. 전부는 아니지만 대부분의 현존하는 치료법들은 우울증 원인에 대한 이론적 모델이 있다. 이 모델은 치료 대상자들에게 증상을 발생/유지시킨다고 생각되는 기제에 관한 정보를 제공한다. 우울증은 재발성이 있기 때문에, 재발 방지는 효과적인 우울증 개입에 중요한 요소이다. 따라서 증상이 완화된 지 꽤 지났고 환자가 정상적 기능을 하고 있어도 치료는 지속되는 경우가 많다. 이 경우 위험 과정 모니터링 및 우울증 재발 위험을 늘릴 수 있는 상황과 심리적 과정에 대한 대처 전략을 개발하는 것에 중점을 둔다.

현존하는 치료법이 효과가 있다는 것은 어떻게 판단하는가? 이 질문에 대한 답변은 질문의 범위에 따라 달라진다. 즉 질환이 있는 환자 집단에게 효과가 있는지 혹은 특정인에 대해 효과가 있는지? 개입 연구는 특정 표집단 내에서 어떤 개입방법들이 어떤 임상적 문제가 있는 사람들에게 효과가 있는지 알아보는 데 주안점을 둔다. 우울장애 같은 질환들은 개입을 적용한 환자에게서 얼마나 증상이 개선되었는지, 그리고 기능을 잘하는지 대조 집단의 환자들과 비교하는 것으로 평가가 이루어진다. 대조 집단의 조건은 대기자 명단에 있다든가 하는 등의 치료를 안 하는 방법, 이론적으로 무의미한 치료(예 : 개입 기술을 전혀 적용하지 않거나 항우울 효과가 있다고 알려진 기술을 적용하지 않는 공식적인 미팅), 혹은 질환에 대해 적극적 치료 혹은 효과적 개입이라고 알려진 치료들(가장 엄격한 테스트로, 어떤 치료 방법이 다른 치료 방법과 비교하여 상대적으로 효과적이었는지 증거를 제시함)로 구성되어 있다. 끝으로, 효능이 있는 치료법들은 복합 처방인 경우가 많은데 어떤 치료법이 어떤 치료 결과를 가져오는지 분리/식별하기 위한 치료설계를 할 수 있다. 효능이 있는 치료법들은 연구 실험에서 대조 조건 대비 월등한 결과를 보여주는 것들로 많은 테스트를 통과할수록 설득력이 생긴다. 효능은 똑같이 중요하지만 다른 용어인데, 임상에서 일상적으로 수행됐을 경우 바라는 결과를 가져오는 치료의 능력을 의미한다. 효능이 반드시 효과성을 의미하지 않는데 그 이유는 효능 실험이 수행되는 경계 조건은 실제 임상 조건에서 존재하지 않을 수도 있고, 그 결과가 미지수일 수 있기 때문이다. 현실에서는 효능이 높은 치료들이 고도로 통제된 연구 조건에서조차 모든 환자에게 개선 효과를 가져오지는 않는다. 만약 어떤 치료법이 특정 환자에게 효과가 있다는 것을 보여주려 한다면, 1인 대상 연구 설계로 관찰하고자 하는 결과를 반복 측정할 수 있을 것이고(예 : 조증, 수면 기능 등), 치료 과정에 걸쳐서 관찰이 이루어지는데, 이러한 관찰 결과들의 변화는 치료 전과 후, 또는 치료 기법 도입 전과 후로 나뉘어서 비교가 이루어진다.

우울증 치료의 형태

단극성 및 양극성 우울증 치료는 여러 형태가 있는데 개인, 부부, 부모-자녀 및 가족 치료 등의 심리치료, 약 처방 및 전기충격요법 등의 생물학적 개입이 포함된다. 증상이나 기능 등과 같은 유사한 결과를 목표로 하는 것을 제외하면, 이 치료법들은 개입 형태, 목표 대상으로 삼는 질환의 측면, 그리고 치료 제공자의 치료적 접촉의 구조면에서 상당히 다양하다. 더욱이, 대부분의 치료법들은 적어도 질환을 야기하고 유지시키는 요소들에 대한 이론적 모델에 기반하고 있어서, 각각의 개입방법들은 우울증과 조증 환자에 대해 매우 다양한 접근법들을 취할 수 있다. 이렇게 다양한 차이에도 불구하고, 효과적 치료법들이 효과적인 데에는 공통 기제가 존재할 수 있다고 생각할 만한 상당한 근거가 있다. 증상에 대한 병인 모델이 부정확한 경우라 하더라도 어떤 개입이 효과가 있을 수 있다는 것을 상기해야 한다. 그러나 병인을 상세하게 이해하면 장애를 야기하는 인과 기제에 초점을 맞춘 새로운 개입법을 개발할 수 있을 것이다. 다음은 가장 널리 사용되는 치료법과 효능에 대한 증거, 그리고 효과 달성의 가능한 기제에 대한 설명이다.

심리치료

행동, 인지, 인지행동 심리치료

우울장애에서 가장 많이 연구되고 입증된 심리치료법들은 우울장애를 유지시키는 요소들에 집중하는 행동적 및 인지적 기법을 사용한다. 단극성 우울장애에 대한 효능 측면에서 보면 이러한 접근법들은 견고하고 반복측정 가능한 강한 증거들이 제시되었다(Butler, Chapman, Forman, & Beck, 2006; Cuijpers, Van Straten, & Warmerdam, 2007; Reineke, Ryan, & DuBois, 1998). 이 기법들은 급성 증상을 감소시키는 데 항우울제 처방과 동등한 정도의 효능이 있다는 증거가 있고, 약 처방과 비교했을 때 증상 완화 측면에서는 더 장기적으로 효과가 있을 수 있다는 증거가 있다(Hollon, Thase, & Markowitz, 2002). 그러나 이러한 치료를 받는 이들 중 상당한 비율의 환자들이 회복하지 못하거나 회복을 유지하지 못한다는 점 또한 중요하다(Westen & Morrison, 2001). 이 치료법들에 대한 효능 연구가 상당 기간 이루어졌기 때문에, 이 개입방법들은 일반적 임상 치료에 전파될 기회가 있었다. 하지만 심리치료자들을 대상으로 한 설문조사를 보면 대개는 인지행동치료(CBT)보다 정신역동적 또는 다양한 치료적 관점의 기법들을 구성한 절충적 접근을 사용한다고 한다(예 : Weersing, Weisz, & Donenberg, 2002). 그러나 임상 장면에서 수집한 자료를 보면 인지행동치료가 효과가 있다는 증거가 누적되고 있다(예 : Stiles, Barkham, Mellor-Clark, & Connel, 2008; Weersing et al., 2006). 아동 자료에서 확인해보면 절충적 접근법으로 치료를 받는 환자들은 인지행동치료와 통제군을 비교하는 연구에서 통제군에서 발견되는 것과 유사한 반응을 보인다(Weersing & Weisz, 2002).

단극성 우울증의 인지치료

우울장애 발생 및 유지에서 인지 기제의 중요성을 강조하는 개입들은 개인이 삶의 역경에 적절히 대처하는 능력을 저해하는 부정적 사고 패턴으로부터 우울증이 나타난다고 제안하는 병인 모델로부터 시작한다. 벡의 영향력 있는 모델(Beck et al., 1987)에서는 우울증 환자와 우울증 위험이 있는 사람들은 자신들의 세계와 자기 자신, 자신의 미래를 과도하게 부정적으로 지각하고 주위의 자극과 사건들에 대해 부정적 해석을 하는 것으로 기술된다. 이러한 부정적 사고방식은 개인의 주관적 경험을 장악하고, 따라서 우울 증상을 포함하는 부정적 감정을 유지하고 고조시키는 원인 중 하나가 된다. 이러한 부정적 사고는 부정적 혹은 중립적 사건이나 자극에 대해 부정적 반응을 이끌어낼 확률을 높이고, 긍정적 사건이 부정적 기분을 줄이거나 긍정적 기분을 증가시키는 확률을 감소시킨다.

더욱이, 이러한 부정적 사고 패턴들과 정보 처리는 우울증을 유발하고 유지시키는 상황들을 개선시키는 데 거의 기여할 수 없으며, 실제로 주변 상황들을 악화시킬 수 있다. 예를 들면, 계속 타인이 자신을 좋아하지 않을 것이라고 생각하는 사람은 친구와 가족에게 먼저 연락할 확률이 적고, 따라서 자신의 기분을 개선시킬 중요한 개선 원인에 접근하는 것을 차단하게 된다. 인지치료에서 부정적 인지는 특정 인지 수준으로 변화되도록 하는 개입의 목표가 되거나 구체적 인지의 기저에 있다고 여겨지는 도식이라 불리는 가정과 조직화된 신념 체계 수준의 목표가 될 수 있다. 우울증에 대한 심리치료의 전통적 인지 모델은 주로 인지의 기제보다는 개인의 인지 내용에 주안점을 두었다는 것을 주목할 필요가 있다. 그러나 최근 인지 과학의 발달과 개입 연구에 인지 과학에서의 발견을 적용(제4장)하면서 임상 연구자들은 부정적 정보 처리 기저에 존재할 수 있는 기제를 대상으로 하는 새로운 개입방법들을 제안하고 개발하게 되었다. 사례를 들자면, 인지 오류 수정에서 환자들은 부정적 및 긍정적 자극에 반응하는 컴퓨터 훈련을 통해 부정적 주의집중과 해석의 오류를 수정하도록 교육을 받는다(예 : Mathews & Mackintosh, 2000).

우울 증상의 변화를 이끌어내는 전통적 인지치료에서 가정하는 주요 기제는 부정적 도식과 인지를 수정하는 것이다. 이러한 수정은 교훈적 및 소크라테스식 대화 과정을 통해 이루어지는데, 이 과정에서 치료자는 환자로 하여금 자신이 가진 부정적 인지의 존재와 영향을 깨닫게 하고, 충분한 검토를 거쳐 이 인지의 타당성을 비판적으로 평가하여 삶의 어려움에 효과적으로 대처하게 도와주는 긍정적 인지를 사용하도록 돕는다.

치료는 환자들이 치료자로부터 새로운 기술을 배우도록 유도해서 환자들이 치료 회기 밖에서도 독립적으로 이 기술들을 수행해서 부정적 생각이 일어나면 여기에 대응하고 좀 더 능동적으로 긍정적 생각을 할 수 있도록 돕는다. 치료는 내담자 자신과 내담자의 세계, 그리고 미래에 대한 부정적 믿음과 해석에서 나타나는 특정 패턴을 발견하는 연습으로 시작한다. 치료자는 이러한 핵심 신념과 가정들을 파악하여 환자들이 자신의 삶과 자신의 세계에서 좀 더 분명하고 의식적으로 어떤 의미를 발견하고 명료하게 표현하도록 돕는다. 이러한 패턴들이 명확하고 구체적으로 서술되면, 내담자와 치료자는 이러한 인지를 비판적으로 점검해볼 수 있게 된다. 이 과정은 이러한 신념들을 지지하거나 반박하는 증거들을 밝혀내는 일, 그 신념을 통해 기술된 상황을 다르게 설명/해석하는 일, 그리고 부정적 인지와 이에 대한 대안적 인지 이후의 결과를 생각해내는 일을 필요로 한다.

인지적 기법의 목적은 환자의 사고, 감정, 그리고 우울 증상 사이의 관계를 파악하는 것이다. 내담자와 치료자는 부정적인 인지와 이로 인해 야기되는 감정, 그리고 행동들의 관계를 파악하고 이러한 감정과 행동의 결과와 그것의 바람직성 여부를 평가하도록 함께 노력한다. 끝으로, 치료자는 내담자가 원래의 신념, 그리고 치료를 통해 발견한 대안적 신념에 대해 검증하도록 함으로써 이 믿음들을 직접 경험하고 판단하도록 장려한다. 예를 들면, 직장에서 어려운 업무를 맡으면 실패할 것이라는 도식을 가진 사람에게 실제로 새로운 업무를 맡는 행동을 통해 위험을 경험하도록 하여 이 신념을 직접 판단하도록 한다.

일반적으로 인지치료는 개인의 삶에서 지금 그리고 여기에 초점을 두는 단기 치료로 설계되어 있다. 복잡하지 않은 경우, 현재 내담자가 당면한 문제와 증상들에 주안점을 두는 10회 내지 20회의 회기가 될 수 있다. 그러나 우울이 만성적이거나 부정적인 생각을 많이 하는 성격으로 인해 부정적 사고가 견고한 경우에 단기 치료로는 충분하지 않을 수 있다. 어떤 인지치료 이론가들은 특히 심각한 성격적 어려움이 있거나 혹은 부정적인 가정환경에서 성장한 내담자에게 적용하기 위해 인지치료를 변형하기도 했다(부정적 가정환경은 부정적 도식을 잘 변하지 않게 한다고 가정하고 있다). 벡과 그의 동료들(Beck, Freeman, & Davis, 2006)은 치료 이전에 장기간에 걸친 내담자의 신념/의미 체계를 깊이 있게 관찰하고 이 신념들이 치료자와의 상호관계에서 어떻게 더 드러나는지를 기술하였다. 부정적 신념이 너무 오랫동안 지속되고 뿌리 깊게 퍼져 있어서 내담자가 자신과 자신의 세계에 대한 대안적 사고방식을 스스로 만들어 내지 못할 경우 특히 더 유용한 것으로 보인다. 이러한 개입의 목표는 사람들에게 자신의 신념과 그 신념의 원인이 어떻게 현재의 우울증을 유지하도록 작동하는지를 명확하게 보여주는 것이다.

인지치료는 최소 치료 통제 및 다른 심리치료와 비교하여 그 평가가 좋으며(DeRubeis & Crits-Cristoph, 1998), 약물 치료와 유사한 효능을 가지고 있다(DeRubeis et al., 2005; Hollon et al., 1992; Jarrett et al., 1999; Murphy, Simons, Wetzel, & Lustman, 1984). 인지치료는 치료가 종결되어도 변화가 지속될 수 있다는 증거들이 있다. 다섯 편의 연구들에 따르면 치료 후 개선을 보인 인지치료 대상자들은 약물 처방만 받은 환자들과 비교했을 때 재발할 확률이 떨어졌음을 보여줬다(Blackburn, Eunson, & Bishop, 1986; Evans et al., 1992; Hollon et al., 2005; Kovacs, Rush, Beck, & Hollon, 1981; Simons, Murphy, Levine, & Wetzel, 1986). 인지치료의 효능은 효과성보다 더 뛰어나며, 이는 어떤 치료에서도 그렇다. 인지치료, 그리고 다른 유형의 심리치료를 비교한 치료 효능 연구 자료들에 따르면 유능한 치료자들이 인지치료를 새롭게 배우는 경우, 이미 인지치료 경험이 있고 인지치료 기법에 밝은 치료자들만큼의 성과를 이루는 데 어려움을 겪는다고 한다(Hollon & Dimidjian, 2009).

단극성 우울증을 위한 행동치료

인지적 전략보다는 행동적 기법에 주안점을 준다는 점에서 특징적인 몇 가지 심리치료법이 있다. 여기에는 문제해결치료와 자기통제치료가 있고 행동치료의 일반적인 접근법들이 포함된다. 문제해결치료에서 치료자는 내담자가 자신의 삶에서 어떤 문제가 있는지 명확하게 알도록 돕고, 그 후에는 해당 문제들에 대한 해결책들을 모색한 후 행동으로 취할 것을 선택하도록 돕는다. 치료자와 내담자는 해결책을 행동으로 옮길 계획을 세우고 내담자는 계획을 실천하며, 이 계획에 따라 해당 문제를 얼마나 잘 해결했는지 평가하게 된다. 인지치료와 비교하면 행동치료 방법은 관련 연구 숫자가 매우 적지만, 효능이 있음을 제시하는 강력한 증거가 존재한다(Mynors-Wallis, Gath, Day, & Baker, 2000; Nezu, 1986; Nezu & Perri, 1989). 이 접근법은 문제에 대한 환자의 해석보다는 환자가 현재 문제에 대해 새로운 행동을 하고 이러한 행동의 효과성을 모니터링하여 행동적 해결에 더 무게를 둔다. 자기통제치료에서 환자들은 자신의 행동에 좀 더 긍정적인 방식으로 주의를 기울이고 감찰하고 평가하여 어떤 특정 기준에 도달하면 스스로에게 체계적으로 보상해주도록 학습한다(Rehm, 1977).

우울증에 대해 가장 일반적으로 적용되는 행동치료는 르윈손(Lewinsohn)의 우울대처과정이다(Coping with Depression; Lewinsohn, Hoberman, Teri, & Hautzinger, 1985). 이 방법에서는 우울한 정서와 행동을 관리하고 대처할 수 있는 인지재구조화 및 사회적 기술을 포함하는 종합 세트를 만들도록 돕는다. 이 방법은 또한 긍정적 활동 일정 짜기 등의 형태로 행동 활성화를 도모한다. 이 전략들의 목표는 내담자가 힘들다고 느끼는 인생의 조건들과 우울증에 직면할 때 이것을 다룰 수 있는 자기효능감을 증가시키는 것이다. 사회적 기술은 효과적인 대인 행동 방식을 학습하고 대인관계 스트레스를 해결할 수 있도록 돕는다. 긍정적 활동 일정 짜기는 즐거운 활동의 목록을 만들고 이 활동들을 실천하는 것으로, 긍정적 분위기를 만들고 우울증의 특징인 침체된 분위기와 의욕 상실에 대처하는 것을 목표로 한다.

인지적 및 행동적 기법들은 서로 같이 사용된다는 것에 주목하자. 많은 인지치료들은 행동적 기법들과 서로 병행되고 행동치료들은 인지적 기법들을 병행한다. 많은 개입방법의 행동적 요소는 이 개입들의 효과를 이해하는 데 매우 중요할 수 있다는 증거들이 늘고 있다. 제이콥슨 등(Jacobson et al., 1996)은 행동 활성화 치료를 받는 환자와 인지행동치료를 받는 환자를 면밀히 연구하였다. 행동 활성화 요소에 따라 매일의 활동과 즐거움을 모니터링하고, 잠재적 문제들을 해결할 수 있도록 이 활동들을 연습하고 실생활에 적용할 수 있도록 하고 사회적 기술을 훈련하는 것이 여기에 포함된다. 이들은 행동 활성화 요소만으로도 인지-행동 개입과 동등한 효과를 낼 수 있다는 것을 발견했다.

행동 활성화는 우울증에서 강화의 역할에 대한 르윈손과 아멘손(Lewinsohn & Armenson, 1978)의 이론에서 나온 것이다. 구체적으로 보면, 우울증 환자들은 자신이 주위로부터 가끔씩만 보상을 받는다는 주관적 자각을 하면서 우울증이 발생하고 유지된다고 주장한다. 그리고 그 결과로 인해 나타나는 회피와 철수로 인해 증상이 유지된다. 개입을 할 때는 우울증 환자의 회피와 철수에 변화를 주도록 시도하게 되는데, 환자가 강화 경험을 할 수 있는 행동들을 실행하도록 독려한다. 치료자와 내담자는 내담자 스스로 능숙함을 느끼고, 긍정적 감정과 즐거움을 느끼게 할 만한 보람찬 상황을 경험하게 하는 활동 과제를 함께 개발한다. 치료자는 내담자들로 하여금 회피적 행동보다는 스스로 접근적 행동을 할 수 있도록 독려한다. 단극성 우울증은 행동 활성화만으로도 효과적인 심리치료가 될 수 있다는 증거 자료들이 존재한다. 심한 우울증 환자들에게 이 접근법은 약물 치료에 버금가는 결과가, 그리고 인지치료보다 월등한 결과가 관찰되었다(Dimidgian et al., 2006). 또 행동 활성화 치료법은 재발을 방지한다는 내용의 연구들이 존재한다(Dobson et al., 2008).

단극성 우울증을 위한 마음챙김에 기반한 인지치료

이 심리치료 방법은 인지치료에서 명상과 관련된 마음챙김 기법을 사용하는 것이다. 마음챙김은 생각으로 인한 감정의 요동을 줄여주는 것을 목적으로 내담자의 생각이 꼬리에 꼬리를 물게 하기보다 자신의 생각을 관찰하게 하는 것과 관계가 깊다. 이 접근법은 우울증 치료와 재발 방지에 효과가 있다는 설득력 있는 자료들이 존재한다(예 : Ma & Teasdale, 2004; Teasdale et al., 2000).

단극성 우울증을 위한 대인관계치료

대인관계치료(IPT)는 1980년대에 커먼과 와이즈먼이 주창한 것인데 (Klerman, Weissman, Rounsaville, & Chevron, 1984), 이것은 처음에 1970년대에 현재에 초점을 둔 CBT의 구조적 접근법을 도입한 정신역동적 접근법에서 파생된 것이다. IPT 모델이 강조하는 점은, 우울증은 그 원인과는 상관없이 어떤 경우든 우울증과 서로 영향을 주고받는 대인관계의 맥락에서 발생한다는 것이다. 대인관계치료는 우울증과 그 증상에 대한 교육을 시작으로 치료자와 내담자가 내담자의 대인관계를 알아보는 단계를 거치고, 그 후에는 내담자의 대인관계 맥락들과 우울 증상들을 연결하는 시간을 갖는다. 대인관계 맥락은 대개 우울증을 유발하는 여러 특징적 요소 중 하나로 구분되는데, 그 요소들은 다음과 같다 ─ 소중한 사람을 잃고 나타나는 복합적 애도, 역할 전환(관계 혹은 삶의 환경에 변화를 가져오는 도전들), 대인관계 갈등 및 대인관계 기술 부족(사회적 소외를 가져오기 쉬움). 대인관계치료는 주요우울장애에 대해 효과가 있다고 보고되었다(예 : Cuijpers et al., 2011; Klerman et al., 1984).

심리치료의 인지행동분석 시스템

심리치료 분야에서 인지행동분석 시스템(cognitive behavioral analysis system of psychotherapy : CBASP)은 만성 우울증 환자를 위한 구체적 개입방법으로 제임스 맥컬로우(James McCullough)에 의해 개발되었다. CBASP는 인지행동치료 기법들 및 만성 우울증의 특징인 경직되고 부적응적인 사고/행동 패턴을 만들게 한 초기 가정환경과 학습 경험들을 입체적으로 확인한다. 맥컬로우의 모델(2003)에서 만성 우울증은 환자가 현재 상황을 현실적으로 지각/해석하지 못하는 상황에서 발생하는 것으로 여긴다. 또 환자들은 자신의 행동이 어떤 결과를 낳을지 이해하지 못하고, 따라서 향상된 관계나 성공과 같이 실제로 자신들이 바라는 결과를 얻지 못하는 행동을 하게 된다고 본다. 만성적으로 우울한 이들이 특징적으로 보이는 변화에 대한 동기부족에 특별히 초점을 둔 기법들이 사용된다. CBASP 치료자들은 회기 중에 환자들이 자신의 행동과 그에 따르는 부정적 감정 간 연합을 학습하고, 또 이들의 변화된 행동이 어떻게 부정적 감정을 줄이게 되는지 확인할 수 있도록 계획을 세운다. 여기에 사용되는 기법 중 한 가지로 최근에 문제가 된 대인관계 사건을 현재 시제로 묘사하게 하는 상황 분석이 있다. 치료자는 상황의 실제 결과를 묘사하도록 하고(예 : '친구가 제 전화를 확 끊었어요.'), 환자가 바라는 결과도 묘사하게 하여(예 : '친구가 같이 놀자고 초대해요.'), 어떻게 자신의 행동이 실제 결과와 기대했던 결과 간 차이를 만들었는지 파악할 수 있도록 돕는다. 문제해결은 원하는 결과를 얻을 수 있는 대안적 행동들을 파악하도록 하는 데 사용되며, 여기서의 목표는 환자들이 자신의 삶에서 바라는 것을 더 잘 얻을 수 있게 하는 행동 패턴을 발달시키는 것이다.

다수의 만성적인 우울증 환자 대상 실험에서 관찰되었듯이 CBASP는 효과적인 심리치료 형태이며, 급성 증상과 우울증 발생을 완화시키고 재발을 방지하는 효과가 있다. CBASP는 또 약물로 개선되지 않은 환자들에게도 효과가 있다는 것을 보여주었다(예 : Keller et al., 2000; Klein et al., 2004; Schatzberg et al., 2005).

단극성 우울증을 위한 부부 및 가족 치료

우울장애는 가까운 관계를 포함한 여러 사람과의 대인관계 어려움과 관계가 있다는 반복된 결과들이 있었고(제4장), 따라서 이 분야를 대상으로 하는 것은 우울장애를 치료하는 데 효과적 전략이 될 수가 있다. 세 편의 연구에서 우울증에 걸린 여성에게 초점을 둔 우울증에 대한 부부 치료(커플이 서로의 상호작용에 개입하기)와 개인 심리치료인 인지치료를 비교했다. 이 세 편의 연구(Beach & O'Leary, 1992; Emanuels-Zuurveen & Emmelkamp, 1996; Jacobson, Dobson, Fruzzetti, Schmaling, & Salusky, 1991)에서 나온 결과를 보면, 부부 치료와 개인 심리치료는 우울 증상에 대해서는 효과가 비슷했지만 부부 치료는 환자의 결혼 관계를 개선시키는 데 특히 장점이 있었다. 처음 두 연구는 부부 치료가 결혼 관계를 개선시킬 정도로 효과가 있음을 보였는데, 그 이유는 결혼 관계 변화를 통해 부부 치료를 받는 사람들의 우울 증상이 개선되었기 때문이다.

자녀 양육을 개선시키는 치료는 부모의 우울 증상을 완화시키는 데 효과가 있다는 자료들이 있다. 자녀 양육 및 행동에 문제가 있는 어린이와 부모 간의 상호작용에 대한 개입은 부모의 우울 증상 개선과 관계가 있다(예 : Beach et al., 2008; Gallart & Matthey, 2005; Gelfand, Teti, Seiner, & Jameson, 1996; Hutchings, Lane, & Kelly, 2004). 게다가 부모의 효능감과 자녀 양육 능력이 얼마나 성공적으로 개선되는지에 따라 우울 증상이 개선된다는 자료들도 존재한다(Beach et al., 2008). 이와는 대조적으로 부모-자녀에 대한 개입이 자녀의 우울 증상을 개선시키는지에 대해서는 그 결과가 명확하지 않다(Restifo & Bogels, 2009).

양극성 장애를 위한 심리치료

심리교육

심리교육은 장애에 대한 인식과 지식을 향상시키고 환자들이 진행 중인 치료 계획(예 : 약물 복용 및 심리치료)을 잘 따르도록 격려하는 기법을 포함한다. 심리교육은 또한 스트레스 관리, 우울증 치료제의 부작용 이해, 규칙적 생활 습관 장려, 미세한 우울 증상 대처, 과거/미래 우울 삽화에 대한 심리사회적 결과 대처(예 : Basco & Rush, 1996) 등을 포함할 수 있다. 집단 형태의 심리교육은 양극성 장애 환자들의 악화, 재발과 입원율을 감소시킨다는 자료가 있다(예 : Colom et al., 2003).

양극성 장애를 위한 인지행동치료

전통적으로, 심리사회적 개입은 양극성 장애의 재발 방지 및 꾸준한 치료 유지를 위해 유용하지만, 급성 조증 삽화에 대한 최우선적 개입과 거리가 있는 것으로 여겨졌다. 그러나 심리치료는 양극성 장애 환자 중 급성 우울 삽화 치료에 도움이 될 수 있다는 자료들이 누적되고 있다. 양극성 장애를 위한 CBT는 주요우울장애 치료 방법들과 유사하다. 따라서 CBT는 행동 활성화 요소도 포함하고, 역기능적 사고(특히 조증 발생에 전형적인 과도한 긍정적 인지)를 수정하는 기법들도 포함한다. 또 CBT는 조증의 위험을 증가시키는 과도한 자극을 유발하는 매일의 활동들을 관찰하고 치료에서 권장된 내용을 덜 따르게 하는 인지들을 표적으로 한다. 일반적인 치료와 비교했을 때 CBT를 약물 치료에 추가하는 경우 악화 감소에 효과가 있다는 증거가 있지만(Lam, Hayward, Watkins, Wright, & Sham, 2005), 이는 우울증 초기 환자들에게만 제한적일 가능성이 있다(Scott et al., 2006). 스콧 등(2006)의 연구에서, 환자의 과도한 긍정적 사고는 악화 가능성을 예측해주었는데, 이는 인지 양식을 다루는 치료 기법이 다른 관련 개입방법들에도 중요한 부분일 수 있음을 제시한다.

양극성 장애를 위한 대인심리치료

대인관계 및 사회리듬치료(interpersonal and social rhythm therapy : IPSRT)는 처음에 단극성 기분장애를 위해 개발된 대인관계치료(IPT)의 확장이다. 양극성 장애를 위한 대인관계 및 사회리듬치료는 대인관계 문제들을 명확히 밝히고 이 문제들에 대한 해결책들을 실천에 옮겨 대인관계 문제를 해결하는 것과 관계있다. 전통적인 대인관계치료가 주안점을 두는 역할 갈등, 역할 전환, 애도, 대인관계 기술 결함에서 나아가, 대인관계 및 사회리듬치료는 양극성 장애 치료에 특히 중요할 수 있는 대인관계, 24시간 신체 리듬의 조절에도 초점을 둔다. 이것은 엘러스 등(Ehlers, Kupfer, Frank, & Monk, 1993)의 연구에 기반한 것이다. 이들은 사회적 시간 지표들(social zeitgeber : 생물학적 시계의 움직임에 영향을 주는 빛·어둠·기온 등의 요소)과 이를 방해하는사회적 시간 방해지표들(social zeitstorer)의 핵심 역할을 기술하였다. 사회적 시간 지표들은 기분을 안정시키지만 사회적 시간 방해지표들은 그 반대 역할을 한다고 여겨지고 있다. 예컨대, 환자의 배우자는 환자가 건강한 수면 패턴을 유지하도록 도움을 줄 수 있는데(사회적 시간 지표), 배우자와 환자가 이별하는 경우 수면에 지장이 생길 수 있으며, 이는 양극성 장애 환자에게 조증을 일으키는 것으로 알려진 위험인자이다(예 : Leibenluft, Albert, Rosenthal, & Wehr, 1996). 이와는 반대로, 아이가 태어남으로 인한 역할 변화 등은 사회적 리듬을 흔드는 요소를 가져다줄 수 있다. 사회적 리듬을 흔드는 것은 조증 삽화가 시작되는 데 기여할 수 있다는 증거는 있지만 우울 삽화가 시작된다는 자료는 없다(예 : Malkoff-Schwartz et al., 1998). 따라서 대인관계 및 사회리듬치료는 환자의 사회적/생물학적 리듬을 흔드는 영향들을 감소시키고, 이 리듬을 안정화시키는 요소들은 강화시키는 것을 목표로 한다. 한 연구에 따르면, 유지단계에서 대인관계 및 사회리듬치료와 약물 치료를 병행하여 악화 시간을 단축시킨 것으로 나타났다(Frank et al., 2005).

양극성 장애를 위한 가족 치료

미클로비츠(Miklowitz, 2004)가 개발한 가족중심치료는 양극성 장애 환자들을 안정시키고 악화를 방지하기 위한 개입방법이다. 환자는 배우자, 부모, 형제/자매를 포함하는 직계가족과 함께 치료 회기에 참여한다. 치료 요소에는 양극성 장애에 대한 심리교육과 치료, 문제 해결 및 의사소통 훈련이 포함된다. 이 치료법에서 치료자는 가족 구성원들에게 조증과 우울 삽화의 징후, 증상, 영향, 그리고 재발 가능성을 이해할 수 있도록 교육한다. 또 가족들은 재발 초기 징후를 어떻게 식별할지 배우고, 환자의 전형적 성격 특징과 개입이 필요한 조증 또는 우울 삽화 발생 위험 징후를 구분하는 것도 배운다. 가족들은 또 조울증을 유발할 수 있는 스트레스원의 역할에 대해 배우고, 환자가 이러한 스트레스원에 효율적으로 대처할 수 있도록 돕는 방법도 배운다. 치료자는 가족들에게 환자들이 약물 처방을 잘 지킬 수 있도록 돕고, 환자의 일상생활 기능을 안정시킬 수 있는 보호 역할을 더 잘할 수 있도록 교육을 실시한다. 여러 연구 자료를 고려했을 때 가족중심치료는 2년간 재발률을 35%에서 40%까지 감소시켰다(Miklowitz, 2009). 가족중심치료는 서로 감정 표현을 많이 하는 문화의 가족에게 특히 유용하다는 증거가 있다(제8장).

양극성 장애를 위한 체계적 치료 개선 프로그램(Systemic Treatment Enhancement Program for Bipolar Disorder)의 한 대규모 연구에서 양극성 스펙트럼 장애에 대한 여러 심리사회적 개입을 비교하였다. 우울증을 겪고 있는 환자들을 인지행동치료, 가족중심치료, 대인관계 및 사회리듬치료 중에 무작위로 할당하여 9개월간 집중적으로 치료를 받도록 설계하였다. 모든 환자들은 약물 복용도 함께 진행되었다. 이 세 그룹은 협력적 돌봄이라는 통제 조건과 비교되었는데, 이 조건의 환자들은 재발방지 계획 수립에 주안점을 둔 치료 회기를 6주에 걸쳐 3회 참여하였다. 이 세 가지 치료방법들은 모두 개선된 회복률을 보였고 통제조건인 협력적 돌봄 집단에 비해 우울 삽화 지표로부터 더 빠른 회복을 보여주었다(Miklowitz, Otto, Frank, Reilly-Harrington, Wisniewski et al., 2007). 더욱이, 이와 같은 집중 치료는 관계 기능뿐 아니라 전반적인 기능의 개선과 관계가 있었다(Miklowitz, Otto, Frank, Reilly-Harrington, Kogan et al., 2007). 양극성 스펙트럼 장애에 대해서는 심리치료가 약물 치료와 같이 진행될 경우 긍정적인 결과가 나올 수 있다는 것을 이 연구는 제시한다.

생물학적 치료

단극성 우울장애를 위한 약물 치료

단극성 우울증 치료약은 몇 가지 종류가 있다(표 10.1 참조). 제1세대 약품인 삼환계 항우울제(tricyclic antidepressant : TCAs), 모노아민 산화 효소 억제제(monoamine oxidase inhibitors : MAOIs)는 최근에 개발된 항우울제들보다 자주 처방되지 않는다. 최근 개발된 항우울제 3종은 선택적 세로토닌 재흡수 억제제(selective serotonin reuptake inhibitors : SSRIs), 세로토닌 및 노르에피네프린 재흡수 억제제(serotonin

표 10.1 항우울제

1차 신경 전달 물질 대상	약품 종류	일반 의약품명	상품명
세로토닌	선택적 세로토닌 재흡수 억제제 (SSRIs)	시탈로프람 에스시탈로프람 플루옥세틴 파록세틴 플루복사민 서트랄린	셀렉사(Celexa) 렉사프로(Lexapro) 프로작(Prozac) 팍실(Paxil) 루복스(Luvox) 졸로푸트(Zoloft)
세로토닌	세로토닌 변조제 (Serotonin modulators)	네파조돈 트라조돈	세르존(Serzone) 데시렐(Desyrel)
세로토닌 및 노르에피네프린	세로토닌-노르에피 네프린 재흡수 억제제 (SNRIs)	벤라팍신	이펙소(Effexor)
도파민 및 노르에피네프린		부프로피온	웰부트린(Wellbutrin)
	모노아민산화효소 억제제(MAOIs)	이소카복사지드 페넬진	마르플란(Marplan) 나르딜(Nardil)
	삼환계 항우울제 (TCAs)	아미트리프틸린 클로미프라민 이미프라민	엘라빌(Elavil) 아나프라닐(Anafranil) 토프라닐(Tofranil)

and norepinephrine reuptake inhibitors : SNRIs), 그리고 부프로피온 (bupropion)(노르에피네프린-도파민 재흡수 억제제, norepinephrine-dopamine reuptake inhibitor)이 있다.

이 약물들 중 어느 것을 먼저 시도해야 하는지 등의 임상적 가이드에 관한 경험적 자료가 거의 존재하지 않으며, 약을 복용했을 경우 절반 정도의 경우에만 적절한 반응이 일어난다(Thase & Denko, 2008). 어떤 약에 대해 반응하지 않는다는 것은 해당 환자가 다른 약에 반응이 없을 것이라는 의미는 아니다. 대부분의 정신약리학자들은 약 처방을 선택적 세로토닌 재흡수 억제제로 시작하는데, 그 이유는 약에 대해 환자들이 잘 견디고 효과도 있기 때문이다(예 : Cipriani et al., 2009; Thase & Kupfer, 1996). 세로토닌 및 노르에피네프린 재흡수 억제제인 벤라팍신(상품명 : Effexor)은 특정 세로토닌 재흡수 억제제보다 더 효과가 있을 수 있다는 보고가 있어서(Thase, Entsuah, & Rudolph, 2001) 그 효능에 대해 상당한 지지를 받았다. 약 처방에 반응이 있는 환자들은 완화 후에도 7~8개월은 꾸준한 약 복용이 권장되는데, 그 이유는 약 복용을 중단할 경우 완화 후 6개월 또는 9개월 이내에 재발 확률이 두 배로 증가하기 때문이다(Geddes et al., 2003).

양극성 장애를 위한 정신약리학

양극성 장애를 위한 리튬, 항경련제, 비전형적 항정신병 약물 등을 포함한 정신병 약물을 여러 종 사용하는 것이 긍정적이라는 증거들이 있다. 현재 리튬, 항경련제, 비전형적 항정신병 약물, 항우울제 등 11가지 약품이 양극성 장애를 가진 성인 환자에게 사용될 수 있도록 승인된 상태이다. 양극성 장애를 가진 어린이와 청소년을 위한 약품은 승인된 숫자가 더 적다. 안타깝게도, 효과가 좋은 치료법도 아쉬운 부분들이 많이 있는 것이 현실이다. 특히 현존하는 약품 중 양극성 장애 환자의 우울 삽화에 효과를 보이는 것은 없다. 22개 지역에 걸쳐 진행된 한 대규모 연구(Sachs et al., 2007)에서 기분안정제를 최적의 양으로 복용한 환자 중 1/4만이 우울 삽화에서 회복되는 모습을 보였다. 양극성 장애의 완화 경로(제4장)를 고려하면 좀 더 유연하고 다양한 치료법의 필요성은 확연하게 드러난다. 양극성 장애 환자들의 우울 삽화를 치료할 때 주요 우울 삽화 중에 항우울제를 복용하면 조증으로 '전환(switch)'되거나 두 삽화들의 주기를 가속화시킬 수 있다는 어려움이 따른다. 아직 조증 삽화를 겪지 않은 환자들에 대해서는 이것이 가장 문제가 되는 부분으로, 환자는 양극성 장애가 아닌 주요우울장애로 진단받을 수 있다.

항경련제나 비전형적 항정신병 약물 등의 신약들이 양극성 장애를 위해 발견된 최초의 약, 리튬보다 더 효과적일 수 있다는 연구 결과는 거의 없다. 리튬은 조증 환자 중 60% 내지 70%의 경우에 완화가 나타난다(Keck & McElroy, 2004). 또 리튬은 조증 재발 방지에 효과가 있지만 우울 삽화에는 효과가 적다(Geddes, Burgess, Hawton, Jamison, & Goodwin, 2004). 좀 더 근래에 발견된 약들은 우울증보다는 조증을 치료하는 데 더 효과가 있다는 점에서 유사점이 있다(Moller, Grunze, & Broich, 2006). 주지할 사실은, 리튬의 사용은 자살시도나 자살 사망 위험 감소와 관련이 있다는 것이다(Goodwin et al., 2003). 하지만 근래에 발견된 약들은 일반적으로 리튬보다 부작용이 적다. 이 점은 중요한 것인데, 양극성 장애 환자들 중 많은 경우가 약의 부작용을 견디지 못하고 상태 유지를 위한 약 복용을 중단할 수 있기 때문이다. 리튬의 사용은 졸림, 소화기관 문제, 체중 증가, 여드름, 떨림, 갑상선 기능 저하증, 인지 능력 저하 등의 현상과 관계가 있다. 현재 양극성 장애에 대한 최초 치료는 항우울제와 기분안정제 중 하나를 혼합하는 것이 일반적으로 사용된다. 그러나 이 전략에 대한 경험적 결과는 뚜렷한 결론을 주지 않는다(Sachs et al., 2007).

치료를 잘 준수하는 것은 양극성 장애 환자들에게는 몹시 중요한 이슈이다. 추천 약물을 복용하지 않는 것은 양극성 장애 환자들의 50%에서 65% 확률로 일어나는 상당히 빈번한 일이다(예 : Sajatovic, Valenstein, Blow, Ganoczy, & Ignacio, 2006; Strakowski et al., 1998). 약 복용 중단을 예측해주는 요인이 몇 가지 있는데, 여기에는 환자의 나이가 어릴수록, 질환의 증상이 심각할수록, 그리고 물질남용이나 성격장애 같은 동반이환 유무 등이 해당된다(Colom et al., 2000).

기타 생물학적 개입

전기 충격 요법

전기 충격 요법(ECT)은 다른 개입방법에 반응하지 않는 심각한 유형의 우울증이 있거나, 노인 또는 임산부처럼 약 복용이 금지된 경우에 특히 효과가 있다. 전기 충격 요법은 환자가 마취된 상태에 전기를 사용하여 약한 발작을 일으키도록 하는 과정을 거친다. 두 편의 메타 연구에서는 전기 충격 요법을 위약, 모의 전기 충격, 그리고 항우울제와 비교했을 때 중증의 우울증 치료에 더 효과가 있는 것으로 분석되었다(Janicak et al., 1985; Pagnin, de Queiroz, Pini, & Cassano, 2004). 전기 충격 요법이 항우울 효과를 보여주는 기제는 아직 알려져 있지 않다. 전기 충격 요법의 사용은 치료 회기 후 기억력 감퇴 등의 부작용을 이유로 오랫동안 논란이 되어 왔다. 전기 충격 요법 이후에 환자가 정신적 혼란을 종종 경험하며, 치료 시점으로부터 몇 주 또는 몇 달 이전의 일들에 대해 기억을 상실할 수 있고, 일부 환자는 장기간 기억력 장애를 호소하기도 한다(예 : Rose, Fleischmann, Wykes, Leese, & Bindman, 2003; Squire & Slater, 1983).

경두개 자기 자극

경두개 자기 자극 요법(transcranial magnetic stimulation therapy : TMS)은 수술 없이 대뇌 내에 전류를 흐르게 하는 생물학적 개입방법으로 여러 대뇌 피질들과 신경 회로들의 활동을 조절하는 것이 그 목적이다. 경두개 자기 자극 요법은 환자의 머리에 자극 코일을 두어 자기장 진동을 가하고, 두뇌 조직 기저에 전류가 흐르도록 하는 방법이다(Hallet, 2000). 근래에 이르러 경두개 자기 자극 요법은 한 번의 회기에 여러 번 반복되어 수행하기도 한다. 여러 연구 자료에 따르면 경두개 자기 자극 요법을 좌측 전전두엽 피질에 매일 적용할 경우 우울증에 효과가 있다고 한다(예 : George et al., 2010; Holtzheimer, Russo, & Avery, 2001). 항우울제나 전기 충격 요법과 같은 다른 생물학적 개입방법과 비교했을 때 경두개 자기 자극 요법은 단기간에 증상을 완화시킬 수 있다는 장점이 있다. 효과가 나타나는 데 경두개 자기 자극 요법은 2~3주가 걸리는 반면, 항우울제는 6~8주, 전기 충격 요법은 3~4주가 소요된다.

특정 대상들에 대한 치료

우울장애(단극성 및 양극성)를 가진 청소년들의 치료 결정에 대해서는 자료가 턱없이 부족하다. 양극성 스펙트럼 장애와 관련되어서는 리튬, 비전형적 항정신병 약물, 그리고 항경련제가 청소년 환자의 조증 치료에 효과가 있다는 자료가 있다. 청소년 환자의 치료 가이드라인(Kowatch et al., 2005)에 따르면 기분안정제를 단독으로 사용하거나 비전형적 항정신병 약물과 병행해야 한다고 제안하고 있다. 만약 이 방법이 충분한 결과를 가져오지 않으면 기분안정제나 비전형적 항정신병 약물이 추가로 제시된다. 단극성 우울증 청소년을 성인과 비교했을 때 상대적으로 연구 자료가 적지만, 이 자료들에 따르면 약물 복용, 심리사회적 치료, 혹은 이 두 가지를 조합하는 것이 청소년에게 효과가 있음을 시사한다(Kaslow, Davis, & Smith, 2009). 하지만 청소년에 대한 효과는 성인에 비해 다소 떨어지는 것으로 보인다. 예를 들어, 청소년 우울증의 심리치료 연구에 대한 한 메타분석에서는 이 방법들의 효과는 미미하다는 것을 입증하였다(Weisz, McCarty, & Valeri, 2006).

청소년 우울장애를 위한 항우울제 처방은 1990년대 중반부터 상당한 증가를 보였다(Ma, Lee, & Stafford, 2005; Vitiello, Zuvekas, & Norquist,

2006). 의약품들의 임상적 사용은 이들에 대한 안전과 효능에 대한 증거 자료가 충분하지 않음에도 불구하고 빠르게 퍼져 나갔다. 이 약품들에 대하여 안전성 및 효능을 밝히기 위한 대규모 치료 연구들이 시작되었지만, 성인들과 비교해볼 때 그 자료가 상당히 부족하고 현존하는 자료들 또한 성인을 대상으로 하는 연구들로부터 유추된 것이기 때문에 청소년에게는 적용되지 않을 수 있다. 일반적으로 선택적 세로토닌 재흡수 억제제와 같은 새로운 유형의 항우울제들은 삼환계 항우울제 계통에 비해 더 안전하고 효과적이지만 안전에 관해서는 명확한 결론을 보여주고 있지 않다(Kaslow et al., 2009). 2000년대 후반에 들어서 선택적 세로토닌 재흡수 억제제가 청소년들의 자살 위험성 증가와 관련이 있는지에 대한 연구가 활발하게 이루어졌다. 아메리칸대학의 신경정신의약과 TF팀에서 선택적 세로토닌 재흡수 억제제가 청소년에게 어떤 부작용이 있는지를 정리한 보고서를 발표하였다(Mann et al., 2006). 이 보고서에서는 단 한 가지 종류의 항우울제(프로작)만 청소년들에게 효과가 있으며 항우울제의 사용은 자살을 생각하게 되거나 이를 시도하게 될 위험을 약간 증가시킨다고 결론지었다. 보고서에 따르면 자살 성향이 증가하는 것은 항우울제가 그 원인인지 혹은 이러한 처방을 받는 청소년들의 우울증이 심각해서인지는 아직 결론을 내릴 수 없다고 하였다. 청소년의 우울증을 치료하지 못할 경우 부정적 결과가 나올 수 있다는 점에서 항우울제 처방을 포함한 치료들의 효과 및 부작용이 아무런 치료를 하지 않거나 대안적 치료를 했을 때의 효과 및 부작용과 균형 있게 비교되어야 한다.

어린이와 청소년 우울증의 심리치료는 성인의 그것만큼 잘 정립되어 있지 않으며, 임상적 자료가 충분하다고 할 만한 치료법이 훨씬 적다. 하지만 행동 및 인지행동 기법과 이론을 아우르는 기대되는 연구 결과들이 최근에 제시되고 있다. 10대를 위해 수정된 CWD 패키지로 인해 청소년들에 대한 자료가 많아졌다(CWD-A; Clarke et al., 2002; Clarke, Rohde, Lewinsohn, Hops, & Seeley, 1999; Rohde, Clarke, Mace, Jorgensen, & Seeley, 2004). CWD는 여러 임상 연구에서 긍정적인 결과를 보여주었다(Clarke et al., 1995, 2002, 1999; Lewinsohn, Clarke, Rohde, Hops, & Seeley, 1996; Rohde et al., 2004). 두 연구에서는 대인관계치료를 적용한 성인 대상 대인관계 접근도 지지하는 결과가 나왔다(Mufson et al., 2004; Mufson, Weissman, Moreau, & Garfinkel, 1999). 전통적 대인관계치료를 변형한 내용에는 청소년들이 청소년기에 증가되는(혹은 청소년기를 특징지을 수 있는) 대인관계의 어려움을 이해하고 이에 적응할 수 있도록 돕는 것이 포함되는데, 청소년이 성장하면서 일어나는 부모-자녀 간 관계의 변화가 좋은 사례이다.

청소년 우울증 치료 연구(Treatment for Adolescents with Depression Study; TADS)(March et al., 2004)는 인지행동치료, 프로작만 사용하는 치료, 이 둘을 조합한 치료, 그리고 위약 처방만 한 경우의 상대적 효과를 평가하도록 설계된 것이다. 12주에 걸쳐 진행된 이 연구에서 치료 기간 끝에 환자 중 71%가 주요우울장애 진단 기준에 미치지 못한 것으로 분류되었고, 50%는 잔여 증상이 있었고, 23%는 완화되었다. 인지행동치료는 위약보다 우월한 효과를 보여주지 않았다. 하지만 프로작은 더 나은 효과가 있었고, 초기 우울 증상이 매우 심각한 청소년들보다 우울 증상이 경미하거나 보통일 때 프로작과 인지행동치료를 조합한 경우가 치료 방법을 하나만 쓴 경우보다 더 결과가 좋았다. 하지만 평균적으로는 치료법을 조합한 경우 우울증의 임상 비율을 감소시키거나 환자의 자살생각을 감소시키는 측면에서 가장 좋은 결과를 가져왔다. 자살사고를 줄여준다는 것은 중요한 점인데, 그 이유는 인지행동치료만 받거나 혼합치료를 받은 사람들에 비해 프로작만 처방된 청소년 환자의 경우 자살사건이 두 배나 높았기 때문이다. 또 다른 연구에서는 인지행동치료와 항우울제를 조합한 치료는 항우울제만 사용하는 치료보다 더 효과가 있다고 하였다(Clarke et al., 2005). 하지만 다른 두 편의 연구는 인지행동치료와 항우울제를 병행하는 것의 장점을 발견하지 못하였다고 보고했다(Goodyer et al., 2007; Melvin et al., 2006). 따라서 현재까지의 자료를 종합하면 우울한 청소년들을 위한 효과적인 개입방법을 개발하기 위해서는 아직 많은 연구가 필요하다는 것을 알 수 있다.

치료법 선정과 치료 반응 예측 변수

어떤 환자에 대해 현존하는 우울장애 치료 중 어떤 치료법이 효과가 있을지 예측할 수 있다면 치료 효능은 한층 높아질 것이다. 실제로 많은 치료법들이 특정 환자의 특징이나 특정 우울 증상을 염두에 두고 개발된다. 하지만 특정 유형의 환자들이 특정 유형의 치료에 잘 반응한다는 증거는 거의 존재하지 않는다. 예를 들면, 멜랑콜리아 우울증은 심리치료보다 약물 처방에 더 잘 반응한다고 주장하는 연구자들이 있고, 성격장애와 공존하는 경우 약물 처방보다 심리치료에 더 잘 반응한다는 이들도 있다. 미국 국립정신보건원(NIMH)의 합동 우울증 치료 연구 프로그램(Treatment of Depression Collaborative Research Program)(Elkin et al., 1985)에서 대인관계치료, 인지행동치료, 위약, 그리고 항우울제 처방을 비교했는데, 어떤 종류의 치료에 환자가 잘 반응할지 예측해주는 것은 이론적 예측과 꼭 맞는다는 보장이 없다는 것을 발견했다. 예를 들면, 사회적 기능장애 수준이 낮은 경우 대인관계치료에 잘 반응했고 인지기능장애가 낮은 경우 인지행동치료에 더 잘 반응하는 예기치 못한 내용들이 발견되었다.

하지만 치료에 대한 반응성은 확실히 우울증의 심각성에 의해 매개되는 것으로 보인다. 구체적으로, 약물에 대한 반응(항우울제와 위약 간의 차이)은 약한 우울장애를 포함한(Ackerman & Williams, 2002) 경미한 주요우울장애 환자에게서는 차이가 적어서(Elkin et al., 1989), 우울 증상이 경미하다면 관찰만 하거나 위약만 처방하는 것도 효율적인 전략이 될 수 있다는 것을 시사한다. 약물의 효과가 크게 나타나는 것은 보통 정도의 우울증이 아닌 심각한 우울증에서 잘 관찰된다(예 : Khan, Brodhead, Kolts, & Brown, 2005). 끝으로, 비만성적인 우울과 반대로 만성적 우울증이 약물 처방과 심리치료에 대한 반응성이 더 낮게 나타난다(Hamilton & Dobson, 2002; Kocsis, 2003). 이를 종합해보면, 지금까지의 자료들은 우울증의 고통을 덜어 주기 위해서는 만성적이고 증상이 심한 이들을 위한 개입 연구를 하는 것이 중요하다는 것을 시사한다.

예방

건강과 질병을 치료, 유지, 예방, 촉진의 네 가지 수준에서 다루는 것을 개입이라고 할 수 있다. 치료(treatment)는 거의 모든 개입 연구의 주제이며, 대부분의 개입은 지역사회 안에서 이루어진다. 치료의 주안점은 전체 환자의 수를 감소시키는 것이다. 치료는 질환의 증상을 완화시키는 기제에 주안점을 두며 이 목표를 성취한다. 유지(maintenance) 치료는 본 치료 이후에 일어나며, 진행 중인 치료와 치료 후 주의 사항을 잘 준수하도록 독려하고 해당 질환이 악화 또는 재발하는 경우를 줄이는 것을 목표로 한다. 예방(prevention) 노력은 특정 삽화가 시작하기 전의 것으로 해당 질환, 즉 해당 질환 발생 숫자를 감소시키는 것을 목표로 한다. 예방은 보편적 혹은 선택적이거나 증상을 보이는 이들을 대상으로 이루어질 수 있다. 보편적 예방 개입은 인구 전체를 대상으로 한다. 선택적 개입은 해당 질환의 위험이 높은 개인들을 대상으로 한다. 그리고 증상을 보이는 이들을 대상으로 하는 지시적 예방도 있다. 끝으로 촉진적(promotion) 개입은 해당 질환 자체를 줄이는 것이라기보다 좀 더 일반적인 저항력을 기를 수 있는 건강한 생활 습관을 도모(증진)하게 하는 것이다. 따라서 촉진적 개입은 질환을 막을 수는 있지만 꼭 그렇게 설계된 것은 아니다.

치료 과학과 비교하면 우울장애 예방은 발달 수준이 많이 미미하다. 하지만 이는 대부분의 정신장애에 공통으로 해당되는 내용이다. 우울장애 발생을 예방할 수 있다면 사회에 많은 이익이 될 수 있음에도 불구하고 우울장애 예방의 발전을 방해하는 몇 가지 요소가 존재해왔다. 첫째, 예방이 효과가 있다는 것을 입증하기 위해서는 예방 조치를 받는 집단이 통제집단에 비해 관찰 기간 동안 발병률이 낮다는 것을 보여주어야 하기 때문에 이 두 집단을 비교해서 유의미한 결과를 보여줄 만한 충분한 수의 사람들을 관찰해야 한다. 이러한 프로젝트를 성공시키기 위해서는 발병가능성이 높은 집단을 관찰 대상으로 선정하고 참여시키는 것이 매우 중요하다. 이상적으로는 위험요인이 타당할수록, 즉 이들이 실제 인과 과정에 가까울수록 해당 집단의 과정은 유의미한 정보를 알려줄 수 있다. 수많은 위험요인 연구들은 어떤 특징을 지닌 개인이 우울장애를 경험하게 될지 식별하는 데 관심을 둔다. 이러한 접근법으로 밝혀지는 위험요인이 단기간에 위험을 예측할 수 없다면 특별히 쓸모 있다고할 수가 없다. 불행히도 대부분의 예방적 개입 연구를 위한 규모를 고려해보면, 표집의 규모가 상당히 크기 때문에 비용 및 현실성 문제가 거론된다. 따라서 보편적 예방에 대한 대부분의 연구들은 우울장애 발생률이 감소했다는 결과를 보여주지 못한다(Munoz, Cuijpers, Smit, Barrera, & Leykin, 2010). 증상을 보이는 이들에 대한 예방이 효과를 보여줄 확률이 더 높은데, 그 이유는 대상 인구 중 많은 이들이 연구 기간 동안 증상이 발생할 확률이 높기 때문이다.

예방적 접근 프로그램들이 사회적 기술 혹은 문제해결 기술 등 예방적으로 여겨지는 보호 요인들을 강화시킨다는 측면에서 우울장애에 대한 예방적 접근 방법에 대한 강력한 임상적 증거들이 존재한다. 하지만 이 프로그램들이 실제로 주요 우울 삽화를 감소시킨다는 증거는 적다(Munoz et al., 2010). 우울장애 예방 연구들에 대한 한 메타분석

(Cuijpers, Van Straten, Smit, Mihalopoulos, & Beekman, 2008)에서는 예방적 접근을 사용한 집단이 통제집단에 비해 새로운 우울증 사례 발생 위험이 22% 감소했다는 것을 보여주었다. 최소 하나 이상의 연구에서 르윈손의 CWD 및 IPT를 포함한 여러 유형의 치료들이 예방적 효과가 있는 것으로 입증되었다.

예방 과학 분야는 아직 극히 초기 단계에 있기는 하지만 우울장애가 다소 널리 퍼져 있다는 것과 위험요인에 대한 현재의 지식(기준치 이하의 증상들이 우울증 발생을 잘 예측해준다는 자료 포함), 그리고 임상적 근거가 있는 여러 치료법의 존재로 인해 우울증에 대한 사회적 부담을 비용 대비 효과성이 우수한 방법들로 줄일 수 있다. 무노즈 등(Munoz et al., 2010)은 사회적으로 우울장애를 감소시키는 몇 가지 방법들을 제시하였다. 첫째, 대중 홍보 및 교육을 통해 많은 사람들에게 우울증의 증상, 기준치 이하의 증상에 대처하는 수단들, 전문가의 도움을 찾는 방법들에 대해 알리는 것이다. 둘째, 의료 시설 등 여러 기관에서 효과적인 사전 선별 방법을 사용하는 것은 도움이 될 수 있다. 셋째, 대규모 예방 대책은 청소년처럼 우울장애 발생 확률이 높은 집단에 집중적으로 실시하는 것이 가장 효과가 좋을 것이다. 우울장애는 만성적이고 재발할 확률이 높기 때문에 최초 삽화를 예방하는 것은 특히 중요할 수 있다. 최초 발생 이전에 미리 예방하는 것은 우울증 위험이 있는 사람들의 정상적 기능을 돕고 치료 측면에서도 긍정적일 수 있다. 넷째, 악화와 재발을 막는 효과적 접근법을 개발하기 위한 방향으로 노력해야 한다는 것이다. 다섯째, 고도로 훈련된 전문가의 시간을 절약하기 위해 비용 효과가 높은 전략들이 더 필요하다는 것이다. 인터넷 또는 독서를 통해 얻을 수 있는 자조적 개입방법들은 일대일의 면대면 상담 혹은 집단상담보다 대중에게 쉽고 저렴하게 전달될 수 있다.

누가 치료를 받는가?

단극성 및 양극성 장애에 대한 효율적 치료가 모든 환자들의 증상 개선이나 유지를 반드시 보장하지 않는다는 점은 실망스럽기도 하지만, 더 심각한 것은 우울장애를 앓는 많은 사람들이 증상을 치료하기 위해 현존하는 치료조차 받지 않는다는 것이다. 첫째, 근거가 있는 치료법 중 지역사회에서 통상적으로 사용하는 치료의 숫자가 극히 적다. 둘째, 통제된 연구 환경에서의 치료 효과가 임상 현장에서도 나타날 수 있을지 명확하지 않다. 셋째, 치료에 대한 접근성이 제한적이다. 주요 우울 삽화를 예로 들면, 첫 발병 시 보고된 나이와 치료를 받기 위해 시설을 찾은 나이는 일반적으로 몇 년씩 차이가 나고, 그 기간이 10년이 넘는 경우도 빈번하다(Olfson, Kessler, Berglund, & Lin, 2008). 최근의 코호트 연구에서는 이 구간이 짧아지는 것으로 보이지만, 유년기와 청소년기의 발생 사례는 그 후의 발생 사례보다 이러한 시차가 길게 나타난다. 이러한 지연은 유년기와 청소년기에 발생한 경우 환자가 스스로 치료를 받을 여건이 아닐 수 있기 때문이다. 미국 동반이환 연구(NCS-R) 자료에서 2001~2002년도에 우울장애 환자 중 절반만이 지난 12개월 이내에 치료를 받았다고 하였다. 이 추정치는 유럽의 자료와도 유사하다(Wittchen & Pittrow,

2002). 또 NCS-R 자료에서는 지역사회에서 우울증을 치료할 경우 대부분 치료의 질이 미흡한 것으로 나타났다. 따라서 공중 보건의 관점에서 임상 연구의 지식으로 실제로 우울증 환자들을 돕기 위해 앞으로 가야 할 길이 멀다는 것을 알 수 있다.

11

우울장애 지식을 통해
어떻게 우울장애를
더 깊이 이해하고 치료법을
개선할 수 있을까?

앞에서 밝힌 대로, 생애 주기에 걸친 우울장애를 설명하는 데 상당한 진보가 이루어졌다. 우울장애 환자의 행동과 기능에 미치는 영향, 인지, 성격을 포함한 광의의 심리체계와 우울장애의 관계, 그리고 우울장애의 원인과 관련된 개인 내적 및 외적 과정 식별이 대표적이다. 지난 20년간 스트레스와 생리학 체계의 측정, 그리고 발달적 맥락에서 우울장애를 이해하기 위한 여러 주체들의 협업에서 중요한 발전이 있었다. 이는 좀 더 진보된 연구 질문을 던질 수 있게 해주었고 우울증과 조증의 원인을 밝힐 수 있는 새로운 연구를 설계할 수 있게 해주었다. 그러나 이들 질환과 원인에 대해 명확하게 말할 수 있는 부분들은 아직 현상을 묘사할 수 있는 수준일 뿐이다. 우리는 현재 우울증 및 조증과 무엇이 상관관계가 있는지에 관해 상당한 자료가 있지만, 이들의 원인이 무엇인지를 구조적으로 설명하기에는 현저히 미흡하다. 또 큰 틀에서 보면 특정 상관관계에 대한 새로운 발견이 무엇인지를 파악하는 것도 어려운 일인데, 그 이유는 우울장애와 연결된 매우 다양한 구조들이 존재하고, 자료 측정과 이에 대한 분석은 다양한 수준에서 이루어질 수 있기 때문이다. 다음은 이 장에서 다루는 내용이다. (a) 우울증을 이해하기 위한 틀에서 상당히 중요할 것이라고 보이는 우울증에 대한 주요 발견을 요약하고, (b) 여러 측정법 및 여러 수준의 분석을 통해 알게 된 사실들의 연결점에 대해 어떻게 생각해야 할지를 알아보고, (c) 우울증과 조증의 원인을 더 잘 이해할 수 있기 위해 정신병리학자들이 어느 방향으로 탐구하고 있는지를 안내한다.

알려진 사실들

첫째, 기분장애는 상당히 다양한 모습으로 발현된다. 이러한 다양성은 질환의 발달적 측면으로 체계적으로 설명될 수 있고, 성격이나 문화적 요소에 의해 영향을 받을 수도 있다. 그럼에도 불구하고 과학적 측면에서는 이러한 다양성이 전부 동일한 중요도를 갖지 않는다. 정신질환의 진단 및 통계편람(DSM-5)(American Psychiatric Association, 2013)에서 정리한 많은 우울장애 증상의 발현 또는 동일한 우울장애의 진단 기준에 맞는 개인에게 일어날 수 있는 증상의 발생은 중요한 병인 요소의 작동을 반영하는 핵심 차원 중 일부분일 확률이 높다. 만성성과 심각도는 가장 두드러지는 두 가지 차원이다. 중요할 수 있는 다른 차원은 불안, 물질 사용 장애 등과 같은 다른 정신질환과의 동반이환이 있는데, 이는 우울증뿐 아니라 여러 문제에 원인이 되는 더 넓은 병인의 작용을 나타낼 수 있기 때문이다. 어떤 증상들은 유의미한 차원에서 함께 나타날 수 있고 또 어떤 장애는 유사 원인이 있지만 다른 진단 범주에 있는 질환들의 결과일 수도 있다. 우울 증후군의 이해를 위한 향후 연구는 통제집단과 여러 진단 집단들을 비교하는 것보다 경험적 연구를 통해 우울증의 여러 차원들이 어떻게 다양하게 나타나는지 임상 현장에서 관찰해야 한다. 이 접근법은 우울장애의 기준치 이하의 증상들이 범주적 진단과 동일한 상관관계가 있다는 증거와 일관성이 있을 것이다.

둘째, 우울장애는 그 원인이 다양하다는 것이다. 원인을 식별하는 데 우울 증상으로 환자들을 분류하는 체계를 적용하는 것은 성공적인 전략은 아닌 것 같다. 관찰하려는 우울장애의 구조나 차원을 세밀히 분류하는 것이 더 나은 해결책으로, 병인의 기원과 과정, 결과를 직접 연구하는 쪽으로 방향을 재정립하는 것이 좋을 것 같다.

셋째, DSM에서 활용하는 범주 모델에는 우울장애가 인구 전반에 고르게 나타난다고 암시하지만, 이에 소요되는 여러 가지 비용은 특정 집단(가장 심하게 고통을 받는 소수)에 집중되는 것으로 보인다. 따라서 이러한 집단을 식별하고 연구해야 할 현실적 이유들이 존재한다. 이러한 집단에게 질환이 더 빈번하게 나타나는 고유의 원인이나 원인 패턴들이 존재하지만 경미한 우울장애를 겪는 사람들에게는 이러한 패턴들이 존재하지 않을지도 모른다. 따라서 정상적인 집단의 기능적 차원뿐 아니라, 이런 차원에서 매우 극단적인 수준을 보이는 환자들에게서 드러나는 특성들도 고려하면 발전적 연구들이 이루어질 수 있다.

넷째, 우울증과 조증은 구분이 가는 측면과 그렇지 않은 측면이 있다. 조증에는 명백한 특징적 원인들이 존재하지만 단극성 장애와 양극성 장애에서의 우울 삽화 간의 구분과 원인들은 현재 명확하게 밝혀지지 않았다. 이러한 이유로 우울장애의 양극단을 예측하는 요인을 동시에 고려하는 연구들이 더 많이 이루어져야 할 것이다.

다섯째, 우울장애는 연령, 성별에 따라 유병률이 다양하고, 연령 및 성별에 따라 기능에 미치는 영향과 시간에 따른 결과도 다양하다. 병인 모델들은 성별에 따른 원인 차이와 시간에 따라 위험을 증가/감소시키는 발달의 영향력을 설명해주어야 한다.

요소들 연결하기

우울장애에 대한 전반적 고찰은 다음의 큰 두 사항들을 포함하는 이론적 모델을 필요로 한다. (1) 왜 우울장애가 존재하고 왜 현재의 증상이 나타나는지, 우울 증상이 일어나는 기본적 심리체계는 어떻게 구성되어 있는지, 그리고 이러한 심리체계는 개인에 따라 어떻게 다른지, (2) 이러한 차이들이 개인에 따라 더 큰 발달적 맥락에서 어떻게 작동하고 개인의 환경과 어떻게 상호작용하는지이다. 이 사항들을 전부 동시에 다루는 단일 연구는 현재 존재하지 않는다. 더욱이, 이러한 과정들에 대해 자세한 설명을 제시하고 우울증 및 조증과의 관계가 어떤 것인지 설명할 때 소수의 제한된 병인 과정들에 집중하는 것이 중요할 수 있는 여러 경우들이 존재한다. 정보 처리 오류, 스트레스 반응성, 신경 전달 수용체 밀도 변화 등과 같이 우울증 위험과 연결된 모든 인과 과정들을 고려할 때, 고려해야 할 요소들의 다양성 및 이들을 측정하는 방식들은 동일한 현상을 설명하려 한다는 공통점 외에는 서로 겹치는 부분이 거의 없는 연구 분야를 이끌어내야 한다. 그러나 이 다양한 연구 분야들을 전부 고려해보면 두드러지는 몇 가지 핵심 개념이 존재하고 이것은 우울증의 심리학을 이해할 수 있는 폭넓은 모델을 제시하고 있다.

첫째, 진화 모델은 인간이라는 유기체가 목표, 능력, 환경에 대처하고 응용하는 수단을 이해할 수 있는 기본 맥락을 제공한다. 인간의 두뇌는 매우 복잡한 소수의 작업을 달성할 수 있도록 사회적 · 생물학적 · 환경적 맥락에서 진화했고 이는 인간의 행동에 대한 일반적인 청사진을 제공한다. 이러한 진화적 압력은 인간이 역사적으로 사회적 동물로서 지내온 세월에 걸쳐 동기 부여, 인지, 목표 달성을 위한 정서를 내재한 두뇌 체계를 낳았는데, 중요한 것은 이러한 두뇌 체계가 작동할 때 감정, 사고, 행동과 관련된 핵심 체계에서 개인차가 나타난다는 것이다.

둘째, 이러한 개인차는 왜 어떤 사람들은 우울증 및 조증 환자가 되기 쉽고 어떤 사람들은 그렇지 않은지를 부분적으로 설명한다. 따라서 진화 과정을 통해 이루어진 다양성의 부산물로서 어떤 사람들은 우울증이나 조증에 대한 부적응 상태를 경험하기 쉽다. 이러한 다양성은 유전자에 의한 것으로 우리는 개인 간에 이러한 차이를 이끌어내는 유전자 종류를 식별할 수 있게 되는지도 모른다. 이러한 핵심 체계의 다양함에서 오는 위험은 우울장애의 증상을 한 번이라도 겪은 사람에게는 생애 초기부터 존재할 것이다. 이러한 특징들은 자기 지각의 수준에서 파악될 수도 있지만 행동 및 정신생리학 지표들에 의해서도 파악될 수 있다.

셋째, 우울증과 조증은 그 삽화 발생이 만성적이라 하더라도 장기간에 걸쳐서 보면 그 강도가 상승과 하강을 반복한다. 또 우울증과 조증에 걸릴 확률이 높은 사람들 중에서 실제 증상이 발현하지 않는 경우도 상당히 많다. 따라서 한 개인이 성인으로 성장하고, 여러 사건들이 일어나고, 성장기에 어려움을 겪는 과정에는 인간 진화의 역사에서 누적된 측면들이 어떤 역할을 하고 있음이 분명하다. 환경적 맥락은 우울 증상이 발현되는 심리적 체계의 형성에 큰 영향을 미칠 수 있고, 이러한 체계에서 개인차는 개개인이 자신의 환경에서 어떤 선택을 하고 반응하는지에 영향을 미칠 수 있다. 반대로 조증과 우울 삽화도 개인의 환경을 완전히 변화시킬 수 있다.

넷째, 여기에서 자세히 기술된 과정들은 모두 두뇌의 제약을 통해 걸러지는데, 이는 개인의 목표, 감정, 세계관, 그리고 이에 근거를 둔 행동들 사이를 매개한다. 사람은 성장하고 사건을 겪고 타인과의 관계를 형성/유지하고 학습하면서 두뇌가 고도화되고 변화한다. 그러나 조증과 우울 삽화가 발달하기까지의 두뇌 회로 및 신경화학적 내용을 우리가 완전히 설명할 수 있게 된다 하더라도 우울증/조증에 동반되는 사고, 감정, 행동들, 그리고 개인이 자신의 경험을 이해하는 이야기(narrative) 같은 두뇌 체계의 심리적 산출들을 파악하기 전에는 완전한 이해가 불가능할 것이다. 심리적 수준(우울장애)과 두뇌 및 생리학적 측정에 의해 정의할 수 있는 여러 구조 사이의 관계를 좀 더 잘 이해할 수 있게 되면서 생물학적 기제가 심리학적 기제를 대체하지 않아도, 다양한 수준의 분석을 통해 우울증에 대해 좀 더 잘 이해할 수 있는 결과를 얻을 수 있을 것이다. 그 둘이 서로 어떤 관계를 형성하는지 좀 더 정교하고 더 정확하게 설명할 수 있게 될 것이다.

향후 발전

단극성 및 양극성 기분장애에 대한 연구는 향후 몇십 년간 서로 매우 다른 연구 분야에서 보고되는 자료들을 연결해서 우울증 위험을 일으키는 위험 기제와 우울증과 조증의 양상에 대한 좀 더 직접적인 근거를 제공할 것이다. 예를 들면, 스트레스 경험이 인지적으로 어떻게 해석되는가,

어떻게 이 해석이 생리 체계의 생체적응에 영향을 미치는가, 그리고 이러한 생물학적 변화가 두뇌의 기능과 구조를 어떻게 변화시키는가 등에 대한 중요한 성과를 볼 수 있을 것이다. 또 어떤 연구들은 스트레스를 더 쉽게 경험하는 개인의 특징을 자세히 기술하게 될 것이다. 두뇌구조를 이해하는 데 주안점을 두는 기초심리과학은 우울증과 조증의 발생과 유지에 관련된 두뇌/인지/행동 기제의 여러 역할들에 대해 더 많은 새로운 가설들을 만들어낼 것으로 보인다.

우울증 연구의 특정 분야들은 분명히 점점 더 기술적이고 구체화될 것으로 보인다(예 : 유전체학). 정신병리학자들에게 놓인 가장 큰 문제는 신기술들을 활용했을 때 가장 긍정적 결과를 가져다줄 심리적 및 임상적 구성 개념들을 정의하는 것이 될 것이다.

끝으로 우울증과 조증 기저의 근본 과정들에 대한 향후 연구들은 전혀 다른 치료방법들을 제시할 가능성이 있다. 예를 들면, 두뇌 구조/회로와 연결될 수 있는 우울증과 조증 기저의 심리적 차원은 신약, 새로운 치료 기법, 혹은 행동적 전략을 제시할 수 있을 것이다. 우울증과 조증의 위험이 높은 사람들을 식별하는 것은 사회 전반에 걸쳐 예방 및 개입 서비스를 최적화하는 데 매우 중요할 것이다. 또한 우울증을 특징짓는 대인관계 및 심리의 세밀한 묘사를 통해 우울증으로 고통받는 이들을 좀 더 공감하고 이들이 자신의 상황을 이해할 수 있도록 돕고 이들이 회복하는 동안 그들을 지지하고 가이드를 제공하는 데 도움이 될 것이다.

참고문헌

Achenbach, T. M., & Howell, C. T. (1993). Are American children's problems getting worse? A 13-year comparison. *Journal of the American Academy of Child and Adolescent Psychiatry, 32*(6), 1145-1154.

Ackerman, R. T., & Williams, J. Q. (2002). Rational treatment choices for non-major depressions in primary care. *Journal of General Internal Medicine, 17*(4), 293-301.

Akiskal, H. S. (1983). The bipolar spectrum: New concepts in classification and diagnosis. In L. Grinspoon (Ed.), *Psychiatry update: The American Psychiatric Association annual review* (Vol. 2, pp. 271-292). Washington, DC: American Psychiatric Press.

Akiskal, H. S., Bourgeois, M. L., Angst, J., Post, R., Moller, H.-J., & Hirschfeld, R. (2000). Re-evaluating the prevalence of and diagnostic composition within the broad clinical spectrum of bipolar disorders. *Journal of Affective Disorders, 59*, S5-S30.

Akiskal, H. S., & Mallya, G. (1987). Criteria for the "soft" bipolar spectrum: Treatment implications. *Psychopharmacology Bulletin, 23*(1), 68-73.

Akiskal, H. S., Maser, J. D., Zeller, P. J., Endicott, J., Coryell, W., Keller, M., . . . Goodwin, F. K. (1995). Switching from "unipolar" to bipolar II: An 11-year prospective study of clinical and temperamental predictors in 559 patients. *Archives of General Psychiatry, 52*, 114-123.

Akiskal, H. S., & McKinney Jr, W. T. (1973). Depressive disorders: Toward a unified hypothesis. *Science, 182*(4107), 20-29.

Akiskal, H. S., Placidi, G. F., Maremmani, I., Signoretta, S., Liguori, A., Gervasi, R., . . . Puzantian, V. R. (1998). TEMPS-I: Delineating

hyperthymic and irritable temperaments in a nonpatient popula-
tion. *Journal of Affective Disorders, 51,* 7–19.

Akiskal, H. S., Walker, P., Puzantian, V. R., King, D., Rosenthal, T. L.,
& Dranon, M. (1983). Bipolar outcome in the course of depressive
illness: Phenomenologic, familial, and pharmacologic predictors.
Journal of Affective Disorders, 5(2), 115–128.

Allen, N. B., & Badcock, P. B. (2003). The social risk hypothesis of
depressed mood: Evolutionary, psychosocial, and neurobiologi-
cal perspectives. *Psychological Bulletin, 129*(6), 887–913.

Allgood-Merton, B., Lewinsohn, P. M., & Hops, H. (1990). Sex differ-
ences and adolescent depression. *Journal of Abnormal Psychology,
99,* 55–63.

Alloy, L. B., & Abramson, L. Y. (1979). Judgment of contingency in
depressed and nondepressed students: Sadder but wiser? *Journal of
Experimental Psychology: General, 108*(4), 441.

Alloy, L. B., Abramson, L. Y., & Rusoff, R. (1981). Depression and the
generation of complex hypotheses in the judgment of contin-
gency. *Behavior Research and Therapy, 19*(1), 35–45.

Alpert, J. E., Fava, M., Uebelacker, L. A., Nierenberg, A. A., Pava, J. A.,
Worthington, J. R., & Rosenbaum, J. F. (1999). Patterns of axis I
comorbidity in early-onset versus late-onset major depressive dis-
order. *Biological Psychiatry, 46*(2), 202–211.

American Psychiatric Association. (2000). *Diagnostic and statistical man-
ual of mental disorders* (4th ed., text rev.). Washington, DC: Author.

American Psychiatric Association. (2013). *Diagnostic and statistical
manual of mental disorders* (5th ed.). Washington, DC: Author.

Anderson, J. C., Williams, S., McGee, R., & Silva, P. (1987). DSM-III-R
disorders in preadolescent children. *Archives of General Psychiatry,
44,* 69–76.

Anderson, J. R. (2011). A primatological perspective on death. *American
Journal of Primatology, 73*(5), 410–414.

Andrade, L., Caraveo-Anduaga, J. J., Berglund, P., Bijl, R. V., deGraaf, R.,
Volleberg, W., . . . Wittchen, H.-U. (2003). The epidemiology of major
depressive episodes: Results from the International Consortium of
Psychiatric Epidemiology (ICPE) surveys. *International Journal of
Methods in Psychiatric Research, 12*(1), 3–21.

Angold, A., & Costello, E. J. (1993). Depressive comorbidity in chil-
dren and adolescents: Empirical, theoretical, and methodological
issues. *American Journal of Psychiatry, 150,* 1779–1791.

Angold, A., Costello, E. J., Erkanli, A., & Worthman, C. M. (1999). Pubertal change in hormone levels and depression in girls. *Psychological Medicine, 29*(5), 1043-1053.

Angold, A., Costello, E. J., & Worthman, C. M. (1998). Puberty and depression: The roles of age, pubertal status and pubertal timing. *Psychological Medicine, 28*(1), 51-61.

Angst, J. (1986). The course of major depression, atypical bipolar disorder, and bipolar disorder. In H. Hippius, G. L. Klerman, & N. Matussek (Eds.), *New results in depression research* (pp. 26-35). Berlin, Germany: Springer.

Angst, J. (1987). Switch from depression to mania, or from mania to depression. *Journal of Psychopharmacology, 1*, 13-19.

Angst, J. (1998). The emerging epidemiology of hypomania and bipolar II disorder. *Journal of Affective Disorders, 50*(2/3), 143-151.

Angst, J., Gamma, A., Sellaro, R., Zhang, H., & Merikangas, K. (2002). Toward validation of atypical depression in the community: Results of the Zurich cohort study. *Journal of Affective Disorders, 72*, 125-138.

Angst, J., & Preisig, M. (1995). Outcome of a clinical cohort of unipolar, bipolar and schizoaffective patients: Results of a prospective study from 1959 to 1985. *Schweizer Archiv fur Neurologie und Psychiatrie, 146*(1), 17-23.

Angst, J., & Sellaro, R. (2000). Historical perspectives and natural history of bipolar disorder. *Biological Psychiatry, 48*(6), 445-457.

Bagby, R. M., Bindseil, K. K, Schuller, D. R., Rector, N. A., Young, L. T., et al. (1997). Relationship between the five-factor model of personality and unipolar, bipolar and schizophrenic patients. *Psychiatry Research, 70*(2), 83-94.

Baldassano, C. F., Marangell, L. B., Gyulai, L., Ghaemi, S. N., Joffe, H., et al. (2005). Gender differences in bipolar disorder: Retrospective data from the first 500 STEP-BP participants. *Bipolar Disorders, 7*(5), 465-470.

Barrio, C. (2000). The cultural relevance of community support programs. *Psychiatric Services, 51*(7), 879-884.

Basco, M. R., & Rush, A. J. (1996). *Cognitive-behavioral therapy for bipolar disorder.* New York, NY: Guilford Press.

Basco, M. R., & Rush, A. J. (2005). *Cognitive-behavioral therapy for bipolar disorder.* New York, NY: Guilford Press.

Beach, S. R., Kogan, S. M., Brody, G. H., Chen, Y. F., Lei, M. K., & Murry, V. M. (2008). Change in caregiver depression as a function of the Strong African American Families Program. *Journal of Family Psychology, 22*(2), 241–252.

Beach, S. R., & O'Leary, K. (1992). Treating depression in the context of marital discord: Outcome and predictors of response of marital therapy versus cognitive therapy. *Behavior Therapy, 23*(4), 507–528.

Beck, A. T. (1987). Cognitive models of depression. *Journal of Cognitive Psychotherapy, 1*(1), 5–37.

Beck, A. T., Freeman, A., & Davis, P. D. D. (2006). *Cognitive therapy of personality disorders*. New York, NY: Guilford Press.

Beck, A. T., Rush, A. J., Shaw, B. F., & Emery, G. (1987). *Cognitive therapy of depression*. New York, NY: Guilford Press.

Bender, R. E., & Alloy, L. B. (2011). Life stress and kindling in bipolar disorder: Review of the evidence and integration with emerging biopsychosocial theories. *Clinical Psychology Review, 31*, 383–398.

Bhangoo, R., Dell, M. L., Towbin, K., Meyers, F. S., Lowe, C. L., Pine, D. S., & Leibenluft, E. (2003). Clinical correlates of episodicity in juvenile mania. *Journal of Child and Adolescent Psychopharmacology, 13*(4), 507–514.

Birmaher, B., Axelson, D., Strober, M., Gill, M. K., Valeri, S., et al. (2006). Clinical course of children and adolescents with bipolar spectrum disorders. *Archives of General Psychiatry, 63*(2), 175–183.

Birmaher, B., Ryan, N. D., Williamson, D. E., Brent, D. A., Kaufman, J., Dahl, R. W., . . . Nelson, B. (1996). Childhood and adolescent depression: A review of the past 10 years. Part 1. *Journal of the American Academy of Child and Adolescent Psychiatry, 35*(11), 1427–1439.

Birnbaum, H. G., Leong, S. A., & Greenberg, P. E. (2003). The economics of women and depression: An employer's perspective. *Journal of Affective Disorders, 74*(1), 15–22.

Blackburn, I. M., Eunson, K. M., & Bishop, S. (1986). A two-year naturalistic follow-up of depressed patients treated with cognitive therapy, pharmacotherapy, and a combination of both. *Journal of Affective Disorders, 10*, 67–75.

Blair, M. J., Robinson, R. L., Katon, W., & Kroenke, K. (2003). Depression and pain comorbidity: A literature review. *Archives of Internal Medicine, 163*, 2433–2445.

Blazer, D. G., & Hybels, C. F. (2005). Origins of depression in later life. *Psychological Medicine, 35*, 1–12.

Blazer, D. G., Kessler, R. C., McGonagle, K. A., & Swartz, M. S. (1994). The prevalence and distribution of major depression in a national community sample: The National Comorbidity Survey. *American Journal of Psychiatry, 151*, 979–986.

Blonigen, D. M., Carlson, M. D., Hicks, B. M., Krueger, R. F., & Iacono, W. G. (2008). Stability and change in personality traits from late adolescence to early adulthood: A longitudinal twin study. *Journal of Personality, 76*(2), 229–266.

Bolger, N., & Schilling, E. A. (1991). Personality and the problems of everyday life: The role of neuroticism in exposure and reactivity to daily stressors. *Journal of Personality, 59*(3), 355–386.

Booker, J. M., & Hellekson, C. J. (1992). Prevalence of seasonal affective disorder in Alaska. *American Journal of Psychiatry, 149*(9), 1176–1182.

Bostwick, J. M., & Pankratz, V. S. (2000). Affective disorders and suicide risk: A reexamination. *American Journal of Psychiatry, 157*(12), 1925–1932.

Bremner, J. D., Narayan, M., Anderson, E. R., Staib, K. H., Miller, H. L., & Charney, D. S. (2000). Hippocampal volume reduction in major depression. *American Journal of Psychiatry, 157*(1), 115–118.

Brent, D., Oquendo, M., Birmaher, B., Greenhill, L., Kolko, K., et al. (2002). Familial pathways to early-onset suicide attempt: Risk for suicidal behavior in offspring of mood-disordered suicide attempters. *Archives of General Psychiatry, 59*(9), 801–807.

Brittlebank, A. D., Scott, J., Williams, J. M., & Ferrier, I. N. (1993). Autobiographical memory in depression: State or trait marker? *British Journal of Psychiatry, 162*(1), 118–121.

Brotman, M. A., Schmajuk, M., Rich, B. A., Dickstein, D. P., Guyer, A. E., Costello, E. J., . . . Leibenluft, E. (2006). Prevalence, clinical correlates, and longitudinal course of severe mood dysregulation in children. *Biological Psychiatry, 60*, 991–997.

Brown, G. W. (1993). Life events and affective disorder: Replications and limitations. *Psychosomatic Medicine, 55*, 248–259.

Brown, G. W., Bifulco, A., & Harris, T. O. (1987). Life events, vulnerability and onset of depression: Some refinements. *British Journal of Psychiatry, 150*(1), 30–42.

Brown, G. W., & Harris, T. (1978). Social origins of depression: A reply. *Psychological Medicine, 8*(4), 577–588.

Brown, G. W., Lemyre, L., & Bifulco, A. (1992). Social factors and recovery from anxiety and depressive disorders: A test of specificity. *British Journal of Psychiatry, 161*(1), 44–54.

Brown, G. W., & Moran, P. (1994). Clinical and psychosocial origins of chronic depressive episodes. I: A community survey. *British Journal of Psychiatry, 165*(4), 447–456.

Burke, K. C., Burke, J. D., Rae, D. S., & Regier, D. A. (1991). Comparing age of onset of major depression and other psychiatric disorders by birth cohorts in five U.S. community populations. *Archives of General Psychiatry, 48*(9), 789–795.

Burton, R. (2001). *The anatomy of melancholy* (New York Review Book Classics). J. Holbrook (Ed.). New York, NY: New York Review Books.

Buss, D. M., Haselton, M. G., Shackleford, T. K., Bleske, A. L., & Wakefield, J. C. (1998). Adaptations, exaptations, and spandrels. *American Psychologist, 53*(5), 533–548.

Butler, A. C., Chapman, J. E., Forman, E. M., & Beck, A. T. (2006). The empirical status of cognitive-behavioral therapy: A review of meta-analyses. *Clinical Psychology Review, 26*(1), 17–31.

Butzlaff, R. L., & Hooley, J. M. (1998). Expressed emotion and psychiatric relapse: A meta-analysis. *Archives of General Psychiatry, 55*(6), 547–552.

Caldarone, B. J., George, T. P., Zachariou, V., & Picciotto, M. R. (2000). Gender differences in learned helplessness behavior are influenced by genetic background. *Pharmacology, Biochemistry, and Behavior, 66*(4), 811–817.

Caldji, C., Diorio, J., & Meaney, M. J. (2000). Variations in maternal care in infancy regulate the development of stress reactivity. *Biological Psychiatry, 48*(12), 1164–1174.

Campbell, S., & MacQueen, G. (2004). The role of the hippocampus in the pathophysiology of major depression. *Journal of Psychiatry and Neuroscience, 29*(6), 417–426.

Cannon, W. B. (1929). Organization for physiological homeostasis. *Physiological Reviews, 9,* 399–431.

Cannon, W. B. (1932). *The wisdom of the body.* New York, NY: Norton.

Capaldi, D. M., & Stoolmiller, M. (1999). Co-occurrence of conduct problems and depressive symptoms in early adolescent boys: III. Prediction to young-adult adjustment. *Development and Psychopathology, 11*(1), 59–84.

Cardno, A. G., Marshall, E. J., Coid, B., Macdonald, A. M., Ribchester, T. R., Davies, N. J., . . . Murray, R. M. (1999). Heritability estimates for psychotic disorders: The Maudsley twin psychosis series. *Archives of General Psychiatry, 56,* 162–168.

Carlson, G. A. (2007). Who are the children with severe mood dysregulation, a.k.a., "rages"? *American Journal of Psychiatry, 164,* 1140–1142.

Carlson, G. A., Bromet, E. J., & Sievers, S. (2000). Phenomenology and outcome of subjects with early- and adult-onset psychotic mania. *American Journal of Psychiatry, 157*(2), 213–219.

Carlson, G. A., & Cantwell, D. P. (1980). Unmasking masked depression in children and adolescents. *American Journal of Psychiatry, 137*(4), 445–449.

Carstensen, L. L., & Mikels, J. A. (2005). At the intersection of emotion and cognition: Aging and the positivity effect. *Current Directions in Psychological Science, 14*(3), 117–121.

Carver, C. S., Johnson, S. L., & Joorman, J. (2008). Serotonergic function, two-mode models of self-regulation, and vulnerability to depression: What depression has in common with impulsive aggression. *Psychological Bulletin, 134*(6), 912–943.

Carver, C. S., & Miller, C. J. (2006). Relations of serotonin function to personality: Current views and a key methodological issue. *Psychiatry Research, 144*(1), 1–15.

Carver, C. S., & Scheier, M. F. (1990). Origins and functions of positive and negative affect: A control-process view. *Psychological Review, 97*(1), 19–35.

Caspi, A., Moffitt, T. E., Newman, D. L., & Silva, P. A. (1996). Behavioral observations at age 3 years predict adult psychiatric disorders: Longitudinal evidence from a birth cohort. *Archives of General Psychiatry, 53*(11), 1033–1039.

Caspi, A., Roberts, B. W., & Shiner, R. L. (2005). Personality development: Stability and change. *Annual Review of Psychology, 56,* 453–484.

Caspi, A., Sugden, K., Moffitt, T. E., Taylor, A., Craig, I. W., et al. (2003). Influence of life stress on depression: Moderation by a polymorphism in the 5-HTT gene. *Science, 301*(5631), 386–389.

Cassano, G. B., Rucci, P., Frank, E., Fagiolini, A., Dell'Osso, L., Shear, K., & Kupfer, D. J. (2004). The mood spectrum in unipolar and bipolar disorder: Arguments for a unitary approach. *American Journal of Psychiatry, 161,* 1264–1269.

Cavanagh, J. T., Carson, A. J., Sharpe, M., & Lowrie, S. M. (2003). Psychological autopsy studies on suicide: A systematic review. *Psychological Medicine, 33,* 395–405.

Champion, L. A., Goodall, G., & Rutter, M. (1995). Behavior problems in childhood and stressors in early adult life: I. A 20-year follow-up of London school children. *Psychological Medicine, 25*(2), 231–246.

Charles, S. T., Mather, M., & Carstensen, L. L. (2003). Aging and emotional memory: The forgettable nature of negative images for older adults. *Journal of Experimental Psychology: General, 132*(2), 310–324.

Chengappa, K. N. R., Kupfer, D. J., Frank, E., Houck, P. R., Grochocinski, V. J., Cluss, P. A., & Stapf, D. A. (2003). Relationship of birth cohort and early age of onset of illness in a bipolar disorder case registry. *American Journal of Psychiatry, 160*, 1636–1642.

Chentsova-Dutton, Y. E., & Tsai, J. L. (2009). In I. H. Gotlib & C. L. Hammens (Eds.), *Handbook of depression* (2nd ed., pp. 363–385). New York, NY: Guilford Press.

Cipriani, A., Furukawa, T. A., Salanti, G., Geddes, J. R., Higgins, J., Churchill, R., et al. (2009). Comparative efficacy and acceptability of 12 new-generation antidepressants: A multiple-treatments meta-analysis. *Lancet, 373*(9665), 746–758.

Clark, L. A. (2005). Temperament as a unifying basis for personality and psychopathology. *Journal of Abnormal Psychology, 114*(4), 505–521.

Clark, L. A., & Watson, D. (1991). Tripartite model of anxiety and depression: Psychometric evidence and taxonomic implications. *Journal of Abnormal Psychology, 100*(3), 316–336.

Clark, L. A., Watson, D., & Mineka, S. (1994). Temperament, personality, and the mood and anxiety disorders. *Journal of Abnormal Psychology, 103*, 103–116.

Clarke, G., Debar, L., Lynch, F., Powell, J., Gale, J., O'Connor, E., et al. (2005). A randomized effectiveness trial of brief cognitive-behavioral therapy for depressed adolescents receiving antidepressant medication. *Journal of the American Academy of Child & Adolescent Psychiatry, 44*(9), 888–898.

Clarke, G. N., Hawkins, W., Murphy, M., Sheeber, L. B., Lewinsohn, P. M., & Seeley, J. R. (1995). Targeted prevention of unipolar depressive disorder in an at-risk sample of high school adolescents: A randomized trial of a group cognitive intervention. *Journal of the American Academy of Child & Adolescent Psychiatry, 34*(3), 312–321.

Clarke, G. N., Hornbrook, M., Lynch, F., Polen, M., Gale, J., O'Connor, E., et al. (2002). Group cognitive-behavioral treatment for depressed adolescent offspring of depressed parents in a health maintenance organization. *Journal of the American Academy of Child & Adolescent Psychiatry, 41*(3), 305-313.

Clarke, G. N., Rohde, P., Lewinsohn, P. M., Hops, H., & Seeley, J. R. (1999). Cognitive-behavioral treatment of adolescent depression: Efficacy of acute group treatment and booster sessions. *Journal of the American Academy of Child & Adolescent Psychiatry, 38*(3), 272-279.

Cole, D. A., Peeke, L. G., Martin, J. M., Truglio, R., & Seroczynski, A. D. (1998). A longitudinal look at the relation between depression and anxiety in children and adolescents. *Journal of Consulting and Clinical Psychology, 66*(3), 451-460.

Colom, F., Vieta, E., Martinez-Aran, A., Reinares, M., Benabarre, A., & Casto, C. (2000). Clinical features associated with treatment noncompliance in euthymic bipolar patients. *Journal of Clinical Psychiatry, 61*, 549-555.

Colom, F, Vieta, E., Martinez-Aran, A., Reinares, M., Goikolea, J. M., et al. (2003). A randomized trial on the efficacy of group psychoeducation in the prophylaxis of recurrences in bipolar patients whose disease is in remission. *Archives of General Psychiatry, 60*(4), 402-407.

Compas, B. E., Connor-Smith, J., & Jaser, S. S. (2004). Temperament, stress reactivity, and coping: Implications for depression in childhood and adolescence. *Journal of Clinical Child and Adolescent Psychology, 33*(1), 21-31.

Compton, W. S., Conway, K. P., Stinson, F. S., & Grant, B. F. (2006). Changes in the prevalence of major depression and comorbid substance use disorders in the United States between 1991-1992 and 2001-2002. *American Journal of Psychiatry, 163*, 2141-2147.

Copeland, W. E., Shanahan, L., Costello, E. J., & Angold, A. (2009). Childhood and adolescent psychiatric disorders as predictors of young adult disorders. *Archives of General Psychiatry, 66*(7), 764-772.

Coryell, W., Endicott, J., & Keller, M. B. (1990). Outcomes of patients with chronic affective disorder: A five-year follow-up. *American Journal of Psychiatry, 147*(12), 1627-1633.

Coryell, W., & Tsuang, M. T. (1985). Major depression with mood-congruent or mood-incongruent psychotic features: Outcome after 40 years. *American Journal of Psychiatry, 142*(4), 479-482.

Coryell, W., Winokur, G., Shea, T., Maser, J. D., Endicott, J., & Akiskal, H. S. (1994). The long-term stability of depressive subtypes. *American Journal of Psychiatry, 151*(2), 199-204.

Costa, P. T., Terracciano, A., & McCrae, R. R. (2001). Gender differences in personality traits across cultures: Robust and surprising findings. *Journal of Personality and Social Psychology, 81*(2), 322-331.

Costello, E. J., Erklani, A., & Angold, A. (2006). Is there an epidemic of child or adolescent depression? *Journal of Child Psychology and Psychiatry, 47*(12), 1263-1271.

Costello, E. J., Erklani, A., Fairbank, J. A., & Angold, A. (2002). The prevalence of potentially traumatic events in childhood and adolescence. *Journal of Traumatic Stress, 15*(2), 99-112.

Cousins, D. A., Butts, K., & Young, A. H. (2009). The role of dopamine in bipolar disorder. *Bipolar Disorders, 11*, 787-806.

Coyne, J. C. (1976). Depression and the response of others. *Journal of Abnormal Psychology, 85*, 186-193.

Cryan, J. F., & Mombereau, C. (2004). In search of a depressed mouse: Utility of models for studying depression-related behavior in genetically modified mice. *Molecular Psychiatry, 9*, 326-357.

Cuellar, A. K., Johnson, S. L., & Winters, R. (2005). Distinctions between bipolar and unipolar depression. *Clinical Psychology Review, 25*, 307-339.

Cuijpers, P., Geraedts, A. S., Van Oppen, P., Andersson, G., Markowitz, J. C., & Van Straten, A. (2011). Interpersonal psychotherapy for depression: A meta-analysis. *American Journal of Psychiatry, 168*(6), 581-592.

Cuijpers, P., Van Straten, A., Smit, F., Mihalopoulos, C., & Beekman, A. (2008). Preventing the onset of depressive disorders: A meta-analytic review of psychological interventions. *American Journal of Psychiatry, 165*(10), 1272-1280.

Cuijpers, P., Van Straten, A., & Warmerdam, L. (2007). Behavioral activation treatments of depression: A meta-analysis. *Clinical Psychology Review, 27*(3), 318-326.

Cutler, S. E., & Nolen-Hoeksema, S. (1991). Accounting for sex differences in depression through female victimization: Childhood sexual abuse. *Sex Roles, 24*(7/8), 425-439.

Cyranowski, J. M., Frank, E., & Shear, M. K. (2000). Adolescent onset of the gender difference in lifetime rates of major depression: A theoretical model. *Archives of General Psychiatry, 57*(1), 21-27.

Dalgleish, T., Spinks, H., Yiend, J., & Kuyken, W. (2001). Autobiographical memory style in seasonal affective disorder and its relationship to future symptom remission. *Journal of Abnormal Psychology, 110,* 335-340.

Davidson, K. W., Burg, M. M., Kronish, I. M., Shimbo, D., Dettenborn, L., Mehran, R., et al. (2010). Association of anhedonia with recurrent major adverse cardiac events and mortality 1 year after acute coronary syndrome. *Archives of General Psychiatry, 67*(5), 480-488.

Davila, J. (2001). Refining the association between excessive reassurance seeking and depressive symptoms: The role of related interpersonal constructs. *Journal of Social and Clinical Psychology, 20*(4), 538-559.

Davila, J., Bradbury, T. N., Cohen, C. L., & Tochluk, S. (1997). Marital functioning and depressive symptoms: Evidence for a stress generation model. *Journal of Personality and Social Psychology, 73,* 849-861.

Davila, J., Karney, B. R., Hall, T. W., & Bradbury, T. N. (2003). Depressive symptoms and marital satisfaction: Within-subject associations and the moderating effects of gender and neuroticism. *Journal of Family Psychology, 17*(4), 557-570.

Davila, J., Stroud, C. B., & Starr, L. R. (2009). Depression in couples and families. In I. H. Gotlib & C. L. Hammen (Eds.), *Handbook of depression* (Vol 2., pp. 467-491). New York, NY: Guilford Press.

Davis, M. (1998). Are different parts of the extended amygdala involved in fear versus anxiety? *Biological Psychiatry, 44*(12), 1239-1247.

Davis, M. C., Matthews, K. A., & Twamley, E. W. (1999). Is life more difficult on Mars or Venus? A meta-analytic review of sex differences in major and minor life events. *Annals of Behavioral Medicine, 21*(1), 83-97.

Depue, R. A., & Iacono, W. G. (1989). Neurobehavioral aspects of affective disorders. *Annual Review of Psychology, 40*(1), 457-492.

Depue, R. A., & Monroe, S. M. (1978). The unipolar-bipolar distinction in the depressive disorders. *Psychological Bulletin, 85*(5), 1001-1029.

DeRoma, V. M., Leach, J. B., & Leverett, J. P. (2009). The relationship between depression and college academic performance. *College Student Journal, 43*(2), 325-334.

DeRubeis, R. J., & Crits-Cristoph, P. (1998). Empirically supported individual and group psychological treatments for adult mental disorders. *Journal of Consulting and Clinical Psychology, 66*(1), 37-52.

DeRubeis, R. J., Hollon, S. D., Amsterdan, J. D., Shelton, R. C., Young, P. R., Salomon, R. M., et al. (2005). Cognitive therapy vs medications in the treatment of moderate to severe depression. *Archives of General Psychiatry, 62*(4), 409-416.

Diener, E., & Suh, E. M. (2000). *Culture and subjective well-being.* New York, NY: MIT Press.

Dienes, K. A., Hammen, C., Henry, R. M., Cohen, A. N., & Daley, S. E. (2006). The stress sensitization hypothesis: Understanding the course of bipolar disorder. *Journal of Affective Disorders, 95,* 43–49.

Dimidjian, S., Hollon, S. D., Dobson, K. S., Schmaling, K. B., Kohlenberg, R. J., Addis, M. E., et al. (2006). Randomized trial of behavioral activation, cognitive therapy, and antidepressant medication in the acute treatment of adults with major depression. *Journal of Consulting and Clinical Psychology, 74*(4), 658–670.

Dobson, K. S., Hollon, S. D., Dimidjian, S., Schmaling, K. B., Kohlenberg, R. J., Gallop, R., et al. (2008). Randomized trial of behavioral activation, cognitive therapy, and antidepressant medication in the prevention of relapse and recurrence in major depression. *Journal of Consulting and Clinical Psychology, 76*(3), 468–477.

Donohue, J. M., & Pincus, H. A. (2007). Reducing the social burden of depression: A review of economic costs, quality of care and effects of treatment. *Pharmacoeconomics, 25*(1), 7–24.

Downey, G., & Coyne, J. C. (1990). Children of depressed parents: An integrative review. *Psychological Bulletin, 108*(1), 50–76.

Drevets, W. C., & Price, J. L. (2005). Neuroimaging and neuropathological studies of mood disorders. In J. W. M. Licinio (Ed.), *Biology of depression: From novel insights to therapeutic strategies* (pp. 427–466). Weinheim, Germany: Wiley-VCH Verlag GmbH.

Drevets, W. C., & Raichle, M. E. (1992). Neuroanatomical circuits in depression: Implications for treatment mechanisms. *Psychopharmacology Bulletin, 28*(3), 261.

Drevets, W. C., Savitz, J., & Trimble, M. (2008). The subgenual anterior cingulate cortex in mood disorders. *CNS Spectrums, 13*(8), 663.

Druss, B. G., Schlesinger, M., & Allen, H. M. (2001). Depressive symptoms, satisfaction with health care, and 2-year work outcomes in an employed population. *American Journal of Psychiatry, 158*(5), 731–734.

Duggan, C. F., Sham, P., Lee, A. S., & Murray, R. M. (1991). Does recurrent depression lead to a change in neuroticism? *Psychological Medicine, 21,* 985–990.

Duncan, L. E., & Keller, M. C. (2011). A critical review of the first 10 years of candidate gene-by-environment interaction research in psychiatry. *American Journal of Psychiatry, 168,* 1041–1049.

Dunlop, B. Q., & Nemeroff, C. B. (2007). The role of dopamine in the patho-physiology of depression. *Archives of General Psychiatry, 64*, 327–337.

Durbin, C. E., Hicks, B. M., Blonigen, D. M., Johnson, W., Iacono, W. G., & McGue, M. (under review). *Personality trait change across late childhood to young adulthood: Evidence for nonlinearity and sex differences in change.*

Eaton, W. W., Anthony, J. C., Gallo, J. J., et al. (1997). Natural history of Diagnostic Interview Schedule/DSM-IV major depression. The Baltimore Epidemiologic Catchment Area follow-up. *Archives of General Psychiatry, 54*, 993–999.

Eaton, W. W., Shao, H., Nestadt, G., Lee, B. H., Bienvenu, J., & Zandi, P. (2008). Population-based study of first onset and chronicity in major depressive disorder. *Archives of General Psychiatry, 65*(5), 513–520.

Egger, H. L., & Angold, A. (2006). Common emotional and behavioral disorders in preschool children: Presentation, nosology, and epidemiology. *Journal of Child Psychology and Psychiatry, 47*, 313–337.

Ehlers, C. L., Kupfer, D. J., Frank, E., & Monk, T. H. (1993). Biological rhythms and depression: The role of zeitgebers and zeitstorers. *Depression, 1*(6), 285–293.

Eid, M., & Diener, E. (2001). Norms for experiencing emotions in different cultures: Inter- and intranational differences. *Journal of Personality and Social Psychology, 81*(5), 869–885.

Elkin, I., Parloff, M., Hadley, S., et al. (1985). The National Institute of Mental Health Treatment of Depression Collaborative Research Program: Background and research plan. *Archives of General Psychiatry, 42*, 305–316.

Elkin, I., Shea, M. T., Watkins, J. T., et al. (1989). The National Institute of Mental Health Treatment of Depression Collaborative Research Program: General effectiveness of treatments. *Archives of General Psychiatry, 46*(11), 971–982.

Ellis, H. C., & Ashbrook, P. W. (1988). Resource allocation model of the effects of depressed mood states on memory. In K. Fiedler & J. Forgas (Eds.), *Affect, cognition, and social behavior* (pp. 25–42). Toronto, Canada: Hogrefe.

Else-Quest, N. M., Hyde, J. S., Goldsmith, H. H., & VanHulle, C. A. (2006). Gender differences in temperament: A meta-analysis. *Psychological Bulletin, 132*(1), 33–72.

Emanuels-Zuurveen, L., & Emmelkamp, P. M. (1996). Individual behavioural-cognitive therapy v. marital therapy for depression in maritally distressed couples. *British Journal of Psychiatry, 169*(2), 181–188.

Ernst, C., & Angst, J. (1995). Depression in old age. *European Archives of Psychiatry and Clinical Neuroscience, 245*(6), 272–287.

Ernst, C. L., & Goldberg, J. F. (2004). Clinical features related to age of onset in bipolar disorder. *Journal of Affective Disorders, 82*(1), 21–27.

Essau, C. A., Lewinsohn, P. M., Seeley, J. R., & Sasagawa, S. (2010). Gender differences in the developmental course of depression. *Journal of Affective Disorders, 127*, 185–190.

Evans, M. D., Hollon, S. D., DeRubeis, R. J., Piasecki, J. M., Grove, W. M., Garvey, M. J., & Tuason, V. B. (1992). Differential relapse following cognitive therapy and pharmacotherapy for depression. *Archives of General Psychiatry, 49*(10), 802–808.

Fanous, A., Gardner, C. O., Prescott, C. A., Cancro, R., & Kendler, K. S. (2002). Neuroticism, major depression and gender: A population-based twin study. *Psychological Medicine, 32*(4), 719–728.

Fanous, A. H., Neale, M. C., Aggen, S. H., & Kendler, K. S. (2007). A longitudinal study of personality and major depression in a population-based sample of male twins. *Psychological Medicine, 37*, 1163–1172.

Fergusson, D. M., Boden, J. M., & Horwood, J. (2009). Tests of causal links between alcohol abuse or dependence and major depression. *Archives of General Psychiatry, 66*(3), 260–266.

Fergusson, D. M., Horwood, J., Ridder, E. M., & Beautrais, A. L. (2005). Subthreshold depression in adolescence and mental health outcomes in adulthood. *Archives of General Psychiatry, 62*(1), 66–72.

Fincham, F. D., Beach, S. R., Harold, G. T., & Osborne, L. N. (1997). Marital satisfaction and depression: Different causal relationships for men and women? *Psychological Science, 8*(5), 351–356.

Finkelhor, D., & Baron, L. (1986). Risk factors for child sexual abuse. *Journal of Interpersonal Violence, 1*(1), 43–71.

Fombonne, E. (1994). Increased rates of depression: Update of epidemiological findings and analytical problems. *Acta Psychiatrica Scandinavica, 90*, 144–156.

Frank, E., Kupfer, D. J., Thase, M. E., Mallinger, A. G., Swartz, H. A., Fagiolini, A. M., . . . Monk, T. (2005). Two-year outcomes for interpersonal and social rhythm therapy in individuals with bipolar I disorder. *Archives of General Psychiatry, 62*(9), 996.

Fredrickson, B. L. (2001). The role of positive emotions in positive psychology: The broaden-and-build theory of positive emotions. *The American Psychologist, 56*(3), 218–226.

Frodl, T. S., Koutsouleris, N., Bottlender, R., Born, C., Jager, M., Scupin, I., . . . Meisenzahl, E. M. (2008). Depression-related variation in brain morphology over 3 years. *Archives of General Psychiatry, 65*(10), 1156–1165.

Furman, W. (2002). The emerging field of adolescent romantic relationships. *Current Directions in Psychological Science, 11*(5), 177–180.

Gallart, S. C., & Matthey, S. (2005). The effectiveness of Group Triple P and the impact of the four telephone contacts. *Behavior Change, 22*(2), 71–80.

Garno, J. L., Goldberg, J. R., Hamen, P. M., & Hitzler, B. A. (2005). Impact of childhood abuse on the clinical course of bipolar disorder. *British Journal of Psychiatry, 186*(2), 121–125.

Gartstein, M. A., & Rothbart, M. K. (2003). Studying infant temperament via the Revised Infant Behavior Questionnaire. *Infant Behavior and Development, 26*(1), 64–86.

Gavin, N. I., Gaynes, B. N., Lohr, K. N., Meltzer-Brody, S., Gartlehner, G., & Swinson, T. (2005). Perinatal depression: A systematic review of prevalence and incidence. *Obstetrics & Gynecology, 106*(5), 1071–1083.

Ge, X., Conger, R. D., & Elder, G. H. (1996). Coming of age too early: Pubertal influences on girls' vulnerability to psychological distress. *Child Development, 67*(6), 3386–3400.

Geddes, J. R., Burgess, S., Hawton, K., Jamison, K., & Goodwin, G. M. (2004). Long-term lithium therapy for bipolar disorder: Systematic review and meta-analysis of randomized controlled trials. *American Journal of Psychiatry, 161*(2), 217–222.

Geddes, J. R., Carney, S. M., Davies, C., Furukawa, T. A., Kupfer, D. J., Frank, E., & Goodwin, G. M. (2003). Relapse prevention with antidepressant drug treatment in depressive disorders: A systematic review. *Lancet, 361*(9358), 653–661.

Gelfand, D. M., Teti, D. M., Seiner, S. A., & Jameson, P. B. (1996). Helping mothers fight depression: Evaluation of a home-based intervention program for depressed mothers and their infants. *Journal of Clinical Child Psychology, 25*(4), 406–422.

Geller, B., & Luby, J. (1997). Child and adolescent bipolar disorder: A review of the past 10 years. *Journal of the American Academy of Child and Adolescent Psychiatry, 36*(9), 1168–1176.

Geller, B., Tillman, R., Bolhofner, K., & Zimmerman, B. (2008). Child bipolar I disorder: Prospective continuity with adult bipolar I disorder; characteristics of second and third episodes; predictors of 8-year outcome. *Archives of General Psychiatry, 65*(10), 1125-1133.

Geller, B., Tillman, R., Craney, J. L., & Bolhofner, K. (2004). Four-year prospective outcome: A natural history of mania in children with a prepubertal and early adolescent bipolar disorder phenotype. *Archives of General Psychiatry, 61*(5), 459-467.

George, M. S., Lisanby, S. H., Avery, D., McDonald, W. M., Durkalski, C., Pavlicova, M., ... Sackheim, H. A. (2010). Daily left prefrontal transcranial magnetic stimulation therapy for major depressive disorder. *Archives of General Psychiatry, 67*(5), 507-516.

Gershon, E. S., Alliey-Rodriguez, N., & Liu, C. (2011). After GWAS: Searching for genetic risk for schizophrenia and bipolar disorder. *American Journal of Psychiatry, 168,* 253-256.

Gershon, E. S., Hamovit, J. H., Gurhoff, J. J., & Nurnberger, J. I. (1987). Birth-cohort changes in manic and depressive disorders in relatives of bipolar and schizoaffective patients. *Archives of General Psychiatry, 44*(4), 314-319.

Giesler, R. B., Josephs, R. A., & Swann, W. B. (1996). Self-verification in clinical depression: The desire for negative evaluation. *Journal of Abnormal Psychology, 105,* 358-368.

Gilliom, M., & Shaw, D. S. (2004). Codevelopment of externalizing and internalizing problems in early childhood. *Development and Psychopathology, 16,* 313-333.

Gilman, S. E., Breslau, J., Trinh, N.-H., Fava, M., Murphy, J. M., & Smoller, J. W. (2012). Bereavement and the diagnosis of major depressive episode in the National Epidemiologic Survey on Alcohol and Related Conditions. *Journal of Clinical Psychiatry, 73*(2), 208-215.

Gilman, S. E., Kawachi, I., Fitzmaurice, G. M., & Buka, S. L. (2003). Socio-economic status, family disruption and residential stability in childhood: Relation to onset, recurrence and remission of major depression. *Psychological Medicine, 33,* 1341-1355.

Gjone, H., & Stevenson, J. (1997). A longitudinal twin study of temperament and behavior problems: Common genetic or environmental influences? *Journal of the American Academy of Child and Adolescent Psychiatry, 36*(10), 1448-1456.

Glaser, K. (1967). Masked depression in children and adolescents. *American Journal of Psychotherapy, 21*(3), 565-574.

Gold, P. W., & Chrousos, G. P. (1999). The endocrinology of melancholic and atypical depression: Relation to neurocircuitry and somatic consequences. *Proceedings of the Association of American Physicians, 111*(1), 22–34.

Gold, P. W., & Chrousos, G. P. (2002). Organization of the stress system and its dysregulation in melancholic and atypical depression: High vs low CRH/NE states. *Molecular Psychiatry, 7,* 254–275.

Goldberg, J., Harrow, M., & Whiteside, J. E. (2001). Risk for bipolar illness in patients initially hospitalized for unipolar depression. *American Journal of Psychiatry, 158*(8), 1265–1270.

Goodwin, F. K., Fireman, B., Simon, G. E., Hunkeler, E. M., Lee, J., & Revicki, D. (2003). Suicide risk in bipolar disorder during treatment with lithium and divalproex. *JAMA, 290*(11), 1467–1473.

Goodyer, I., Dubicka, B., Wilkinson, P., Kelvin, R., Roberts, C., Byford, S., . . . Harrington, R. (2007). Selective serotonin reuptake inhibitors (SSRIs) and routine specialist care with and without cognitive behaviour therapy in adolescents with major depression: Randomised controlled trial. *British Medical Journal, 335*(7611), 142–146.

Gotlib, I. H., & Joorman, J. (2010). Cognition and depression: Current status and future directions. *Annual Review of Clinical Psychology, 6,* 285–312.

Gotlib, I. H., Lewinsohn, P. M., & Seeley, J. R. (1995). Symptoms versus a diagnosis of depression: Differences in psychosocial functioning. *Journal of Consulting and Clinical Psychology, 63,* 90–100.

Gotlib, I. H., Whiffen, V. E., Wallace, P. M., & Mount, J. H. (1991). Prospective investigation of postpartum depression: Factors involved in onset and recovery. *Journal of Abnormal Psychology, 100*(2), 122–132.

Graber, J. A., Lewinsohn, P. M., Seeley, J. R., & Brooks-Gunn, J. (1997). Is psychopathology associated with the timing of pubertal development? *Journal of the American Academy of Child and Adolescent Psychiatry, 36*(12), 1768–1776.

Granger, D. A., Shirtcliff, E. A., Zahn-Waxler, C., Usher, B., Klimes-Dougan, B., & Hastings, P. (2003). Salivary testosterone diurnal variation and psychopathology in adolescent males and females: Individual differences and developmental effects. *Development and Psychopathology, 15,* 431–449.

Grant, B. F., Stinson, F. S., Hasin, D. S., Dawson, D .S., Chou, P., Ruan, W. J., & Huang, B. (2005). Prevalence, correlates, and comorbidity of bipolar I disorder and axis I and II disorders: Results from the National Epidemiologic Survey on Alcohol and Related Conditions. *Journal of Clinical Psychiatry, 66*(10), 1205–1215.

Green, E. K., Grozeva, D., Jones, I., Jones, L., Kirov, G., Caesar, S., et al. (2010). The bipolar disorder risk allele at CACNA1C also confers risk of recurrent major depression and of schizophrenia. *Molecular Psychiatry, 15*, 1016–1022.

Green, E. K., Raybould, R., Macgregor, S., Hyde, S., Young, A. H., et al. (2006). Genetic variation of brain-derived neurotrophic factor (BDNF) in bipolar disorder: Case control study of over 3000 individuals from the UK. *British Journal of Psychiatry, 188*(1), 21–25.

Greenberg, P., Corey-Lisle, P. K., Marynchenko, M., & Claxton, A. (2004). Economic implications of treatment-resistant depression among employees. *Pharmacoeconomics, 22*(6), 363–373.

Greenberg, P. E., Kessler, R. C., Birnbaum, H. G., Leong, S. A., Lowe, S. W., Berglund, P. A., & Corey-Lisle, P. K. (2003). The economic burden of depression in the United States: How did it change between 1990 and 2000? *Journal of Clinical Psychiatry, 64*(12), 1465–1475.

Griffith, J. W., Zinbarg, R. E., Craske, M. G., Mineka, S., Rose, R. D., Waters, A. M., & Sutton, J. M. (2010). Neuroticism as a common dimension in the internalizing disorders. *Psychological Medicine, 40*(7), 1125.

Gruber, J., Eidelman, P., Johnson, S. L., Smith, B., & Harvey, A. G. (2011). Hooked on a feeling: Rumination about positive and negative emotion in interepisode bipolar disorder. *Journal of Abnormal Psychology, 120*(4), 956.

Haddjeri, N., Blier, P., & DeMontigny, C. (1998). Long-term antidepressant treatments result in a tonic activation of forebrain 5-HT1A receptors. *Journal of Neuroscience, 18*(23), 10150–10156.

Hagnell, O., & Grasbeck, A. (1990). Comorbidity of anxiety and depression in the Lundby 25-year prospective study: The pattern of subsequent episodes. In J. D. Maser & C. R. Cloninger (Eds.), *Comorbidity of mood and anxiety disorders* (pp. 139–152). Arlington, VA: American Psychiatric Association.

Hallett, M. (2000). Transcranial magnetic stimulation and the human brain. *Nature, 406*(6792), 147–150.

Hamilton, K. E., & Dobson, K. S. (2002). Cognitive therapy of depression: Pretreatment patient predictors of outcome. *Clinical Psychology Review, 22*(6), 875–893.

Hammen, C. (1991). Generation of stress in the course of unipolar depression. *Journal of Abnormal Psychology, 100*(4), 555–561.

Hammen, C. (2005). Stress and depression. *Annual Review of Clinical Psychology, 1*, 293–319.

Hammen, C., & Brennan, P. (2001). Depressed adolescents of depressed and nondepressed mothers: Tests of an interpersonal impairment hypothesis. *Journal of Consulting and Clinical Psychology, 69*(2), 284-292.

Hammen, C., Henry, R., & Daley, S. E. (2000). Depression and sensitization to stressors among young women as a function of childhood adversity. *Journal of Consulting and Clinical Psychology, 68*, 782-787.

Hankin, B. L., & Abramson, L. Y. (2001). Development of gender differences in depression: An elaborated cognitive vulnerability-transactional stress theory. *Psychological Bulletin, 27*(6), 773-796.

Hankin, B. L., Abramson, L. Y., Moffitt, T. E., Silva, P. A., McGee, R., & Angell, K. E. (1998). Development of depression from preadolescence to young adulthood: Emerging gender differences in a 10-year longitudinal study. *Journal of Abnormal Psychology, 107*(1), 128-140.

Harkness, K. L., Bruce, A. E., & Lumley, M. N. (2006). The role of childhood abuse and neglect in the sensitization to stressful life events in adolescent depression. *Journal of Abnormal Psychology, 115*(4), 730-741.

Harkness, K. L., & Monroe, S. M. (2006). Severe melancholic depression is more vulnerable than non-melancholic depression to minor precipitating life events. *Journal of Affective Disorders, 91*, 257-263.

Harper, P. S., Harley, H. G., Reardon, W., & Shaw, D. J. (1992). Anticipation in myotonic dystrophy: New light on an old problem. *American Journal of Human Genetics, 51*, 10-16.

Harrington, R. C., Fudge, H., Rutter, M. L., Pickles, A., & Hill, J. (1990). Adult outcomes of childhood and adolescent depression: I. Psychiatric status. *Archives of General Psychiatry, 47*, 465-473.

Harris, E. C., & Barraclough, B. (1997). Suicide as an outcome for mental disorders. A meta-analysis. *The British Journal of Psychiatry, 170*(3), 205-228.

Hartlage, S., Alloy, L. B., Vázquez, C., & Dykman, B. (1993). Automatic and effortful processing in depression. *Psychological Bulletin, 113*(2), 247.

Hasler, G., Fromm, S., Carlson, P. J., Luckenbaugh, D. A., Waldeck, T., Geraci, M., . . . Drevets, W. C. (2008). Neural response to catecholamine depletion in unmedicated subjects with major depressive disorder in remission and healthy subjects. *Archives of General Psychiatry, 65*(5), 521-531.

Heidrich, A., Schleyer, M., Spingler, H., Albert, P., Knoche, A. M., & Lanczik, M. (1994). Postpartum blues: Relationship between non-protein bound steroid hormones in plasma and postpartum mood changes. *Journal of Affective Disorders, 30*(2), 93–98.

Heim, C., & Nemeroff, C. B. (2001). The role of childhood trauma in the neurobiology of mood and anxiety disorders: Preclinical and clinical studies. *Biological Psychiatry, 49*(12), 1023–1039.

Hendrick, V., Altshuler, L. L., Gitlin, M. J., Delrahim, S., & Hammen, C. (2000). Gender and bipolar illness. *Journal of Clinical Psychiatry, 61*(5), 393–396.

Hendrick, V., Altshuler, L. L., & Suri, R. (1998). Hormonal changes in the postpartum and implications for postpartum depression. *Psychosomatics, 39*(2), 93–101.

Hettema, J. M., Prescott, C. A., & Kendler, K. S. (2004). Genetic and environmental sources of covariation between generalized anxiety disorder and neuroticism. *American Journal of Psychiatry, 161*(9), 1581–1587.

Higgins, E. T. (1997). Beyond pleasure and pain. *American Psychologist, 52*, 1280–1300.

Hill, J., Pickles, A., Rollinson, L., Davies, R., & Byatt, M. (2004). Juvenile- versus adult-onset depression: Multiple differences imply different pathways. *Psychological Medicine, 34*, 1483–1493.

Hirschfeld, R., Montgomery, S. A., Keller, M. B., Kasper, S., Schatzberg, A. F., Möller, H. J., et al. (2000). Social functioning in depression: A review. *Journal of Clinical Psychiatry, 61*(4), 268–275.

Hollon, S. D., DeRubeis, R. J., Evans, M. D., Wiemer, M. J., Garvey, M. J., Grove, W. M., & Tuason, V. B. (1992). Cognitive therapy and pharmacotherapy for depression: Singly and in combination. *Archives of General Psychiatry, 49*(10), 774–781.

Hollon, S. D., DeRubeis, R. J., Shelton, R. C., Amsterdam, J. D., Salomon, R. M., O'Reardon, J. P., et al. (2005). Prevention of relapse following cognitive therapy vs medications in moderate to severe depression. *Archives of General Psychiatry, 62*(4), 417–422.

Hollon, S. D., & Dimidjian, S. (2009). Cognitive and behavioral treatment of depression. In I. H. Gotlib & C. L. Hammen (Eds.), *Handbook of depression* (2nd ed., pp. 586–603). New York, NY: Guilford Press.

Hollon, S. D., Thase, M. E., & Markowitz, J. C. (2002). Treatment and prevention of depression. *Psychological Science in the Public Interest, 3*(2), 39–77.

Holtzheimer, P. E., Russo, J., & Avery, D. (2001). A meta-analysis of repetitive transcranial magnetic stimulation in the treatment of depression. *Psychopharmacology Bulletin, 35*(4), 149–169.

Hooley, J. M., Richters, J. E., Weintraub, S., & Neale, J. M. (1987). Psychopathology and marital distress: The positive side of positive symptoms. *Journal of Abnormal Psychology, 96*(1), 27–33.

Howland, R. H. (1993). General health, health care utilization, and medical comorbidity in dsythymia. *International Journal of Psychiatry in Medicine, 23*(3), 211–238.

Huang, B., Grant, B. F., Dawson, D. A., Stinson, F. S., Chou, P. S., et al. (2006). Race-ethnicity and the prevalence and co-occurrence of *Diagnostic and Statistical Manual of Mental Disorders, Fourth Edition*, alcohol and drug use disorders and axis I and II disorders: United States, 2001 to 2003. *Comprehensive Psychiatry, 47*(4), 252–257.

Huang, J., Perlis, R. H., Lee, P. H., Rush, A. J., Fava, M., et al. (2010). Cross-disorder genomewide analysis of schizophrenia, bipolar disorder, and depression. *American Journal of Psychiatry, 167*, 1254–1263.

Hutchings, J., Lane, E., & Kelly, J. (2004). Comparison of two treatments for children with severely disruptive behaviors. *Behavioural and Cognitive Psychotherapy, 32*(1), 15–30.

Hyde, J .S., Mezulis, A. H., & Abramson, L. Y. (2008). The ABCs of depression: Integrating affective, biological, and cognitive models to explain the emergence of the gender difference in depression. *Psychological Review, 115*(2), 291–313.

Iacono, W. G. (2004). Major depression and conduct disorder in youth: Associations with parental psychopathology and parent-child conflict. *Journal of Child Psychology and Psychiatry, 45*(2), 377–386.

Insel, T. R. (2010). The challenge of translation in social neuroscience: A review of oxytocin, vasopressin, and affiliative behavior. *Neuron, 65*(6), 768–779.

Jacobson, N. S., Dobson, K., Fruzzetti, A. E., Schmaling, K. B., & Salusky, S. (1991). Marital therapy as a treatment for depression. *Journal of Consulting and Clinical Psychology, 59*(4), 547–557.

Jacobson, N. S., Dobson, K. S., Truax, P. A., Addis, M. E., Koerner, K., Gollan, J. K., et al. (1996). A component analysis of cognitive-behavioral treatment for depression. *Journal of Consulting and Clinical Psychology, 64*, 295–304.

Jaffee, S. R., Moffitt, T. E., Caspi, A., Fombonne, E., Poulton, R., & Martin, J. (2002). Differences in early childhood risk factors for juvenile-onset and adult-onset depression. *Archives of General Psychiatry, 59*(3), 215–222.

Janicak, P. G., Davis, J. M., Gibbons, R. D., Ericksen, S., Chang, S., & Gallagher, P. (1985). Efficacy of ECT: A meta-analysis. *American Journal of Psychiatry, 142*(3), 297–302.

Jarrett, R. B., Schaffer, M., McIntire, D., Witt-Browder, A., Kraft, D., & Risser, R. C. (1999). Treatment of atypical depression with cognitive therapy or phenelzine: A double-blind, placebo-controlled trial. *Archives of General Psychiatry, 56*(5), 431–437.

Johnson, J., Horwath, E., & Weissman, M. W. (1991). The validity of major depression with psychotic features based on a community study. *Archives of General Psychiatry, 48*(12), 1075–1081.

Johnson, S. L. (2005). Life events in bipolar disorder: Towards more specific models. *Clinical Psychology Review, 25*(8), 1008–1027.

Johnson, S. L., Edge, M. D., Holmes, M. K., & Carver, C. S. (2012). The behavioral activation system and mania. *Annual Review of Clinical Psychology, 8*, 243–267.

Johnson, S. L., & Miller, I. (1997). Negative life events and time to recovery from episodes of bipolar disorder. *Journal of Abnormal Psychology, 106*(3), 449–457.

Johnson, S. L., Murray, G., Fredrickson, B., Youngstrom, E. A., Hinshaw, S., Bass, J. M., . . . Salloum, I. (2012). Creativity and bipolar disorder: Touched by fire or burning with questions? *Clinical Psychology Review, 32*, 1–12.

Joiner, T. E., Metalsky, G. I., Katz, J., & Beach, S. R. (1999). Depression and excessive reassurance-seeking. *Psychological Inquiry, 10*(3), 269–278.

Jorm, A. F. (2000). Does old age reduce the risk of anxiety and depression? A review of epidemiological studies across the adult life span. *Psychological Medicine, 30*(1), 11–22.

Joyce, P. R. (1984). Age of onset in bipolar affective disorder and misdiagnosis as schizophrenia. *Psychological Medicine, 14*(1), 145–149.

Judd, L. L., Akiskal, H. S., Schettler, P. J., Endicott, J., Maser, J., Solomon, D. A., . . . Keller, M. B. (2002). The long-term natural history of the weekly symptomatic status of bipolar I disorder. *Archives of General Psychiatry, 59*(6), 530–537.

Judd, L. L., Paulus, M. D., & Zeller, P. (1999). The role of residual subthreshold depressive symptoms in early episode relapse in unipolar major depressive disorder (letter). *Archives of General Psychiatry, 56,* 764-765.

Judd, L. L., Paulus, M. J., Schettler, P. J., Akiskal, H. S., Endicott, J., et al. (2000). Does incomplete recovery from first lifetime major depressive episode herald a chronic course of illness? *American Journal of Psychiatry, 157*(9), 1501-1504.

Judd, L. L., Schettler, P. J., Akiskal, H. S., Coryell, W., Leon, A. C., Maser, J. D., & Solomon, D. A. (2008). Residual symptom recovery from major affective episodes in bipolar disorders and rapid episode relapse/recurrence. *Archives of General Psychiatry, 65*(4), 386-394.

Kalibatseva, Z., & Leong, F. T. L. (2011). Depression among Asian Americans: Review and recommendations. *Depression Research and Treatment,* 1-9.

Kaltiala-Heino, R., Kosunen, E., & Rimpela, M. (2003). Pubertal timing, sexual behaviour and self-reported depression in middle adolescence. *Journal of Adolescence, 26*(5), 531-545.

Karney, B. R. (2001). Depressive symptoms and marital satisfaction in the early years of marriage: Narrowing the gap between theory and research. In S. R. H. Beach (Ed.), *Marital and family processes in depression: A scientific foundation for clinical practice* (pp. 45-68). Washington, DC: American Psychological Association.

Kaslow, N. J., Davis, S. P., & Smith, C. O. (2009). Biological and psychosocial interventions for depression in children and adolescents. In I. H. Gotlib & C. L. Hammen (Eds.), *Handbook of depression* (2nd ed., pp. 642-672). New York, NY: Guilford Press.

Keck, P. E., & McElroy, S. L. (1996). Outcome in the pharmacologic treatment of bipolar disorder. *Journal of Clinical Psychopharmacology, 16*(Suppl. 2), 15S-23S.

Keck, P. E., & McElroy, S. L. (2004). Treatment of bipolar disorder. In A. F. Schatzberg & C. B. Nemeroff (Eds.) *Psychopharmacology.* Washington, DC: Psychiatric Publishing.

Keck, P. E., McElroy, S. L., Strakowski, S. M., West, S. A., Sax, K. W., Hawkins, J. M., . . . Haggard, P. (2003). 12-month outcome of patients with bipolar disorder following hospitalization for a manic or mixed episode. *Focus, 1*(1), 44-52.

Keller, M. B., & Boland, R. J. (1998). Implications of failing to achieve successful long-term maintenance of recurrent unipolar major depression. *Biological Psychiatry, 44*(5), 348-360.

Keller, M. B., Lavori, P. W., Coryell, W., Endicott, J., & Mueller, T. I. (1993). Bipolar I: A five-year prospective follow-up. *Journal of Nervous and Mental Disease, 181*(4), 238–245.

Keller, M. B., Lavori, P. W., Rice, J., Coryell, W., & Hirschfeld, R. M. A. (1986). The persistent risk of chronicity in recurrent episodes of nonbipolar major depressive disorder: A prospective follow-up. *American Journal of Psychiatry, 143,* 24–28.

Keller, M. B., McCullough, J. P., Klein, D. N., Arnow, B., Dunner, D. L., Gelenberg, A. J., . . . Zajecka, J. (2000). A comparison of nefazadone, the cognitive-behavioral analysis system of psychotherapy, and their combination for the treatment of chronic depression. *The New England Journal of Medicine, 342*(20), 1462–1470.

Keller, M. B., Shapiro, R. W., Lavori, P. W., et al. (1982). Relapse in major depressive disorder: Analysis with the life table. *Archives of General Psychiatry, 39,* 911–915.

Keller, M. C., Neale, M. C., & Kendler, K. S. (2007). Association of different adverse life events with distinct patterns of depressive symptoms. *Archives of General Psychiatry, 164,* 1521–1529.

Kempton, M. J., Geddes, J. R., Ettinger, U., Williams, S. C. R., & Grasby, P. M. (2008). Meta-analysis, database, and meta-regression of 98 structural imaging studies in bipolar disorder. *Archives of General Psychiatry, 65*(9), 1017–1032.

Kempton, M. J., Salvador, Z., Munafo, M. R., Geddes, J. R., Simmons, A., Frangou, S., & Williams, S. C. R. (2011). Structural neuroimaging studies in major depressive disorder. *Archives of General Psychiatry, 68*(7), 675–690.

Kendler, K. S. (1997). The diagnostic validity of melancholic major depression in a population-based sample of female twins. *Archives of General Psychiatry, 54,* 299–304.

Kendler, K. S., & Baker, J. H. (2007). Genetic influences on measures of the environment: A systematic review. *Psychological Medicine, 37*(5), 615–626.

Kendler, K. S., & Gardner, C. O. (1998). Boundaries of major depression: An evaluation of *DSM-IV* criteria. *American Journal of Psychiatry, 155,* 172–177.

Kendler, K. S., & Gardner, C. O. (2010). Dependent stressful life events and prior depressive episodes in the prediction of major depression. *Archives of General Psychiatry, 67*(11), 1120–1127.

Kendler, K. S., Gardner, C. O., Fiske, A., & Gatz, M. (2009). Major depression and coronary artery disease in the Swedish twin registry: Phenotypic, genetic, and environmental sources of comorbidity. *Archives of General Psychiatry, 66*(8), 857–863.

Kendler, K. S., Gardner, C. O., & Lichtenstein, P. (2008). A developmental twin study of symptoms of anxiety and depression: Evidence for genetic innovation and attenuation. *Psychological Medicine, 38*(11), 1567–1575.

Kendler, K. S., Gardner, C. O., & Prescott, C. A. (2003). Personality and the experience of environmental adversity. *Psychological Medicine, 33*(7), 1193–1202.

Kendler, K. S., Gatz, M., Gardner, C. O., & Pedersen, N. L. (2006). Personality and major depression: A Swedish longitudinal, population-based twin study. *Archives of General Psychiatry, 63*(10), 1113–1120.

Kendler, K. S., Karkowski, L. M., & Prescott, C. A. (1999). Causal relationship between stressful life events and the onset of major depression. *American Journal of Psychiatry, 156*(6), 837–841.

Kendler, K. S., & Karkowski-Shuman, L. (1997). Stressful life events and genetic liability to major depression: Genetic control of exposure to the environment? *Psychological Medicine, 27*(3), 539–547.

Kendler, K. S., Kessler, R. C., Walters, E. E., MacLean, C., Neale, M. C., Heath, A. C., & Eaves, L. J. (1995). Stressful life events, genetic liability, and onset of an episode of major depression in women. *American Journal of Psychiatry, 152*(6), 833–842.

Kendler, K. S., Kuhn, J., & Prescott, C. A. (2004). The interrelationship of neuroticism, sex, and stressful life events in the prediction of episodes of major depression. *American Journal of Psychiatry, 161*(4), 631–636.

Kendler, K. S., Myers, J., & Prescott, C. A. (2005). Sex differences in the relationship between social support and risk for major depression: A longitudinal study of opposite-sex twin pairs. *American Journal of Psychiatry, 162*(2), 250–256.

Kendler, K. S., Myers, J., & Zisook, S. (2008). Does bereavement-related major depression differ from major depression associated with other stressful life events? *American Journal of Psychiatry, 165*(11), 1449–1455.

Kendler, K. S., Neale, M. C., Kessler, R. C., & Heath, A. C. (1993). A longitudinal twin study of personality and major depression in women. *Archives of General Psychiatry, 50*(11), 853–862.

Kendler, K. S., Neale, M. C., Kessler, R. C., Heath, A. C., & Eaves, L. J. (1992). Major depression and generalized anxiety disorder: Same genes, (partly) different environments? *Archives of General Psychiatry, 49*(9), 716–722.

Kendler, K. S., Pedersen, N., Johnson, L., Neale, M. C., & Mathe, A. A. (1993). A pilot Swedish twin study of affective illness, including hospital and population-ascertained subsamples. *Archives of General Psychiatry, 50,* 699–700.

Kendler, K. S., Thornton, L. M., & Prescott, C. A. (2001). Gender differences in the rates of exposure to stressful life events and sensitivity to their depressogenic effects. *American Journal of Psychiatry, 158*(4), 587–593.

Kennedy, N., Boydell, J., Kalindi, S., Fearon, P., Jones, P. B., Van Os, J., & Murray, R. M. (2005). Gender differences in incidence and age of onset of mania and bipolar disorder over a 35-year period in Camberwell, England. *American Journal of Psychiatry, 162*(2), 257–262.

Kessing, L. V. (2008). The prevalence of mixed episodes during the course of illness in bipolar disorder. *Acta Psychiatrica Scandinavica, 117*(3), 216–224.

Kessing, L. V., Agerbo, E., & Mortensen, P. B. (2004). Major stressful life events and other risk factors for first admission with mania. *Bipolar Disorders, 6*(2), 122–129.

Kessler, R. C., Akiskal, H. S., Ames, M., Birnbaum, H., Greenberg, P., Hirschfeld, R. M. A., . . . Wang, P. S. (2006). The prevalence and effects of mood disorders on work performance in a nationally representative sample of US workers. *American Journal of Psychiatry, 163*(9), 1561–1568.

Kessler, R. C., Avenevoli, S., & Merikangas, K. R. (2001). Mood disorders in children and adolescents: An epidemiologic perspective. *Biological Psychiatry, 49*(12), 1002–1014.

Kessler, R. C., Berglund, P., Demier, O., Jin, R., Merikangas, K. R., & Walters, E. E. (2005a). Lifetime prevalence and age-of-onset distributions of DSM-IV disorders in the National Comorbidity Survey Replication. *Archives of General Psychiatry, 62*(6), 593–602.

Kessler, R. C., Birnbaum, H., Bromet, E., Hwang, I., Sampson, N., & Shahly, V. (2010). Age differences in major depression: Results from the National Comorbidity Survey Replication (NCS-R). *Psychological Medicine, 40*, 225–237.

Kessler, R. C., Chiu, W. T., Demler, O., & Walters, E. E. (2005b). Prevalence, severity, and comorbidity of 12-month DSM-IV disorders in the National Comorbidity Survey Replication. *Archives of General Psychiatry, 62*(6), 617–627.

Kessler, R. C., & Frank, R. G. (1997). The impact of psychiatric disorders on work loss days. *Psychological Medicine, 27*(4), 861–873.

Kessler, R. C., McGonagle, K. A., Swartz, M., Blazer, D. G., & Nelson, C. B. (1993). Sex and depression in the National Comorbidity Survey I: Lifetime prevalence, chronicity and recurrence. *Journal of Affective Disorders, 29*, 85–96.

Kessler, R. C., McGonagle, K. A., Zhao, S., Nelson, C. B., Hughes, M., Eshleman, S., . . . Kendler, K. S. (1994). Lifetime and 12-month prevalence of DSM-III-R psychiatric disorders in the United States. *Archives of General Psychiatry, 51*, 8–19.

Kessler, R. C., & McRae, J. A. (1984). A note on the relationship of sex and marital status to psychological distress. *Research in Community and Mental Health, 4*, 109–130.

Kessler, R. C., Merikangas, K. R., & Wang, P. S. (2007). Prevalence, comorbidity, and service utilization for mood disorders in the United States at the beginning of the twenty-first century. *Annual Review of Clinical Psychology, 3*, 137–158.

Kessler, R. C., Olfson, M., & Berglund, P. A. (1998). Patterns and predictors of treatment contact after first onset of psychiatric disorders. *American Journal of Psychiatry, 155*(1), 62–69.

Kessler, R. C., Rubinow, D. R., Holmes, C., Abelson, J. M., & Zhao, S. (1997). The epidemiology of DSM-III-R bipolar I disorders in a general population survey. *Psychological Medicine, 27*(5), 1079–1089.

Kessler, R. C., & Wang, P. S. (2009). Epidemiology of depression. In I. H. Gotlib & C. L. Hammens (Eds.), *Handbook of depression* (2nd ed., pp. 5–22). New York, NY: Guilford Press.

Khan, A., Brodhead, A. E., Kolts, R. L., & Brown, W. A. (2005). Severity of depressive symptoms and response to antidepressants and placebo in antidepressant trials. *Journal of Psychiatric Research, 39*(2), 145–150.

Killgore, W. D., & Yurgelun-Todd, D. A. (2004). Activation of the amygdala and anterior cingulate during nonconscious processing of sad versus happy faces. *Neuroimage, 21*(4), 1215–1223.

Kiloh, L. G., & Garside, R. F. (1963). The independence of neurotic depression and endogenous depression. *British Journal of Psychiatry, 109*, 451–463.

King, S. M., Iacono, W. G., & McGue, M. (2004). Childhood externalizing and internalizing psychopathology in the prediction of early substance use. *Addiction, 99*(12), 1548–1559.

Kinkelin, M. (1954). Verlauf und prognose des manisch-depressiven irreseins. *Schweizer Archiv fur Neurologie, Neurochirurgie, und Psychiatrie, 73*, 100–146.

Klein, D. N. (1990). Depressive personality: Reliability, validity, and relation to dysthymia. *Journal of Abnormal Psychology, 99*, 412–421.

Klein, D. N. (1999). Depressive personality disorder in the relatives of outpatients with dysthymic disorder and episodic major depressive disorder and normal controls. *Journal of Affective Disorders, 55*(1), 19–27.

Klein, D. N. (2008). Classification of depressive disorders in *DSM-V*: Proposal for a two-dimension system. *Journal of Abnormal Psychology, 117*(3), 552–560.

Klein, D. N., Depue, R. A., & Slater, J. F. (1986). Inventory identification of cyclothymia IX: Validation in offspring of Bipolar I patients. *Archives of General Psychiatry, 43*(5), 441–445.

Klein, D. N., Durbin, C. E., & Shankman, S. (2009). Personality and mood disorders. In I. H. Gotlib & C. L. Hammen (Eds.), *Handbook of depression* (2nd ed., pp. 93–112). New York, NY: Guilford Press.

Klein, D. N., Kotov, R., & Bufferd, S. (2011). Personality and depression: Explanatory models and review of the evidence. *Annual Review of Clinical Psychology, 7*, 269–295.

Klein, D. N., & Miller, G. A. (1993). Depressive personality in a nonclinical sample. *American Journal of Psychiatry, 150*, 1718–1724.

Klein, D. N., Santiago, N. J., Vivian, D., Blalock, J. A., Kocsis, J. H., Markowitz, J. C., et al. (2004). Cognitive-behavioral analysis system of psychotherapy as a maintenance treatment for chronic depression. *Journal of Consulting and Clinical Psychology, 72*(4), 681–688.

Klein, D. N., Schatzberg, A. F., McCullough, J. P., Dowling, F., Goodman, D., et al. (1999). Age of onset in chronic major depression: Relation to demographic and clinical variables, family history, and treatment response. *Journal of Affective Disorders, 55*(2/3), 149–157.

Klein, D. N., Shankman, S. A., Lewinsohn, P. M., & Seeley, J. R. (2009). Subthreshold depressive disorder in adolescents: Predictors of escalation to full-syndrome depressive disorders. *Journal of the American Academy of Child and Adolescent Psychiatry, 48*(7), 703–710.

Klein, D. N., Shankman, S., & Rose, S. (2006). Ten-year prospective follow-up study of the naturalistic course of dysthymic disorder and double depression. *American Journal of Psychiatry, 163*(5), 872–880.

Klein, D. N., & Shih, J. H. (1998). Depressive personality disorder: Associations with DSM-III-R mood and personality disorders and negative and positive affectivity, 30-month stability, and prediction of course of axis I depressive disorders. *Journal of Abnormal Psychology, 107*(2), 319–327.

Kleinman, A., & Good, B. J. (1985). *Culture and depression: Studies in the anthropology and cross-cultural psychiatry of affect and disorder.* Berkeley: University of California Press.

Klerman, G. L. (1974). Treatment of depression by drugs and psychotherapy. *American Journal of Psychiatry, 131*(2), 186–191.

Klerman, G. L., Weissman, M. M., Rounsaville, B. J., & Chevron, E. S. (1984). *Interpersonal psychotherapy of depression.* New York, NY: Basic Books.

Kocsis, J. H. (2003). Pharmacotherapy for chronic depression. *Journal of Clinical Psychology, 59*(8), 885–892.

Kotov, R., Gamez, W., Schmidt, F., & Watson, D. (2010). Linking "big" personality traits to anxiety, depressive, and substance use disorders: A meta-analysis. *Psychological Bulletin, 136*(5), 768–821.

Kovacs, M., Feinberg, T. L., Crouse-Novack, M., Paulauskas, S. L., Pollock, M., & Finkelstein, R. (1984). Depression disorders in childhood. II: A longitudinal study of the risk for a subsequent major depression. *Archives of General Psychiatry, 41*(7), 643–649.

Kovacs, M., Rush, A. J., Beck, A. T., & Hollon, S. D. (1981). Depressed outpatients treated with cognitive therapy or pharmacotherapy: A one-year follow-up. *Archives of General Psychiatry, 38*(1), 33–39.

Kowatch, R. A., Fristad, M., Birmahr, B., Wagner, K. D., Findling, R. L., & Hellander, M. (2005). Treatment guidelines for children and adolescents with bipolar disorder. *Journal of the American Academy of Child and Adolescent Psychiatry, 44*(3), 213–235.

Kraemer, H. C., Kazdin, A. E., Offord, D. R., Kessler, R. C., Jensen, P. S., & Kupfer, D. J. (1997). Coming to terms with the terms of risk. *Archives of General Psychiatry, 54*(4), 337.

Kraepelin, E. (1921). *Manic depressive insanity and paranoia*. Bristol, England: Thoemmes Press.

Krishnan, K. R. R. (2005). Psychiatric and medical comorbidities of bipolar disorder. *Psychosomatic Medicine, 67*(1), 1–8.

Krueger, R. F., & Markon, K. E. (2006). Reinterpreting comorbidity: A model-based approach to understanding and classifying psychopathology. *Annual Review of Clinical Psychology, 2,* 111–133.

Kuma, H., Miki, T., Matsumoto, Y., Gu, H., Li, H. P., Kusaka, T., et al. (2004). Early maternal deprivation induces alterations in brain-derived neurotrophic factor expression in the developing rat hippocampus. *Neuroscience Letters, 372*(1), 68–73.

Kupka, R. W., Luckenbaugh, D. A., Post, R. M., Suppes, T., & Altshuler, L. L. (2005). Comparison of rapid-cycling and non-rapid-cycling bipolar disorder based on prospective mood ratings in 530 outpatients. *American Journal of Psychiatry, 162*(7), 1273–1280.

Kwapil, T. R., Miller, M. B., Zinser, M. C., Chapman, L. J., Chapman, J., & Eckblad, M. (2000). A longitudinal study of high scorers on the hypomanic personality scale. *Journal of Abnormal Psychology, 109*(2), 222–226.

Kwon, J. S., Kim, Y.-M., Chang, C.-G., Park, B.-J., & Kim, L. (2000). Three-year follow-up of women with the sole diagnosis of depressive personality disorder: Subsequent development of dysthymia and major depression. *American Journal of Psychiatry, 157,* 1966–1972.

Lam, D. H., Hayward, P., Watkins, E. R., Wright, K., & Sham, P. (2005). Relapse prevention in patients with bipolar disorder: Cognitive therapy outcome after 2 years. *American Journal of Psychiatry, 162*(2), 324–329.

Lang, P. J., Greenwald, M. K., Bradley, M. M., & Hamm, A. O. (1993). Looking at pictures: Affective, facial, visceral, and behavioral reactions. *Psychophysiology, 30*(3), 261–273.

Lang, U. E., Hellweg, R., Kalus, P., Bajbouj, M., Lenzen, K. P., Sander, T., et al. (2005). Association of a functional BDNF polymorphism and anxiety-related personality traits. *Psychopharmacology, 180*(1), 95–99.

Laptook, R., Klein, D., & Dougherty, L. (2006). Ten-year stability of depressive personality disorder in depressed outpatients. *American Journal of Psychiatry, 163*(5), 865–871.

Lara, M. E., Leader, J., & Klein, D. N. (1997). The association between social support and course of depression: Is it confounded with personality? *Journal of Abnormal Psychology, 106*(3), 478–482.

Lasch, K., Weissman, M., Wickramaratne, P., & Burce, M. L. (1990). Birth-cohort changes in the rates of mania. *Psychiatry Research, 33*(1), 31–37.

Lau, J. Y. F., & Eley, T. C. (2010). The genetics of mood disorders. *Annual Review of Clinical Psychology, 6*, 313–337.

Laursen, B., Coy, K. C., & Collins, W. A. (1998). Considering changes in parent-child conflict across adolescence: A meta-analysis. *Child Development, 69*(3), 817–832.

Leckman, J. F., Weissman, M. M., Prusoff, B. A., Caruso, K. A., Merikangas, K. R., Pauls, D. L., & Kidd, K. K. (1984). Subtypes of depression. *Archives of General Psychiatry, 41*, 833–838.

Leibenluft, E. (2011). Severe mood dysregulation, irritability, and the diagnostic boundaries of bipolar disorder in youths. *American Journal of Psychiatry, 168*(2), 129–142.

Leibenluft, E., Albert, P. S., Rosenthal, N. E., & Wehr, T. A. (1996). Relationship between sleep and mood in patients with rapid-cycling bipolar disorder. *Psychiatry Research, 63*(2), 161–168.

Lenzenweger, M. F., Lane, M. C., Loranger, A. W., & Kessler, R. C. (2007). DSM-IV personality disorders in the National Comorbidity Survey Replication. *Biological Psychiatry, 62*, 553–564.

Leverich, G. S., McElroy, S. L., Suppes, T., Keck, P. E., Denicoff, K. S., Nolen, W. A., et al. (2002). Early physical and sexual abuse associated with an adverse course of bipolar illness. *Biological Psychiatry, 51*(4), 288–297.

Lewinsohn, P. M., & Amenson, C. S. (1978). Some relations between pleasant and unpleasant mood-related events and depression. *Journal of Abnormal Psychology, 87*(6), 644–654.

Lewinsohn, P. M., Clarke, G. N., Rohde, P., Hops, H., & Seeley, J. R. (1996). A course in coping: A cognitive-behavioral approach to the treatment of adolescent depression. In E. D. Hibbs & P. S. Jensen (Eds.), *Psychosocial treatments for child and adolescent disorders: Empirically based strategies for clinical practice* (pp. 109–135). Washington, DC: American Psychological Association.

Lewinsohn, P. M., Clarke, G. N., Seeley, J. R., & Rohde, P. (1994). Major depression in community adolescents: Age at onset, episode duration, and time to recurrence. *Journal of the American Academy of Child and Adolescent Psychiatry, 33*(6), 809–818.

Lewinsohn, P. M., Gotlib, I. H., Lewinsohn, M., Seeley, J. R., & Allen, N. B. (1998). Gender differences in anxiety disorders and anxiety symptoms in adolescents. *Journal of Abnormal Psychology, 107*(1), 109–117.

Lewinsohn, P. M., Hoberman, H., Teri, L., & Hautzinger, M. (1985). An integrative theory of depression. In S. Reiss & R. R. Bootzin (Eds.), *Theoretical issues in behavior therapy* (pp. 313–359). New York, NY: Academic Press.

Lewinsohn, P. M., Klein, D. N., Durbin, C. E., Seeley, J. R., & Rohde, P. (2003). Family study of subthreshold depressive symptoms: Risk factor for MDD? *Journal of Affective Disorders, 77*, 149–157.

Lewinsohn, P. M., Klein, D. N., & Seeley, J. R. (1995). Bipolar disorders in a community sample of older adolescents: Prevalence, phenomenology, comorbidity, and course. *Journal of the American Academy of Child and Adolescent Psychiatry, 34*(4), 454–463.

Lewinsohn, P. M., Rohde, P., & Seeley, J. R. (1994). Psychosocial risk factors for future adolescent suicide attempts. *Journal of Consulting and Clinical Psychology, 62*(2), 297–305.

Lewinsohn, P. M., Rohde, P., Seeley, J. R., & Fischer, S. A. (1993). Age-cohort changes in the lifetime occurrence of depression and other mental disorders. *Journal of Abnormal Psychology, 102*(1), 110–120.

Lewinsohn, P. M., Shankman, S. A., Gau, J. M., & Klein, D. N. (2004). The prevalence and comorbidity of subthreshold psychiatric conditions. *Psychological Medicine, 34*(4), 613–622.

Lewinsohn, P. M., Solomon, A., Seeley, J. R., & Zeiss, A. (2000). Clinical implications of "subthreshold" depressive symptoms. *Journal of Abnormal Psychology, 109*, 345–351.

Lewis, A. J. (1934). Melancholia: A clinical survey of depressive states. *The British Journal of Psychiatry, 80*(329), 277–378.

Liebowitz, M. R., Quitkin, F. M., Stewart, J. W., McGrath, P. J., Harrison, W. M., Rabkin, J. G., . . . Klein, D. F. (1988). Antidepressant specificity in atypical depression. *Archives of General Psychiatry, 45*, 129–137.

Lish, J. D., Dime-Meenan, S., Whybrow, P. C., Price, R. A., & Hirschfeld, R. M. A. (1994). The national depressive and manic-depressive association (DMDA) survey of bipolar members. *Journal of Affective Disorders, 31*(4), 281-294.

Loeber, R., & Keenan, K. (1994). Interaction between conduct disorder and its comorbid conditions: Effects of age and gender. *Clinical Psychology Review, 14*(6), 497-523.

Lonigan, C. J., Phillips, B. M., & Hooe, E. S. (2003). Relations of positive and negative affectivity to anxiety and depression in children: Evidence from a latent variable longitudinal study. *Journal of Consulting and Clinical Psychology, 71*(3), 465-481.

Lotrich, F. E., & Pollock, B. G. (2004). Meta-analysis of serotonin transporter polymorphisms and affective disorders. *Psychiatric Genetics, 14*(3), 121-129.

Lovejoy, M. C., Graczyk, P. A., O'Hare, E., & Neuman, G. (2000). Maternal depression and parenting behavior: A meta-analytic review. *Clinical Psychology Review, 20*(5), 561-592.

Luby, J. L., Si, X., Belden, A. C., Tandon, M., & Spitznagel, E. (2009). Preschool depression: Homotypic continuity and course over 24 months. *Archives of General Psychiatry, 66*(8), 897-905.

Luppino, F. S., de Wit, L. M., Bouvy, P. F., Stijnen, T., Cuijpers, P., Penninx, B. W., & Zitman, F. G. (2010). Overweight, obesity, and depression: A systematic review and meta-analysis of longitudinal studies. *Archives of General Psychiatry, 67*(3), 220-229.

Ma, J., Lee, K. V., & Stafford, R. S. (2005). Depression treatment during outpatient visits by US children and adolescents. *Journal of Adolescent Health, 37*(6), 434-442.

Ma, S. H., & Teasdale, J. D. (2004). Mindfulness-based cognitive therapy for depression: Replication and exploration of differential relapse prevention effects. *Journal of Consulting and Clinical Psychology, 72*(1), 31-40.

Magnus, K., Diener, E., Fugita, F., & Pavot, W. (1993). Extraversion and neuroticism as predictors of objective life events: A longitudinal analysis. *Journal of Personality and Social Psychology, 65*(5), 1046-1053.

Mahmood, T., & Silverstone, T. (2001). Serotonin and bipolar disorder. *Journal of Affective Disorders, 66*(1), 1-11.

Malkoff-Schwartz, S., Frank, E., Anderson, B. P., Hlastala, S. A., Luther, J. F., Sherrill, J. T., et al. (2000). Social rhythm disruption and stressful life events in the onset of bipolar and unipolar episodes. *Psychological Medicine, 30*(5), 1005-1016.

Malkoff-Schwartz, S., Frank, E., Anderson, B., Sherrill, J. T., Siegel, L., Patterson, D., & Kupfer, D. J. (1998). Stressful life events and social rhythm disruption in the onset of manic and depressive bipolar episodes: A preliminary investigation. *Archives of General Psychiatry, 55*(8), 702–707.

Mann, J. J., Emslie, G., Baldessarini, R. J., Beardslee, W., Fawcett, J. A., Goodwin, F. K., . . . Wagner, K. (2006). ACNP task force report on SSRIs and suicidal behavior in youth. *Neuropsychopharmacology, 31*, 473–492.

March, J., Silva, S., Petrycki, S., Curry, J., Wells, K., Fairbank, J., et al. (2004). Fluoxetine, cognitive-behavioral therapy, and their combination for adolescents with depression: Treatment for Adolescents with Depression Study (TADS) randomized controlled trial. *JAMA, 292*(7), 807–820.

Markon, K. E., Krueger, R. F., & Watson, D. (2005). Delineating the structure of normal and abnormal personality: An integrative hierarchical approach. *Journal of Personality and Social Psychology, 88*(1), 139–157.

Marks, N. F., & Lambert, J. D. (1998). Marital status continuity and change among young and midlife adults. *Journal of Family Issues, 19*, 652–688.

Markus, H. R., & Kitayama, S. (1991). Culture and the self: Implications for cognition, emotion, and motivation. *Psychological Review, 98*(2), 224–253.

Martínez-Arán, A., Vieta, E., Colom, F., Torrent, C., Sánchez-Moreno, J., Reinares, M., et al. (2004). Cognitive impairment in euthymic bipolar patients: Implications for clinical and functional outcome. *Bipolar Disorders, 6*(3), 224–232.

Mathews, A., & Mackintosh, B. (2000). Induced emotional interpretation bias and anxiety. *Journal of Abnormal Psychology, 109*(4), 602–615.

Mathews, A., & MacLeod, C. (2005). Cognitive vulnerability to emotional disorders. *Annual Review of Clinical Psychology, 1*, 167–195.

Mathews, C. A., & Reus, V. I. (2001). Assortative mating in the affective disorders: A systematic review and meta-analysis. *Comprehensive Psychiatry, 42*(4), 257–262.

Matza, L. S., Revicki, D. A., Davidson, J. R., & Stewart, J. W. (2003). Depression with atypical features in the National Comorbidity Survey: Classification, description, and consequences. *Archives of General Psychiatry, 60*, 817–826.

Mayberg, H. S., Lozano, A. M., Voon, V., et al. (2005). Deep brain stimulation for treatment-resistant depression. *Neuron, 45,* 651–660.

McAdams, D. P., & Pals, J. L. (2006). A new Big Five. *American Psychologist, 61*(3), 204–217.

McCauley, E., Myers, K., Mitchell, J., Calderon, R., Schloredt, K., & Treder, R. (1993). Depression in young people: Initial presentation and clinical course. *Journal of the American Academy of Child and Adolescent Psychiatry, 32*(4), 714–722.

McCrae, R. R., & Costa Jr., P. T. (1999). A five-factor theory of personality. In L. Pervin & O. John (Eds.), *Handbook of personality: Theory and research* (pp. 139–153). New York, NY: Guilford Press.

McCullough, J. P. (2003). *Treatment for chronic depression: Cognitive behavioral analysis system of psychotherapy (CBASP).* New York, NY: Guilford Press.

McEwen, B. S. (1998). Protective and damaging effects of stress mediators. *New England Journal of Medicine, 338,* 171–179.

McEwen, B. S. (2003). Mood disorders and allostatic load. *Biological Psychiatry, 54*(3), 200–207.

McGaugh, J. L. (2004). The amygdala modulates the consolidation of memories of emotionally arousing experiences. *Annual Review Neuroscience, 27,* 1–28.

McGonagle, K. A., & Kessler, R. C. (1990). Chronic stress, acute stress, and depressive symptoms. *American Journal of Community Psychology, 18*(5), 681–706.

McGuffin, P., Katz, R., & Bebbington, P. (1988). The Camberwell Collaborative Depression Study. III. Depression and adversity in the relatives of depressed probands. *The British Journal of Psychiatry, 152*(6), 775–782.

McGuffin, P., Katz, R., Watkins, S., & Rutherford, J. (1996). A hospital-based twin register of the heritability of DSM-IV unipolar depression. *Archives of General Psychiatry, 53,* 129–136.

McGuffin, P., Rijsdijk, F., Andrew, M., Sham, P., Katz, R., & Cardno, A. (2003). The heritability of bipolar affective disorder and the genetic relationship to unipolar depression. *Archives of General Psychiatry, 60,* 497–502.

McInnis, M. G., McMahon, F .J., Chase, G. A., Simpson, S. G., Ross, C. A., & DePaulo, J. R. (1993). Anticipation in bipolar affective disorder. *American Journal of Human Genetics, 53*(2), 385–390.

McIntosh, J. L., & Drapeau, C. W. (for the American Association of Suicidology). (2012, November 28). *USA suicide 2010: Official final data*. Washington, DC: American Association of Suicidality. Retrieved from http://www.suicidality.org

McLaughlin, K. A., Green, J. G., Gruber, M. J., Sampson, N. A., Zaslovsky, A. M., & Kessler, R. C. (2010). Childhood adversities and adult psychiatric disorders in the National Comborbidity Survey Replication II. *Archives of General Psychiatry, 67*(2), 124-132.

McLeod, B. D., Weisz, J. R., & Wood, J. J. (2007). Examining the association between parenting and childhood depression: A meta-analysis. *Clinical Psychology Review, 27*, 986-1003.

Meaney, M. J. (2001). Maternal care, gene expression, and the transmission of individual differences in stress reactivity across generations. *Annual Review of Neuroscience, 24*(1), 1161-1192.

Meaney, M. J., & Szyf, M. (2005). Environmental programming of stress responses through DNA methylation: Life at the interface between a dynamic environment and a fixed genome. *Dialogues in Clinical Neuroscience, 7*(2), 103.

Meehl, P.E. (1962). Schizotaxia, schizotypy, schizophrenia. *American Psychologist, 17*, 827-838.

Melvin, G. A., Tonge, B. J., King, N. J., Heyne, D., Gordon, M. S., & Klimkeit, E. (2006). A comparison of cognitive-behavioral therapy, sertraline, and their combination for adolescent depression. *Journal of the American Academy of Child and Adolescent Psychiatry, 45*(10), 1151-1161.

Merikangas, K. R. (1984). Divorce and assortative mating among depressed patients. *American Journal of Psychiatry, 141*(1), 74-76.

Merikangas, K. R., Akiskal, H. S., Angst, J., Greenberg, P. E., Hirschfeld, R. M. A., Petukhova, M., & Kessler, R. C. (2007). Lifetime and 12-month prevalence of bipolar spectrum disorder in the National Comorbidity Survey Replication. *Archives of General Psychiatry, 64*(5), 543-552.

Merikangas, K. R., He, J.-P., Burstein, M., Swanson, S. A., Avenevoli, S., Cui, K., . . . Swendsen, J. (2010). Lifetime prevalence of mental disorders in U.S. adolescents: Results from the National Comorbidity Survey Replication–Adolescent supplement (NCS-A). *Journal of the American Academy of Child and Adolescent Psychiatry, 49*(10), 980-989.

Merikangas, K. R., Zhang, H., Avenevoli, S., Acharyya, S., Neuenschwander, M., & Angst, J. (2003). Longitudinal trajectories of depression and anxiety in a prospective community study: The Zurich Cohort Study. *Archives of General Psychiatry, 60*(10), 993–1000.

Meyer, T. D. (2002). The Hypomanic Personality Scale, the Big Five, and their relationship to depression and mania. *Personality and Individual Differences, 32*(4), 649–660.

Miklowitz, D. J. (2010). *Bipolar disorder: A family-focused treatment approach.* New York, NY: Guilford Press.

Miklowitz, D. J., Otto, M. W., Frank, E., Reilly-Harrington, N. A., Kogan, J. N., Sachs, G. S., et al. (2007). Intensive psychosocial intervention enhances functioning in patients with bipolar depression: Results from a 9-month randomized controlled trial. *American Journal of Psychiatry, 164*(9), 1340–1347.

Miklowitz, D. J., Otto, M. W., Frank, E., Reilly-Harrington, N. A., Wisniewski, S. R., Kogan, J. N., et al., (2007). Psychosocial treatments for bipolar depression: A 1-year randomized trial from the Systematic Treatment Enhancement Program. *Archives of General Psychiatry, 64*(4), 419–426.

Miklowitz, D. J., & Scott, J. (2009). Psychosocial treatments for bipolar disorder: Cost-effectiveness, mediating mechanisms, and future directions. *Bipolar Disorders, 11*(Suppl. 2), 110S–122S.

Mineka, S., & Sutton, S. K. (1992). Cognitive biases and the emotional disorders. *Psychological Science, 3*(1), 65–69.

Moffitt, T. E., Caspi, A., Taylor, A., Kokaua, J., Milne, B. J., Polanczyk, G., et al. (2010). How common are common mental disorders? Evidence that lifetime prevalence rates are doubled by prospective versus retrospective ascertainment. *Psychological Medicine, 40*(6), 899–909.

Moller, H. J., Grunze, H., & Broich, K. (2006). Does recent efficacy data on the drug treatment of acute bipolar depression support the position that drugs other than antidepressants are the treatment of choice? *European Archives of Psychiatry and Clinical Neuroscience, 256*(1), 116.

Mongeau, R., Blier, P., & DeMontigny, C. (1997). The serotonergic and noradrenergic systems of the hippocampus: Their interactions and the effects of antidepressant treatments. *Brain Research Reviews, 23*(3), 145–195.

Monroe, S. M. (2008). Modern approaches to conceptualizing and mea-
suring human life stress. *Annual Review of Clinical Psychology, 4,* 33–52.

Monroe, S. M., Torres, L. D., Guillamot, J., Harkness, K. L., Roberts,
J. E., Frank, E., & Kupfer, D. (2006). Life stress and the long-term
treatment course of recurrent depression: III. Nonsevere life events
predict recurrence for medicated patients over 3 years. *Journal of
Consulting and Clinical Psychology, 74*(1), 112–120.

Moore, M. T., & Fresco, D. M. (2012). Depressive realism: A meta-
analytic review. *Clinical Psychology Review, 32*(6), 496–509.

Moreno, C., Laje, G., Blanco, C., Jiang, H., Schmidt, A. B., & Olfson, M.
(2007). National trends in the outpatient diagnosis and treatment
of bipolar disorder in youths. *Archives of General Psychiatry, 64*(9),
1032–1039.

Mufson, L., Dorta, K. P., Wickramaratne, P., Nomura, Y., Olfson, M.,
& Weissman, M. M. (2004). A randomized effectiveness trial of
interpersonal psychotherapy for depressed adolescents. *Archives of
General Psychiatry, 61*(6), 577–584.

Mufson, L., Weissman, M. M., Moreau, D., & Garfinkel, R. (1999).
Efficacy of interpersonal psychotherapy for depressed adoles-
cents. *Archives of General Psychiatry, 56*(6), 573–579.

Munoz, R. F., Cuijpers, P., Smit, F., Barrera, A. Z., & Leykin, Y.
(2010). Prevention of major depression. *Annual Review of Clinical
Psychology, 6,* 181–212.

Muris, P., & Ollendick, T. H. (2005). The role of temperament in the
etiology of child psychopathology. *Clinical Child and Family
Psychology Review, 8*(4), 271–289.

Murphy, G. E., Simons, A. D., Wetzel, R. D., & Lustman, P. J. (1984).
Cognitive therapy and pharmacotherapy: Singly and together in
the treatment of depression. *Archives of General Psychiatry, 41*(1),
33–41.

Murphy, J. M., Laird, N.-M., Monson, R. R., Sobol, A. M., & Leighton,
A. H. (2000). A 40-year perspective on the prevalence of depres-
sion. *Archives of General Psychiatry, 57,* 209–215.

Murray, C. J. L., & Lopez, A. D. (1996). Evidence-based health policy—
Lessons from the Global Burden of Disease study. *Science, 274,*
740–743.

Mynors-Wallis, L. M., Gath, D. H., Day, A., & Baker, F. (2000).
Randomised controlled trial of problem solving treatment,
antidepressant medication, and combined treatment for major

depression in primary care. *British Medical Journal, 320*(7226), 26–30.

Naragon-Gainey, K., Watson, D., & Markon, K. E. (2009). Differential relations of depression and social anxiety symptoms to the facets of extraversion/positive emotionality. *Journal of Abnormal Psychology, 118*(2), 299–310.

Nazroo, J. Y., Edwards, A. C., & Brown, G. W. (1997). Gender differences in the onset of depression following a shared life event: A study of couples. *Psychological Medicine, 27*(1), 9–19.

Nesse, R. M. (2000). Is depression an adaptation? *Archives of General Psychiatry, 57*(1), 14–20.

Nettle, D. (2004). Evolutionary origins of depression: A review and reformulation. *Journal of Affective Disorders, 81*, 91–102.

Nettle, D. (2008). An evolutionary model of low mood states. *Journal of Theoretical Biology, 257*(1), 100–103.

Neumeister, A., Drevets, W. C., Belfer, I., Luckenbaugh, D. A., Henry, S., Bonne, O., . . . Charney, D. S. (2006). Effects of an alpha 2C-adrenoreceptor gene polymorphism on neural responses to facial expressions in depression. *Neuropsychopharmacology, 31*, 1750–1756.

Newton-Howes, G., Tyrer, P., & Johnson, T. (2006). Personality disorder and the outcome of depression: Meta-analysis of published studies. *British Journal of Psychiatry, 188*, 13–20.

Nezu, A. M. (1986). Efficacy of a social problem-solving therapy approach for unipolar depression. *Journal of Consulting and Clinical Psychology, 54*(2), 196–202.

Nezu, A. M., & Perri, M. G. (1989). Social problem-solving therapy for unipolar depression: An initial dismantling investigation. *Journal of Consulting and Clinical Psychology, 57*(3), 408–413.

Nibuya, M., Morinobu, S., & Duman, R. S. (1995). Regulation of BDNF and trkB mRNA in rat brain by chronic electroconvulsive seizure and antidepressant drug treatments. *Neuroscience, 15*(11), 7539–7547.

Nock, M. K., Green, J. G., Hwang, I., McLaughlin, K. A., Sampson, N. A., Zaslavsky, A. M., & Kessler, R. C. (2013). Prevalence, correlates, and treatment of lifetime suicidal behavior among adolescents. *Journal of the American Medical Academy: Psychiatry, 70*(3), 300–310.

Nolen-Hoeksema, S. (1990). *Sex differences in depression*. Stanford, CA: Stanford University Press.

Nolen-Hoeksema, S. (1991). Responses to depression and their effects on the duration of depressive episodes. *Journal of Abnormal Psychology, 100*(4), 569.

Nolen-Hoeksema, S., & Girgus, J. S. (1994). The emergence of gender differences in depression during adolescence. *Psychological Bulletin, 115*(3), 424–443.

Nolen-Hoeksema, S., Girgus, J., & Seligman, M. E. P. (1992). Predictors and consequences of childhood depressive symptoms: A 5-year longitudinal study. *Journal of Abnormal Psychology, 101*, 405–422.

Nolen-Hoeksema, S., Wisco, B. E., & Lyubomirsky, S. (2008). Rethinking rumination. *Perspectives on Psychological Science, 3*(5), 400–424.

Novick, J. S., Stewart, J. W., Wisniewski, S. R., Cook, I. A., Manev, R., Nierenberg, A. A., . . . Star*D Investigators. (2005). Clinical and demographic features of atypical depression in outpatients with major depressive disorder: Preliminary findings from STAR*D. *Journal of Clinical Psychiatry, 66*(8), 1002–1011.

O'Connor, T. G., McGuire, S., Reiss, D., Hetherington, E. M., & Plomin, R. (1998). Co-occurrence of depressive symptoms and antisocial behavior in adolescents: A common genetic liability. *Journal of Abnormal Psychology, 107*(1), 27–37.

O'Connor, T. G., Neiderhiser, J. M., Reiss, D., Hetherington, E. M., & Plomin, R. (1998). Genetic contributions to continuity, change, and co-occurrence of antisocial and depressive symptoms in adolescence. *Journal of Child Psychology and Psychiatry, 39*(3), 323–336.

O'Hara, M. W. (2009). Postpartum depression: What we know. *Journal of Clinical Psychology, 65*(12), 1258–1269.

O'Hara, M. W., Neunaber, D. J., & Zekoski, E. M. (1984). Prospective study of postpartum depression: Prevalence, course, and predictive factors. *Journal of Abnormal Psychology, 93*(2), 158–171.

O'Hara, M. W., Schlechte, J. A., Lewis, D. A., & Varner, M. W. (1991). Controlled prospective study of postpartum mood disorders: Psychological, environmental, and hormonal variables. *Journal of Abnormal Psychology, 100*(1), 63–73.

Olfson, M., Kessler, R. C., Berglund, P. A., & Lin, E. (2008). Psychiatric disorder onset and first treatment contact in the United States and Ontario. *American Journal of Psychiatry, 155*(10), 1415–1422.

Olino, T. M., Durbin, C. E., Klein, D. N., Hayden, E. P., & Dyson, M. W. (2013). Gender differences in young children's temperament traits: A multi-method analysis. *Journal of Personality, 81*(2), 119–129.

Olino, T. M., Shankman, S. A., Klein, D. N., Seeley, J. R., Pettit, J. W., Farmer, R. F., & Lewinsohn, P. M. (2012). Lifetime rates of psychopathology in single versus multiple diagnostic assessments: Comparison in community sample of probands and siblings. *Journal of Psychiatric Research, 46*(9), 1217–1222.

Ormel, J., Rosmalen, J., & Farmer, A. (2004). Neuroticism: A non-informative marker of vulnerability to psychopathology. *Social Psychiatry and Psychiatric Epidemiology, 39*(11), 906–912.

Orstavik, R., Kendler, K. S., Czajkowski, N., Tambs, K., & Reichborn-Kjennerud, T. (2007). The relationship between depressive personality disorder and major depressive disorder: A population-based twin study. *American Journal of Psychiatry, 164*, 1866–1872.

Overmier, J. B., & Seligman, M. E. (1967). Effects of inescapable shock upon subsequent escape and avoidance responding. *Journal of Comparative and Physiological Psychology, 63*(1), 28–33.

Pagnin, D., de Queiroz, V., Pini, S., & Cassano, G. B. (2004). Efficacy of ECT in depression: A meta-analytic review. *Journal of ECT, 20*(1), 13–20.

Papolos, D. F., & Papolos, J. D. (1999). *The bipolar child: The definitive and reassuring guide to one of childhood's most misunderstood disorders.* New York, NY: Broadway Books.

Parker, G., Roy, K., Mitchell, P., Wilhelm, K., Malhi, G., & Hadzi-Pavlovic, D. (2002). A typical depression: A reappraisal. *American Journal of Psychiatry, 159*, 1470–1479.

Parrish, C. L., & Radomsky, A. S. (2010). Why do people seek reassurance and check repeatedly? An investigation of factors involved in compulsive behavior in OCD and depression. *Journal of Anxiety Disorders, 24*(2), 211–222.

Paulson, J. F., & Bazemore, S. D. (2010). Prenatal and postpartum depression in fathers and its association with maternal depression. *Journal of the American Medical Association, 303*(19), 1961–1969.

Paykel, E. S. (2003). Life events and affective disorders. *Acta Psychiatrica Scandinavica, 108*, 61–66.

Peluso, M. A., Hatch, J. P., Glahn, D. C., Monkul, E. S., Sanches, M., Najt, P., et al. (2007). Trait impulsivity in patients with mood disorders. *Journal of Affective Disorders, 100*(1–3), 227–231.

Perlis, R. H., Ostacher, M. J., Patel, J. K., Marangell, L. B., Zhang, H., et al. (2006). Predictors of recurrence in bipolar disorder: Primary outcomes from the Systematic Treatment Enhancement Program for Bipolar Disorder (STEP-BD). *Focus, 4*, 553–561.

Perugi, G., Akiskal, H. S., Lattanzi, L., Cecconi, D., Mastrocinque, C., Patronelli, A., . . . Bemi, E. (1998). The high prevalence of 'soft' bipolar (II) features in atypical depression. *Comprehensive Psychiatry, 39*(2), 63–71.

Pescosolido, B. A., Martin, J. K., Long, S., Medina, T. R., Phelan, J. C., & Link, B. G. (2010). "A disease like any other"? A decade of change in public reactions to schizophrenia, depression, and alcohol dependence. *American Journal of Psychiatry, 167*(11), 1321–1330.

Phillips, R. G., & LeDoux, J. E. (1992). Differential contribution of amygdala and hippocampus to cued and contextual fear conditioning. *Behavioral Neuroscience, 106*(2), 274–285.

Pine, D. P., Cohen, P., Gurley, D., Brook, J., & Ma, Y. (1998). The risk for early-adulthood anxiety and depressive disorders in adolescents with anxiety and depressive disorders. *Archives of General Psychiatry, 55*(1), 56–64.

Pine, D. S., Cohen, E., Cohen, P., & Brook, J. (1999). Adolescent depressive symptoms as predictors of adult depression: Moodiness or mood disorder? *American Journal of Psychiatry, 156*, 133–135.

Pizzagalli, D. A., Holmes, A. J., Dillon, D. G., Goetz, E. L., Birk, J. L., Bogdan, R., . . . Fava, M. (2009). Reduced caudate and nucleus accumbens response to rewards in unmedicated individuals with major depressive disorder. *American Journal of Psychiatry, 166*(6), 702–710.

Plomin, R., & Bergeman, C. S. (1991). The nature of nurture: Genetic influence on "environmental" measures. *Behavioral and Brain Sciences, 14*(3), 373–386.

Pogge, D. L., Wayland-Smith, D., Zacchario, M., Borgaro, S., Stokes, J., & Harvey, P. D. (2001). Diagnosis of adolescent inpatients: Structured diagnostic procedures compared to clinical chart diagnoses. *Psychiatry Research, 101*(1), 47–54.

Porsolt, R. D., Bertin, A., & Jalfre, M. (1978). "Behavioural despair" in rats and mice: Strain differences and the effects of imipramine. *European Journal of Pharmacology, 51*(3), 291–294.

Post, R. M. (1992). Transduction of psychosocial stress into the neurobiology of recurrent affective disorder. *American Journal of Psychiatry, 149*, 999–1010.

Post, R. M. (2007). Role of BDNF in bipolar and unipolar disorder: Clinical and theoretical implications. *Journal of Psychiatric Research, 41*, 979–990.

Post, R. M., & Leverich, G. S. (2006). The role of psychosocial stress in the onset and progression of bipolar disorder and its comorbidities: The need for earlier and alternative modes of therapeutic intervention. *Development and Psychopathology, 18,* 1181–1211.

Price, J., Sloman, L., Gardner, R., Gilbert, P., & Rohde, P. (1994). The social competition hypothesis of depression. *British Journal of Psychiatry, 164,* 309–315.

Putnam, F. W. (2002). Ten-year research update review: Child sexual abuse. *Journal of the American Academy of Child and Adolescent Psychiatry, 42*(3), 269–278.

Quilty, L. C., Sellbom, M., Tackett, J. L., & Bagby, R. M. (2009). Personality trait predictors of bipolar disorder symptoms. *Psychiatry Research, 169*(2), 159–163.

Raes, F., Hermans, D., Williams, J. M. G., Deymettenaere, S., Sabbe, B., Pieters, G., & Eelen, P. (2006). Is overgeneral autobiographical memory an isolated memory phenomenon in major depression? *Memory, 14*(5), 584–594.

Rao, U., Ryan, N. D., Birmaher, B., Dahl, R. E., Williamson, D. E., et al. (1995). Unipolar depression in adolescents: Clinical outcome in adulthood. *Journal of the American Academy of Child and Adolescent Psychiatry, 34*(5), 566–578.

Regier, D. A., Boyd, J. H., Burke, J. D., Rae, D. S., Myers, J. K., Kramer, M., . . . & Locke, B. Z. (1988). One-month prevalence of mental disorders in the United States. *Archives of General Psychiatry, 45*(11), 977–986.

Rehm, L. P. (1977). A self-control model of depression. *Behavior Therapy, 8*(5), 787–804.

Reinecke, M. A., Ryan, N. E., & DuBois, D. L. (1998). Cognitive-behavioral therapy of depression and depressive symptoms during adolescence: A review and meta-analysis. *Journal of the American Academy of Child and Adolescent Psychiatry, 37*(1), 26–34.

Restifo, K., & Bogels, S. (2009). Family process in the development of youth depression: Translating the evidence to treatment. *Clinical Psychology Review, 29*(4), 294–316.

Reynolds, C. F., Miller, M. D., Pasternak, R. E., Frank, E., Perel, J. M., Cornes, C., et al. (1999). Treatment of bereavement-related major depressive episodes in later life: A controlled study of acute and continuation treatment with nortriptyline and interpersonal psychotherapy. *American Journal of Psychiatry, 156*(2), 202–208.

Rice, F., Harold, G., & Thapar, A. (2002). The genetic aetiology of childhood depression: A review. *Journal of Child Psychology and Psychiatry, 43*(1), 65–79.

Robb, J. C., Young, L. T., Cooke, R. G., & Joffe, R. T. (1998). Gender differences in patients with bipolar disorder influence outcome in the Medical Outcomes Survey (SF-20) subscale score. *Journal of Affective Disorders, 49*(3), 189–193.

Roberts, B. W., & DelVecchio, W. F. (2000). The rank-order consistency of personality traits from childhood to old age: A quantitative review of longitudinal studies. *Psychological Bulletin, 126*(1), 3–25.

Roberts, B. W., Kuncel, N. R., Shiner, R., Caspi, A., & Goldberg, L. R. (2007). The power of personality: The comparative validity of personality traits, socioeconomic status, and cognitive ability for predicting important life outcomes. *Perspectives on Psychological Science, 2*(4), 313–345.

Roberts, B. W., & Mroczek, D. (2008). Personality trait change in adulthood. *Current Directions in Psychological Science, 17,* 31–35.

Roberts, B. W., Walton, K. E., & Viechtbauer, W. (2006). Patterns of mean-level change in personality traits across the life course: A meta-analysis of longitudinal studies. *Psychological Bulletin, 132*(1), 1–25.

Robinson, J. J., Thompson, J. M., Gallagher, P., Goswami, U., Young, A. H., Ferrier, I. N., & Moore, P. B. (2006). A meta-analysis of cognitive deficits in euthymic patients with bipolar disorder. *Journal of Affective Disorders, 93,* 105–115.

Robinson, L. J., & Ferrier, I. N. (2006). Evolution of cognitive impairment in bipolar disorder: A systematic review of cross-sectional evidence. *Bipolar Disorders, 8,* 103–116.

Rohde, P., Clarke, G. N., Mace, D. E., Jorgensen, J. S., & Seeley, J. R. (2004). An efficacy/effectiveness study of cognitive-behavioral treatment for adolescents with comorbid major depression and conduct disorder. *Journal of the American Academy of Child and Adolescent Psychiatry, 43*(6), 660–668.

Rohde, P., Lewinsohn, P. M., Klein, D. N., Seeley, J. R., & Gau, J. M. (2013). Key characteristics of major depression occurring in childhood, adolescence, emerging adulthood, and adulthood. *Clinical Psychological Science, 1*(1), 41–53.

Rose, D., Fleischmann, P., Wykes, T., Leese, M., & Bindman, J. (2003). Patients' perspectives on electroconvulsive therapy: Systematic review. *British Medical Journal, 326*(7403), 1363.

Rosenthal, D. (1963). A suggested conceptual framework. In D. Rosenthal (Ed.), *The Genain quadruplets* (pp. 505-516). New York, NY: Basic Books.

Rothbart, M. K., Ahadi, S. A., Hershey, K. L., & Fisher, P. (2001). Investigations of temperament at three to seven years: The Children's Behavior Questionnaire. *Child Development, 72*(5), 1394-1408.

Roy-Bryne, P., Post, R. M., Uhde, T. W., Porcu, T., & Davis, D. (1985). The longitudinal course of recurrent affective illness: Life chart data from research patients at the NIMH. *Acta Psychiatrica Scandinavica, 71*, 1-33.

Rudolph, K. D., & Klein, D. N. (2009). Exploring depressive personality traits in youth: Origins, correlates, and developmental consequences. *Development and Psychopathology, 21*(4), 1155-1180.

Russo-Neustadt, A. A., Beard, R. C., Huang, Y. M., & Cotman, C. W. (2000). Physical activity and antidepressant treatment potentiate the expression of specific brain-derived neurotrophic factor transcripts in the rat hippocampus. *Neuroscience, 101*, 305-312.

Rutter, M. (1990). Commentary: Some focus and process considerations regarding effects of parental depression on children. *Developmental Psychology, 26*(1), 60-67.

Ryder, A. G., & Chentsova-Dutton, Y. E. (2012). Depression in culture context: "Chinese somatization," revisited. *Psychiatric Clinics of North America, 35*(1), 15-36.

Ryder, A. G., Quilty, L. C., Vachon, D. D., & Bagby, R. M. (2010). Depressive personality and treatment outcome in major depressive disorder. *Journal of Personality Disorders, 24*(3), 392-404.

Sachs, G. S., Nierenberg, A. A., Calabrese, J. R., Marangell, L. B., Wisniewski, S. R., Gyulai, L., et al. (2007). Effectiveness of adjunctive antidepressant treatment for bipolar depression. *New England Journal of Medicine, 356*(17), 1711-1722.

Sajatovic, M., Valenstein, M., Blow, F. C., Ganoczy, D., & Ignacio, R. V. (2006). Treatment adherence with antipsychotic medications in bipolar disorder. *Bipolar Disorders, 8*(3), 232-241.

Salamone, J. D., Aberman, J. E., Sokolowski, J. D., & Cousins, M. S. (1999). Nucleus accumbens dopamine and rate of responding: Neurochemical and behavioral studies. *Psychobiology, 27*(2), 236-247.

Schalet, B. D., Durbin, C. E., & Revelle, W. (2011). Multidimensional structure of the Hypomanic Personality Scale. *Psychological Assessment, 23*(2), 504-522.

Schatzberg, A. F., Rush, A. J., Arnow, B. A., Banks, P. L., Blalock, J. A., Borian, F. E., et al. (2005). Chronic depression: Medication (nefazadone) or psychotherapy (CBASP) is effective when the other is not. *Archives of General Psychiatry, 62*(5), 513–520.

Schildkraut, J. J. (1965). The catecholamine hypothesis of affective disorders: A review of supporting evidence. *American Journal of Psychiatry, 122*(5), 509–522.

Schneider, K. (1958). *Psychopathic personalities* (M. W. Hamilton, Trans.). London, England: Grune & Stratton.

Schumacher, J., Jamra, R. A., Becker, T., Ohlraun, S., Klopps, N., Binder, E. B., et al. (2005). Evidence for a relationship between genetic variants at the brain-derived neurotrophic factor (BDNF) locus and major depression. *Biological Psychiatry, 58*(4), 307–314.

Scott, J. A. N., Paykel, E., Moriss, R., Bentall, R., Kinderman, P., Johnson, T., et al. (2006). Cognitive-behavioural therapy for severe and recurrent bipolar disorders: Randomised controlled trial. *British Journal of Psychiatry, 188*(4), 313–320.

Scourfeld, J., Rice, F., Thapar, A., Harold, G. T., Martin, N., & McGuffin, P. (2003). Depressive symptoms in children and adolescents: Changing aetiological influences with development. *Journal of Child Psychology and Psychiatry, 44*(7), 968–976.

Seamans, J. K., & Yang, C. R. (2004). The principal features and mechanisms of dopamine modulation in the prefrontal cortex. *Progress in Neurobiology, 74*(1), 1–58.

Shea, M. T., Widiger, T. A., & Klein, M. H. (1992). Comorbidity of personality disorders and depression: Implications for treatment. *Journal of Consulting and Clinical Psychology, 60*(6), 857.

Sheline, Y. I., Mittler, B. L., & Mintun, M. A. (2002). The hippocampus and depression. *European Psychiatry, 17*, 300–305.

Sheline, Y. I., Sanghavi, M., Mintun, M. A., & Gado, M. H. (1999). Depression duration but not age predicts hippocampal volume loss in medically healthy women with recurrent major depression. *Journal of Neuroscience, 19*(12), 5034–5043.

Shenk, J. W. (2005). *Lincoln's melancholy: How depression challenged a president and fueled his greatness.* New York, NY: Houghton Mifflin.

Shih, R. A., Belmonte, P. L., & Zandi, P. P. (2004). A review of the evidence from family, twin and adoption studies for a genetic contribution to adult psychiatric disorders. *International Review of Psychiatry, 16*, 260–283.

Siegle, G. J., Ingram, R. E., & Matt, G. E. (2002). Affective interference: An explanation for negative attention biases in dysphoria? *Cognitive Therapy and Research, 26*(1), 73–87.

Siever, L. J., & Davis, K. L. (1985). Toward a dysregulation hypothesis of depression. *American Journal of Psychiatry, 142,* 1017–1031.

Silberg, J. L., Rutter, M., & Eaves, L. (2001). Genetic and environmental influences on the temporal association between early anxiety and later depression in girls. *Biological Psychiatry, 49*(12), 1040–1049.

Simon, G. E., & VonKorff, M. (1992). Reevaluation of secular trends in depression rates. *American Journal of Epidemiology, 135,* 1411–1422.

Simon, G. E., VonKorff, M., & Barlow, W. (1995). Health care costs of primary care patients with recognized depression. *Archives of General Psychiatry, 52*(10), 850–856.

Simon, N. M., Smoller, J. W., McNamara, K. L., Maser, R. S., Zalta, A. K., Pollack, M. H., et al. (2006). Telomere shortening and mood disorders: Preliminary support for a chronic stress model of accelerated aging. *Biological Psychiatry, 60*(5), 432–435.

Simons, A. D., Murphy, G. E., Levine, J. L., & Wetzel, R. D. (1986). Cognitive therapy and pharmacotherapy for depression: Sustained improvement over one year. *Archives of General Psychiatry, 43*(1), 43–48.

Sklar, P., Gabriel, S. B., McInnis, M. G., Bennett, P., Lim, Y. M., Tsan, G., et al. (2002). Family-based association study of 76 candidate genes in bipolar disorder: BDNF is a potential risk locus. *Molecular Psychiatry, 7*(6), 579–593.

Slater, E., Roth, M., & Mayer-Gross, W. (1969). *Clinical psychiatry.* Baltimore, MD: Williams & Wilkins.

Solomon, D. A., Keller, M. B., Leon, A. C., Mueller, T. I., Lavori, P. W., et al. (2000). Multiple recurrences of major depressive disorder. *American Journal of Psychiatry, 157*(2), 229–233.

Spataro, J., Mullen, P. E., Burgess, P. M., Wells, D. L., & Moss, S. A. (2004). Impact of child sexual abuse on mental health: Prospective study in males and females. *British Journal of Psychiatry, 184,* 416–421.

Spijker, J., deGraaf, R., Bijl, R. V., Beekman, A. T. F., Ormel, J., & Nolen, W. A. (2002). Duration of major depressive episodes in the general population: Results from the Netherlands Mental Health Survey and Incidence Study (NEMESIS). *British Journal of Psychiatry, 181,* 208–213.

Squire, L. R., & Slater, P. C. (1983). Electroconvulsive therapy and complaints of memory dysfunction: A prospective three-year follow-up study. *British Journal of Psychiatry, 142*(1), 1–8.

Srivastava, S., John, O. P., Gosling, S. D., & Potter, J. (2003). Development of personality in early and middle adulthood: Set like plaster or persistent change? *Journal of Personality and Social Psychology, 84*(5), 1041–1053.

Stack, S., & Eshelman, J. R. (1998). Marital status and happiness: A 17-nation study. *Journal of Marriage and Family, 60*(2), 527–536.

Sterling, P., & Eyer, J. (1988). Allostasis: A new paradigm to explain arousal pathology. In S. Fisher & J. Reason (Eds.), *Handbook of life stress, cognition, and health* (pp. 629–649). Oxford, England: John Wiley & Sons.

Stice, E., Presnell, K., & Bearman, S. K. (2001). Relation of early menarche to depression, eating disorders, substance abuse, and comorbid psychopathology among adolescent girls. *Developmental Psychology, 37*(5), 608–619.

Stiles, W. B., Barkham, M., Mellor-Clark, J., & Connel, J. (2008). Effectiveness of cognitive-behavioural, person-centered, and psychodynamic therapies in UK primary-care routine practice: Replication in a larger sample. *Psychological Medicine, 38*(5), 677–688.

Stoll, A. L., Renshaw, P. F., Yurgelun-Todd, D. A., & Cohen, B. M. (2000). Neuroimaging in bipolar disorder: What have we learned? *Biological Psychiatry, 48,* 505–517.

Stone, E. A., Lin, Y., & Quartermain, D. (2008). A final common pathway for depression? Progress toward a general conceptual framework. *Neuroscience & Biobehavioral Reviews, 32*(3), 508–524.

Strakowski, S. M., DelBello, M. P., Fleck, D. E., & Arndt, S. (2000). The impact of substance abuse on the course of bipolar disorder. *Biological Psychiatry, 48*(6), 477–485.

Strakowski, S. M., Keck, P. E. Jr., McElroy, S. L., West, S. A., Sax, K. W., Hawkins, J. M., et al. (1998). Twelve-month outcome after a first hospitalization for affective psychosis. *Archives of General Psychiatry, 55,* 49–55.

Stringaris, A., Baroni, A., Haimm, C., Brotman, M., Lowe, C. H., Myers, F., . . . Leibenluft, E. (2010). Pediatric bipolar disorder versus severe mood dysregulation: Risk for manic episodes on follow-up. *Journal of the American Academy of Child and Adolescent Psychiatry, 49*(4), 397–405.

Stroud, C. B., Davila, J., Hammen, C., & Vrshek-Schallhorn, S. (2010). Severe and nonsevere events in first onsets versus recurrences of depression: Evidence for stress sensitization. *Journal of Abnormal Psychology, 120*(1), 142–154.

Styron, W. (1990). *Darkness visible: A memoir of madness*. New York, NY: Random House.

Sullivan, P. F., Neale, M. C., & Kendler, K. S. (2000). Genetic epidemiology of major depression: Review and meta-analysis. *American Journal of Psychiatry, 157*(10), 1552–1562.

Sullivan, P. F., Prescott, C. A., & Kendler, K. S. (2002). The subtypes of major depression in a twin registry. *Journal of Affective Disorders, 68*, 273–284.

Surguladze, S., Brammer, M. J., Keedwell, P., Giampietro, V., Young, A. W., Travis, M. J., et al. (2005). A differential pattern of neural response toward sad versus happy facial expressions in major depressive disorder. *Biological Psychiatry, 57*(3), 201–209.

Swann, A. C., Dougherty, D. M., Pazzaglia, P. J., Pham, M., & Moeller, F. G. (2004). Impulsivity: A link between bipolar disorder and substance abuse. *Bipolar Disorders, 6*(3), 204–212.

Swann, W. B., (1983). Self-verification: Bringing social reality into harmony with the self. In J. Suls & A. G. Greenwald (Eds.), *Social psychological perspectives on the self* (Vol. 2, pp. 33–66). Hillsdale, NJ: Erlbaum.

Swann, W. B., Wenzlaff, R. M., Krull, D. S., & Pelha, B. W. (1992). Allure of negative feedback: Self-verification strivings among depressed persons. *Journal of Abnormal Psychology, 101*(2), 293–306.

Tackett, J. L., Quilty, L. C., Sellbom, M., Rector, N., & Bagby, R. M. (2008). Additional evidence for a quantitative hierarchical model of the mood and anxiety disorders for DSM-V: The context of personality structure. *Journal of Abnormal Psychology, 117*, 812–825.

Tackett, J. L., Waldman, I. D., Van Hulle, C. A., & Lahey, B. B. (2011). Shared genetic influences on negative emotionality and major depression/conduct disorder comorbidity. *Journal of the American Academy of Child & Adolescent Psychiatry, 50*(8), 818–827.

Tang, T. Z., DeRubeis, R. J., Hollon, S. D., Amsterdam, J., Shelton, R., & Schalet, B. (2009). Personality change during depression treatment. *Archives of General Psychiatry, 66*(12), 1322–1330.

Taylor, P. J., Gooding, P., Wood, A. M., & Tarrier, N. (2011). The role of defeat and entrapment in depression, anxiety, and suicide. *Psychological Bulletin, 137*(3), 391–420.

Taylor, S. E., Welch, W. T., Kim, H. S., & Sherman, D. K. (2007). Cultural differences in the impact of social support on psychological and biological stress responses. *Psychological Science, 18*(9), 831–837.

Teasdale, J. D., Segal, Z. V., Mark, J., Williams, G., Ridgeway, V. A., Soulsby, J. M., & Lau, M. A. (2000). Prevention of relapse/recurrence in major depression by mindfulness-based cognitive therapy. *Journal of Consulting and Clinical Psychology, 68*(4), 615–623.

Tellegen, A. (1985). Structures of mood and personality and their relevance to assessing anxiety, with an emphasis on self-report. In A. H. Tuma & J. D. Maser (Eds.), *Anxiety and the anxiety disorders* (pp. 681–706). Hillsdale, NJ: Erlbaum.

Tennant, C., Bebbington, P., & Hurry, J. (1981). The role of life events in depressive illness: Is there a substantial causal relation? *Psychological Medicine, 11*(2), 379–389.

Thase, M. E. (2009). A typical depression: Useful concept, but it's time to revise the *DSM-IV* criteria. *Neuropsychopharmacology, 43*, 2633–2641.

Thase, M. E., & Denko, T. (2008). Pharmacotherapy of mood disorders. *Annual Review of Clinical Psychology, 4*, 53–91.

Thase, M. E., Entsuah, A. R., & Rudolph, R. L. (2001). Remission rates during treatment with venlafaxine or selective serotonin reuptake inhibitors. *The British Journal of Psychiatry, 178*(3), 234–241.

Thase, M. E., & Kupfer, D. J. (1996). Recent developments in the pharmacotherapy of mood disorders: The contribution of psychotherapy and pharmacotherapy to national mental health care. *Journal of Consulting and Clinical Psychology, 64*(4), 646–659.

Tilman, R., & Geller, B. (2007). Definitions of rapid, ultrarapid, and ultradian cycling and of episode duration in pediatric and adult bipolar disorders: A proposal to distinguish episodes from cycles. *Journal of Child and Adolescent Psychopharmacology, 13*(3), 267–271.

Tolin, D. F., & Foa, E. B. (2006). Sex differences in trauma and post-traumatic stress disorder: A quantitative review of 25 years of research. *Psychological Bulletin, 132*(6), 959–992.

Tremblay, L. K., Naranjo, C. A., Cardenas, L., Herrmann, N., & Busto, U. E. (2002). Probing brain reward system function in major depressive disorder: Altered response to dextroamphetamine. *Archives of General Psychiatry, 59*, 409–416.

Tully, E. C., Iacono, W. G., & McGue, M. (2008). An adoption study of parental depression as an environmental liability for adolescent depression and childhood disruptive disorders. *American Journal of Psychiatry, 165*(9), 1148–1154.

Uliaszek, A. A., Zinbarg, R. E., Mineka, S., Craske, M. G., Griffith, J. W., et al. (2012). A longitudinal examination of stress generation in depressive and anxiety disorders. *Journal of Abnormal Psychology, 121*(1), 4–15.

Ustun, T. B., Ayuso-Mateos, J. L., Chatterji, S., Mathers, C., & Murray, C. J. L. (2004). Global burden of depressive disorders in the year 2000. *British Journal of Psychiatry, 18*, 386–392.

Vaidyanathan, U., Patrick, C. J., & Cuthbert, B. N. (2009). Linking dimensional models of internalizing psychopathology to neuro-biological systems: Affect-modulated startle as an indicator of fear and distress disorders and affiliated traits. *Psychological Bulletin, 135*, 909–942.

Van Orden, K. A., Witte, T. K., Cukrowicz, K. C., Braithwaite, S., Selby, E. A., & Joiner, T. E. (2010). The interpersonal theory of suicide. *Psychological Review, 117*(2), 575–600.

Van Os, J., & Jones, P. B. (1999). Early risk factors and adult person-environment relationships in affective disorder. *Psychological Medicine, 29*, 1055–1067.

Van Os, J., Jones, P., Lewis, G., Wadsworth, M., & Murray, R. (1997). Developmental precursors of affective illness in a general popula-tion birth cohort. *Archives of General Psychiatry, 54*(7), 625–631.

Verona, E., Sachs-Ericsson, N., & Joiner, T. E. (2004). Suicide attempts associated with externalizing psychopathology in an epidemio-logical sample. *American Journal of Psychiatry, 161*, 444–451.

Victor, T. A., Furey, M. L., Fromm, S. J., Ohman, A., & Drevets, W. C. (2010). Relationship between amygdala responses to masked faces and mood state and treatment in major depressive disorder. *Archives of General Psychiatry, 67*(11), 1128–1138.

Viguera, A., Baldessarini, R., & Tondo, L. (2001). Response to lithium maintenance treatment in bipolar disorders: Comparison of women and men. *Bipolar Disorders, 3*, 245–252.

Vitiello, B., Zuvekas, S. H., & Norquist, G. S. (2006). National esti-mates of antidepressant medication use among U.S. children, 1997–2002. *Journal of the American Academy of Child and Adolescent Psychiatry, 45*(3), 271–279.

Wakefield, J. C., Schmitz, M. F., First, M. B., & Horwitz, A. V. (2007). Extending the bereavement exclusion for major depression to other losses. *Archives of General Psychiatry, 64*, 433–440.

Wallace, D. F. (1996). *Infinite jest*. New York, NY: Little, Brown.

Wang, P. S., Beck, A. L., Berglund, P., McKenas, D. K., Pronk, N. P., Simon, G. E., & Kessler, R. C. (2004). Effects of major depression on moment-in-time work performance. *American Journal of Psychiatry, 161*(10), 1885–1891.

Warner, V., Wickramaratne, P., & Weissman, M. M. (2008). The role of fear and anxiety in the familial risk for major depression: A three-generation study. *Psychological Medicine, 38*, 1543–1566.

Watson, D. (2009). Differentiating the mood and anxiety disorders: A quadripartite model. *Annual Review of Clinical Psychology, 5*, 221–247.

Watson, D., O'Hara, M. W., Simms, L. J., Kotov, R., & Chmielewski, M. (2007). Development and validation of the Inventory of Depression and Anxiety Symptoms (IDAS). *Psychological Assessment, 19*(3), 253–268.

Watson, P. J., & Andrews, P. W. (2002). Toward a revised evolutionary adaptationist analysis of depression: The social navigation hypothesis. *Journal of Affective Disorders, 72*, 1–14.

Weersing, V. R., Iyengar, S., Kolko, D. J., Birmaher, B., & Brent, D. A. (2006). Effectiveness of cognitive-behavioral therapy for adolescent depression: A benchmarking investigation. *Behavior Therapy, 37*, 36–48.

Weersing, V. R., & Weisz, J. R. (2002). Community clinic treatment of depressed youth: Benchmarking usual care against CBT clinical trials. *Journal of Consulting and Clinical Psychology, 70*(2), 299–310.

Weersing, V. R., Weisz, J. R., & Donenberg, G. R. (2002). Development of the Therapy Procedures Checklist: A therapist-report measure of technique use in child and adolescent treatment. *Journal of Clinical Child and Adolescent Psychology, 31*(2), 168–180.

Wehr, T. A., Duncan, W. C., Sher, L., Aeschbach, D., Schwartz, P. J., Turner, E. H., . . . Rosenthal, N. E. (2001). A circadian signal of change in season in patients with seasonal affective disorder. *Archives of General Psychiatry, 58*(12), 1108–1114.

Weiss, E. L., Longhurst, J. G., & Mazure, C. M. (1999). Childhood sexual abuse as a risk factor for depression in women: Psychosocial and neurobiological correlates. *American Journal of Psychiatry, 156*, 816–828.

Weissman, M. M., Wickramaratne, P., Merikangas, K. R., Leckman, J. G., Prusoff, B. A., et al. (1984). Onset of major depression in early adulthood: Increased familial loading and specificity. *Archives of General Psychiatry, 41*, 1136–1143.

Weissman, M. M., Wolk, S., Goldstein, R. B., Moreau, D., Adams, P. et al. (1999). Depressed adolescents grown up. *Journal of the American Medical Association, 281*(18), 1707–1713.

Weissman, M. W., Bland, R. C., Canino, G. J., Faravelli, C., Greenwald, S., et al. (1996). Cross-national epidemiology of major depression and bipolar disorder. *Journal of the American Medical Association, 276*(4), 293–299.

Weissman, M. W., Bland, R., Joyce, P. R., Newman, S., Wells, J. E., & Wittchen, H.-U. (1993). Sex differences in rates of depression: Cross-national perspectives. *Journal of Affective Disorders, 29*(2/3), 77–84.

Weissman, M. W., & Klerman, G. L. (1977). Sex differences and the epidemiology of depression. *Archives of General Psychiatry, 34*(1), 98–111.

Weisz, J. R., McCarty, C. A., & Valeri, S. M. (2006). Effects of psychotherapy for depression in children and adolescents: A meta-analysis. *Psychological Bulletin, 132*(1), 132–149.

Westen, D., & Morrison, K. (2001). A multidimensional meta-analysis of treatments for depression, panic, and generalized anxiety disorder: An empirical examination of the status of empirically supported therapies. *Journal of Consulting and Clinical Psychology, 69*(6), 875–899.

Whisman, M. A. (2001). In S. R. H. Beach (Ed.), *Marital and family processes in depression: A scientific foundation for clinical practice* (pp. 3–24). Washington, DC: American Psychological Association.

Whisman, M. A. (2007). Marital distress and DSM-IV psychiatric disorders in a population-based national survey. *Journal of Abnormal Psychology, 116*(3), 638.

Whisman, M. A., & Bruce, M. L. (1999). Marital dissatisfaction and incidence of major depressive episode in a community sample. *Journal of Abnormal Psychology, 108*(4), 674.

Wichers, M., Myin-Germeys, I., Jacobs, N., Peeters, F., Kenis, G., Derom, C., et al. (2007). Genetic risk of depression and stress-induced negative affect in daily life. *British Journal of Psychiatry, 191*(3), 218–223.

Wikgren, M., Maripuu, M., Karlsson, T., Nordfjall, K., Bergdahl, J., Hultdin, J., . . . Norrback, K.-F. (2012). Short telomeres in depression and the general population are associated with a hypocortisolemic state. *Biological Psychiatry, 71*(4), 294–300.

Williams, J. M. G., Barnhofer, T., Crane, C., Herman, D., Raes, F., Watkins, E., & Dalgleish, T. (2007). Autobiographical memory specificity and emotional disorder. *Psychological Bulletin, 133*(1), 122.

Williams, J. M. G., Watts, F. N., MacLeod, C., & Mathews, A. (Eds.). (1997). *Cognitive psychology and emotional disorders* (2nd ed.). New York, NY: John Wiley & Sons.

Wilson, D. R. (1998). Evolutionary epidemiology and manic depression. *British Journal of Medical Psychology, 71*, 375–395.

Wilson, S., & Durbin, C. E. (2010). Effects of paternal depression on fathers' parenting behaviors: A meta-analytic review. *Clinical Psychology Review, 30*, 167–180.

Winokur, G., Coryell, W., Endicott, J., & Akiskal, H. (1993). Further distinctions between manic-depressive illness (bipolar disorder) and primary depressive disorder (unipolar depression). *American Journal of Psychiatry, 150*, 1176–1181.

Wittchen, H.-U., Kessler, R. C., Pfister, H., Hofler, H., & Lieb, R. (2000). Why do people with anxiety disorders become depressed? A prospective-longitudinal community study. *Acta Psychiatrica Scandinavica, 102*, 14–23.

Wittchen, H. U., & Pittrow, D. (2002). Prevalence, recognition and management of depression in primary care in Germany: The Depression 2000 study. *Human Psychopharmacology: Clinical and Experimental, 17*(Suppl. 1), 1S–11S.

Woolley, C. S., Gould, E., & McEwen, B. S. (1990). Exposure to excess glucocorticoids alters dendritic morphology of adult hippocampal pyramidal neurons. *Brain Research, 531*(1), 225–231.

World Health Organization. (2005). *ICD-10: International statistical classification of diseases and related health problems* (10th Rev. ed.). Geneva, Switzerland: Author.

Wozniak, J., Biederman, J., Kiely, K., Ablon, J. S., Faraone, S. V., Mundy, E., & Mennin, D. (1995). Mania-like symptoms suggestive of childhood-onset bipolar disorder in clinically referred children. *Journal of the American Academy of Child and Adolescent Psychiatry, 34*(7), 867–876.

Young, J. (1999). *Cognitive therapy for personality disorders: A schema-focused approach* (3rd ed.). Sarasota, FL: Professional Resource Exchange.

Zeiss, A. M., & Lewinsohn, P. M. (1988). Enduring deficits after remissions of depression: A test of the scar hypothesis. *Behaviour Research and Therapy, 26*(2), 151-158.

Zisook, S., Lesser, I., Stewart, J. W., Wisniewski, S. R., Balasubramani, G. K., Fava, M., . . . Rush, A. J. (2007). Effect of age of onset on the course of major depressive disorder. *American Journal of Psychiatry, 164*, 1539-1546.

Zisook, S., & Shuchter, S. R. (2001). Treatment of the depressions of bereavement. *American Behavioral Scientist, 44*(5), 782-797.

Zubenko, G. S., Zubenko, W. N., Spiker, D. G., Giles, D. E., & Kaplan, B. B. (2001). The malignancy of recurrent, early-onset major depression: A family study. *American Journal of Medical Genetics, 106*, 690-699.

Zubin, J., & Spring, B. (1977). Vulnerability: A new view of schizophrenia. *Journal of Abnormal Psychology, 86*(2), 103-126.

찾아보기

저자 소개

에밀리 더빈
(C. Emily Durbin)

미시간 이스트랜싱의 미시간주립대학교 부교수이다. 2002년 뉴욕 스토니브룩의 스토니브룩대학교에서 박사 학위를 받았고, 우울장애의 기질적인 위험요인들의 기원과 발달단계에 따른 궤도를 이해하고 설명하는 데 관심이 있다.

역자 소개

지승희

이화여자대학교 대학원 심리학과 문학박사(상담심리학)
전 한국청소년상담원 상담교수
현 고려사이버대학교 상담심리학과 교수

주영아

계명대학교 대학원 교육학과 교육학박사(상담심리전공)
전 한국청소년상담원 상담교수, 한국상담심리학회 회장
현 한국상담대학원대학교 교수

김영혜

이화여자대학교 대학원 심리학과 문학박사(상담심리학)
전 아주대학교 교육대학원 상담심리전공 및 심리치료교육전공 교수
현 원광디지털대학교 상담심리학과 교수